# 하루 20분으로 비판적 사고력 키우기

LearningExpress, LLC 지음
신 원 재 옮김

유원북스

**역자 신 원 재**

2009년 미국 노터데임 대학교(University of Notre Dame)를 졸업하고 동 대학교에서 석사 및 박사 학위를 취득하였다(2014년). 역자가 주로 연구하고 있는 분야는 인지, 뇌, 행동분야(Cognition, Brain, and Behavior Area)이다.

역자는 현재 세종대학교 영어영문학과 교수로 재직하고 있다.

역서로 하루 20분으로 추리능력 키우기(유원북스, 2014)가 있다.

하루 20분으로 비판적 사고력 키우기

발행일 2015년 12월 10일 1쇄
2024년 1월 20일 3쇄

지은이 LearningExpress, LLC.
옮긴이 신원재
펴낸곳 유원북스
펴낸이 이구만
등록 2011. 9. 6. 제25100-2012-3호
주소 서울시 마포구 토정로 222, 416호
전화 (02)593-1800
팩스 (02)593-1801
홈페이지 www.uwonbooks.com
e-mail uwbooks@daum.net



값 18,000원
ISBN 978-89-97926-28-2

Critical Thinking Skills
Success in 20 Minutes a Day



Published in the United States by LearningExpress, LLC, New York

Second Edition
ISBN 978-1-57685-726-7

This Korean edition is published by Uwon Books in 2015 by arrangement with the LearningExpress, LLC.

# 차 례

# 역자의 말

지난해 "하루 20분으로 추리능력 키우기"를 번역한 데 이어, 올해 이 책을 번역하며 비판적으로 정보를 받아들이고 생각하며 추리하는 방법에 대해 더 많이 생각해보는 계기가 되었습니다. 그리고 교수로서 대학생들에게 강의하고 고등학생들을 면접하며 비판적으로 사고하는 능력이 얼마나 중요한지를 새삼 깨달았습니다.

우리나라는 지금까지 과열된 교육열이 교육 시스템을 객관적인 평가에만 집착하게 하여, 학생들이 정보를 습득하고 이에 대해 따져보아 새로운 정보를 생성해내는 능력보다 정형화된 지식을 있는 그대로 받아들이고 외우는 능력을 중점적으로 가르쳤습니다. 하지만 이는 점점 바뀌고 있습니다. 지금까지는 다른 선진국을 베끼고 따라 하기만 해도 되는 시대였지만, 이제부터는 우리가 세계의 최고 선진국들과 경쟁하며 세계를 선도해나가야 하는 시대입니다. 그리고 이러한 시대에 가장 핵심적인 역량이 바로 비판적으로 사고하는 능력입니다.

이에 맞추어 우리나라의 대학에서는 비판적 사고력이 뛰어난 학생을 선발해 이 능력을 더욱 함양시키려 노력하고 있으며, 기업과 단체에서도 비판적 사고를 잘할 수 있는 인재를 선발하고 있습니다. 그래서 대학 입시에서 논술과 면접, 그리고 특별전형 등이 강화되고 있으며, 많은 기업과 단체도 미래 직원의 가장 중요한 덕목 중 하나를 비판적으로 사고하는 능력으로 두고, 이를 알아내기 위해 각종 비판적 사고력 검사를 사용하고 있습니다.

이 책은 스스로 비판적 사고력을 함양하고자 하는 모든 분을 위해 쓰였습니다. 그래서 이 책은 대학 입시와 기업 입사에 직접적인 도움이 되는 것은 물론, 일상생활에서도 남과 이야기를 할 때, TV나 신문, 인터넷 등에서 기사나 글을 읽을 때, 그리고 광고를 보고 점원과 대화하며 물건을 살 때 등, 일상 전반에서 정보를 받아들이고 이에 대해 비판적으로 사고하며, 논리적으로 추론하여 합리적인 판단을 내릴 때 도움이 될 것입니다.

이 책을 번역하며, 다소 딱딱하게 느껴질 수도 있는 주제를 누구나 흥미를 느끼고 쉽게 이해할 수 있도록 풀어쓰는 데 중점을 두었습니다. 특히, 학교와 직장, 그리고 전반적인 사회생활에서 누구나 공감할 수 있는 적절한 예시를 드는 데 많은 노력을 들였습니다. 이 책의 수많은 예시를 읽으며, 우리 주변의 얼마나 많은 상황에서 우리가 알지 못하는 사이에 비판적 사고가 쓰이는지 느끼시게 될 것입니다.

이 책을 번역하고 다듬으면서, 100% 마음에 쏙 드는 글을 쓰는 것이 얼마나 어려운 일인지를 새삼 느꼈습니다. 독자 여러분께서 이 책을 읽으시다가 궁금하신 점이 있으시거나 개선해야 할 점이 있다고 생각되시면 언제나 유원북스 홈페이지(www.uwonbooks.com)의 Q&A 게시판에 글을 남겨주시기 바랍니다. 최대한 이른 시일 내에 성실히 답변해드리겠습니다.

끝으로 번역이 자꾸 늦어지는데도 인내를 가지고 이 책이 성공적으로 출판되는 데 힘써주신 유원북스의 이구만 사장님과 직원 여러분께 고맙다는 말을 전하고 싶습니다.

2015년 11월
역자 씀

# 이 책을 사용하는 방법

이 책을 한마디로 요약하자면 '생각하는 방법에 대하여 생각하는 것'을 도와주는 책이라고 할 수 있습니다. 생각하는 방법에 대해 생각하는 것을 전문용어로 메타인지(metacognition)라고 부르는데, 이는 '자기 생각 자체와 자기 생각에 영향을 미치는 요인에 대하여 아는 것'을 뜻합니다. 이렇게 말하면 처음에는 조금 어렵게 들릴 수도 있습니다. 하지만 실제로는 전혀 그렇지 않습니다. 이 책을 통해 하루에 20분씩, 스무 개의 레슨을 찬찬히 공부한다면 여러분은 어느새 자기 생각에 대해 더욱 민감한 사람이 되어 있을 것입니다.

비판적으로 사고하는 사람은 복잡한 상황이나 문제에 접근할 때, 자기 생각과 신념, 그리고 의견을 자각하며 이를 합리적으로 조절할 줄 압니다. 나아가 이들은 문제에 대해 다양한 해결책을 탐색하고 의구심도 가져볼 줄 압니다. 그리고 이러한 사고의 기술이 익숙해지면 학교와 직장, 그리고 가정에서 더 큰 성공을 거둘 수 있게 됩니다. 전 세계의 수많은 대학과 회사는 어떤 사람이 해당 조직에서 얼마나 성공적일 수 있는지를 보여주는 가장 중요한 척도를 비판적 사고력이라 여기고 있습니다. 그래서 수많은 국가의 대학 입학시험에서는 비판적 사고력에 대한 문제가 직/간접적으로 포함되어 있고, 다양한 범위의 기업체와 정부 조직에서도 입사 지원자들에게 비판적 사고력 검사를 시행하고 있습니다.

일반적으로 비판적 사고를 할 때는 문제 해결과 추리가 포함됩니다. 더 구체적으로 얘기해보면 비판적 사고력에는 다음과 같은 능력들이 포함되어 있습니다.

- 관찰 능력
- 다른 사람의 말을 주의 깊게 듣는 능력
- 문제를 인식하고 정의하는 능력
- 호기심을 가지고, 의미 있는 질문을 제기하며, 사실을 찾기 위해 다양한 자원(자료)을 활용하는 능력
- 신념, 의견 및 가정에 의문을 가지고 이들에 도전하고 시험하는 능력
- 진술과 논증의 타당성을 가늠하는 능력
- 논리적인 논증과 비논리적인 논증을 구별할 수 있는 능력
- 현명한 결정과 판단을 내리는 능력
- 타당한 해결책을 찾는 능력

이 책의 각 레슨은 비판적 사고를 하는 방법, 다시 말해 비판적 사고를 할 때 사용하는 능력과 기술을 하나씩 설명하고 이를 연습해볼 수 있도록 꾸며져 있습니다. 각 레슨에 포함된 내용을 간략히 요약하면 다음과 같습니다.

- 레슨 1과 레슨 2는 문제를 인식하고 정의하는 방법을 설명합니다. 이 두 레슨에서 우리는 문제의 우선순위를 정하는 연습과, 문제의 본질과 증상 및 결과를 구분하는 연습을 해볼 것입니다.
- 레슨 3에서는 주변 상황을 좀 더 잘 관찰하는 방법에 대해 알아볼 것입니다. 이러한 관찰 능력은 여러분이 중요한 비판적 사고 기술인 논리적 추론을 하는 데 큰 도움이 될 것입니다.
- 레슨 4와 레슨 5에서는 정보를 시각적으로 정리하여 생각을 구조화하고 목표를 설정하는 방법에 대해 알아볼 것입니다. 여러분은 이렇게 정보를 시각화하여 문제의 해결책을 찾는 방법을 연습해보게 됩니다.

- 레슨 6은 트러블슈팅에 대한 레슨입니다. 트러블슈팅은 문제 해결을 방해하는 장애요인을 찾아내는 행위를 뜻합니다. 이 레슨에서는 여러분의 성공을 방해할 수 있는 장애요인이 발생하기 전에 사전 제거하는 방법을 연습해볼 것입니다.
- 레슨 7과 레슨 8은 현명한 결정을 내리는 데 도움이 될 수 있는 정보를 어디서 어떻게 찾을 수 있는지에 대해 설명해줍니다. 우리는 정보를 감정, 평가해 이 정보가 정확한지를 판별해 내는 방법에 대해 알아볼 것입니다. 이런 방법은 인터넷을 사용할 때 특히 중요합니다. 왜냐하면, 인터넷 웹사이트에 있는 정보는 편파적이거나 부정확할 수도 있기 때문입니다.
- 레슨 9는 설득의 기술에 대한 내용입니다. 이 레슨에서는 설득의 기술을 사용하는 방법과, 누군가가 우리에게 설득의 기술을 사용하고 있을 때 이를 알아차리는 방법에 대해 알아볼 것입니다.
- 레슨 10에서는 수치와 통계치에 대해 알아보고, 이들이 어떻게 조작될 수 있는지에 대해 공부해볼 것입니다. 그리고 타당한 설문과 타당하지 않은 설문에 대해서도 알아볼 것입니다.
- 레슨 11은 감정이 비판적 사고에 어떠한 영향을 미치는지에 대해 살펴볼 것입니다. 감정은 우리에게 매우 중요한 것이지만, 명쾌한 사고를 하는 데 있어서 감정을 조절하는 것 또한, 매우 중요합니다.
- 레슨 12와 레슨 13에서는 연역적 추리에 대해 공부해볼 것입니다. 여러분은 타당한 연역적 추리와 그렇지 않은 연역적 추리의 차이를 알아내는 연습을 해볼 것입니다. 그 차이를 알아채는 것이 매우 중요한 이유는 타당하지 않은 연역적 추리는 비논리적인 생각으로 발전할 수 있기 때문입니다.
- 레슨 14와 레슨 15에서는 귀납적 추리에 대해 살펴보겠습니다. 우리는 타당한 귀납적 논증을 하는 방법에 대해 배워보고, 어떻게 귀납적 추리가 잘못 사용되어 비논리적인 결론에 도달하게 되는지 알아볼 것입니다.
- 레슨 16에서는 진짜 문제에서 다른 것으로 주의를 전환하려고 일부러 오용하는 논증에 대해 알아볼 것입니다. 또한, 이런 주의 전환기법을 알아채는 방법에 대해서도 연습해보겠습니다.

- 레슨 17은 분명한 정답이 없는 상황에서 어려운 결정을 내려야만 하는 상황에 대한 레슨입니다. 위험 요소와 그 효과를 계산하는 방법을 여러 번 연습해보면 이와 같은 상황에서 더 자신감 있게 결정을 내릴 수 있을 것입니다.
- 레슨 18에서는 논증과 설명의 차이를 알아보고 왜 이 둘을 구별할 수 있는 능력이 중요한지에 대해서 알아보겠습니다. 그리고 이 둘을 구분하는 연습도 해 볼 것입니다.
- 레슨 19는 입시와 취업에서 널리 사용되는 비판적 사고력 검사에 대한 레슨입니다. 우리는 이런 검사에 주로 나오는 문제를 풀어보는 연습을 해볼 것입니다.
- 레슨 20에서는 지금까지의 레슨에서 다루었던 여러 비판적 사고 능력과 기술을 종합해보고 복습해볼 것입니다. 이 레슨은 나중에 여러분이 이 책의 내용을 쉽게 복습해볼 수 있도록 꾸며져 있습니다.

여러분이 현재 비판적 사고 능력과 기술에 대해 얼마나 잘 알고 있으며 어느 부분을 더 중점적으로 공부해야 하는지를 알아보기 위해 다음 장에 있는 사전 검사를 시행해보세요. 그리고 스무 개의 레슨을 모두 마친 다음에는 이 책의 끝에 있는 사후 검사를 시행해 여러분의 비판적 사고력이 얼마나 향상되었는지 확인해보세요. 이 책을 읽은 후에 여러분의 실력이 얼마나 늘었는지를 확인하고, 또 좀 더 연마해야 할 부분이 어디인지 알기 위해서는 사전 검사와 사후 검사를 꼭 하세요!

# 사전 검사

사전 검사는 여러분이 비판적으로 사고하는 방법에 대해 얼마나 능숙한지를 알아보기 위한 것입니다. 비판적 사고는 일상생활에서도 널리 사용되고 있으므로 여러분은 비판적 사고의 기술에 대해 이미 어느 정도 알고 있을 수도 있습니다. 그래서 이 검사에 있는 문제 중에서 쉽게 대답할 수 있는 문제도 있을 것입니다. 물론 어떤 문제들은 좀 어려울 수도 있습니다. 문제를 다 풀어본 후에 해답지와 비교해서 스스로 채점해보세요. 정답을 맞히지 못했거나 대답하기 어려웠던 문제들을 잘 살펴보고 부족한 부분이 어디인지 알아낸 다음 그 부분을 더욱 집중적으로 공부하면 비판적 사고력 향상에 도움이 될 것입니다.

이 검사는 30개의 사지선다형 문제로 이루어져 있습니다. 만약 이 책이 여러분 것이라면 다음 장에 있는 답안지에 답을 표시하세요. 하지만 만약 이 책이 여러분의 것이 아니라면 다른 종이 위에다 1－30번까지 번호를 매긴 다음 거기에 답을 표시하세요. 사전 검사에는 제한시간이 없으므로 시간은 얼마든지 사용해도 됩니다. 문제를 다 푼 후에는 여러분의 답안지를 사전 검사 다음 장에 있는 해답지와 비교해보세요. 해답지에는 각 문제의 정답뿐만 아니라 그 문제와 관련된 비판적 사고의 기술을 공부할 수 있는 레슨이 무엇인지도 나와 있습니다. 정답을 맞히지 못한 레슨에 특히 주목하면 이 책을 더 효율적으로 사용할 수 있을 것입니다.

| | | | | | | | | | | | | | | |
|---|---|---|---|---|---|---|---|---|---|---|---|---|---|---|
| **1.** | ⓐ | ⓑ | ⓒ | ⓓ | **11.** | ⓐ | ⓑ | ⓒ | ⓓ | **21.** | ⓐ | ⓑ | ⓒ | ⓓ |
| **2.** | ⓐ | ⓑ | ⓒ | ⓓ | **12.** | ⓐ | ⓑ | ⓒ | ⓓ | **22.** | ⓐ | ⓑ | ⓒ | ⓓ |
| **3.** | ⓐ | ⓑ | ⓒ | ⓓ | **13.** | ⓐ | ⓑ | ⓒ | ⓓ | **23.** | ⓐ | ⓑ | ⓒ | ⓓ |
| **4.** | ⓐ | ⓑ | ⓒ | ⓓ | **14.** | ⓐ | ⓑ | ⓒ | ⓓ | **24.** | ⓐ | ⓑ | ⓒ | ⓓ |
| **5.** | ⓐ | ⓑ | ⓒ | ⓓ | **15.** | ⓐ | ⓑ | ⓒ | ⓓ | **25.** | ⓐ | ⓑ | ⓒ | ⓓ |
| **6.** | ⓐ | ⓑ | ⓒ | ⓓ | **16.** | ⓐ | ⓑ | ⓒ | ⓓ | **26.** | ⓐ | ⓑ | ⓒ | ⓓ |
| **7.** | ⓐ | ⓑ | ⓒ | ⓓ | **17.** | ⓐ | ⓑ | ⓒ | ⓓ | **27.** | ⓐ | ⓑ | ⓒ | ⓓ |
| **8.** | ⓐ | ⓑ | ⓒ | ⓓ | **18.** | ⓐ | ⓑ | ⓒ | ⓓ | **28.** | ⓐ | ⓑ | ⓒ | ⓓ |
| **9.** | ⓐ | ⓑ | ⓒ | ⓓ | **19.** | ⓐ | ⓑ | ⓒ | ⓓ | **29.** | ⓐ | ⓑ | ⓒ | ⓓ |
| **10.** | ⓐ | ⓑ | ⓒ | ⓓ | **20.** | ⓐ | ⓑ | ⓒ | ⓓ | **30.** | ⓐ | ⓑ | ⓒ | ⓓ |

## 사전 검사

**1.** 당신은 취업 인터뷰를 잘 치른 덕에 3개 회사로부터 취업 제의를 받았습니다. 당신은 이들 가운데 하나를 선택해야 하는데, 이 회사들에 대해 더 철저하게 조사해 보기 위하여 당신이 할 수 있는 것들은 무엇일까요? (해당되는 답을 모두 선택하세요.)

**a.** 각 회사의 웹사이트에 들어가 본다.
**b.** 이 회사들이 뉴스에 나오는지 알아본다.
**c.** 이 회사들의 재정 상황에 대해 조사해본다.
**d.** 이 회사들에서 일하고 있는 사람들과 이야기를 나누어본다.

**2.** 다음 중 남을 설득하는 기술의 예가 아닌 것은 무엇일까요?

**a.** "물론 모든 분이 그러시겠지만, 여러분께서도 환경에 관심이 많으시다면 꼭 '도롱뇽과 함께 사는 사람들'에 기부해주세요!"
**b.** 세계 최고의 달리기 선수인 우사인 애로우는 말했다. "저는 어릴 때부터 '코코후레이크 시리얼'을 먹었습니다. 코코후레이크는 항상 저에게 우승할 힘을 주었죠. 여러분에게도 코코후레이크는 힘을 줄 거에요!"
**c.** 한국 백화점에서 유아용 '소프트 스니커즈' 운동화를 세일하고 있습니다.
**d.** "시민 여러분! 진정한 변화를 원하십니까? 그럼 저를 국회의원으로 뽑아 여의도로 보내주십시오! 제가 정부의 재정 낭비를 모두 중지시키겠습니다!"

**3.** "순규의 수영팀에 있는 다른 선수들은 모두…"로 시작하는 논증에서 가장 적절한 결론이 무엇일까요?

**a.** 각자의 경기에서 우승했다. 그래서 순규도 경기에서 우승할 것이다.
**b.** 수영을 시작한 지 6년이 넘었다. 그래서 순규도 수영을 시작한 지 6년이 넘었을 것이다.
**c.** 실내 수영장보다 야외 수영장을 더 좋아한다. 그래서 순규도 야외 수영장을 더 선호할 것이다.

**d.** 팀 이름이 적혀 있는 수영복을 입고 있다. 그래서 순규도 팀 이름이 적혀 있는 수영복을 입고 있을 것이다.

**4.** 나은의 문학 교수님은 금요일마다 과제로 낸 50쪽의 읽을거리에 대하여 그 다음 주 월요일에 퀴즈를 냅니다. 수업이 진행될수록 퀴즈는 더 어려워지고 있으며 나은은 퀴즈에서 좋은 점수를 받지 못하고 있습니다. 무엇이 문제인지 트러블슈팅을 하고 퀴즈 성적을 더 잘 받기 위해서 나은이 할 수 있는 것은 무엇일까요?

**a.** 과제를 훑어 보기 위해 월요일마다 좀 더 일찍 강의실에 도착하도록 계획을 세운다.

**b.** 긴장이 풀릴 수 있도록 주말 동안 월요일에 입을 새 옷을 골라놓는다.

**c.** 일요일마다 과제를 읽고 복습할 시간을 정해놓는다.

**d.** 토요일마다 1시간 동안 지난번 퀴즈에서 틀렸던 문제를 복습한다.

**5.** 다음 중 건전한 논증이 아닌 것은 무엇일까요?

**a.** 효린은 더 나은 피겨 스케이팅 선수가 되기 위해 추가 레슨을 받고 매일같이 연습했다. 그래서 효린의 스케이팅 실력이 많이 향상되어 전국 경기에 나가게 되었다.

**b.** 어제 출근길에 까마귀 한 마리가 내 차 위에 앉아있었다. 그리고 어제저녁에 지갑을 잃어버렸다. 만약 오늘 아침에 그 까마귀를 보지 않는다면 재수 없는 일이 일어나지 않을 것이다.

**c.** 어젯밤 태풍이 불어 닥쳐 가로수가 여럿 쓰러졌다. 그래서 시내 전체에 전기가 나갔다.

**d.** 맑은 날에는 우리 집에서 진해탑이 보인다. 만약 내일 날씨가 맑으면 우리 집에서 진해탑을 볼 수 있을 것이다.

**6.** 자동차가 한 대 필요한 당신은 어떤 종류의 차를 사야 할지 고민하고 있습니다. 그래서 2명이 탈 수 있는 경차와 5명이 탈 수 있는 중형 세단, 그리고 7명이 탈 수 있는 미니밴을 비교하려고 합니다. 다음 중 적절한 비교 항목

이 아닌 것은 무엇일까요?

**a.** 가격

**b.** 연비

**c.** 타이어 크기

**d.** 트렁크 크기

**7.** 다음 중 감정적으로만 결정을 내린 상황을 설명하고 있는 것은 무엇일까요?

**a.** 현동은 겨울을 무척 싫어한다. 그래서 조금 무리를 해서 이번 겨울에 동남아로 휴가를 떠났다.

**b.** 폭탄 테러 위협이 있자 지하철역이 임시 폐쇄되었다.

**c.** 마리가 다니고 있는 회사의 지난 분기 수익은 예상치보다 훨씬 더 높았다.

**d.** 연수는 새로운 믹서기가 필요했다. 그래서 주기적으로 마트의 신문 광고를 확인해보다가 믹서기가 세일을 할 때 샀다.

**8.** 다음 중 인터넷보다 도서관에서 연구하는 것이 더 나은 경우는 언제일까요?

**a.** 최근 헌법재판소의 논란이 되는 판결에 대해 보고서를 작성하려고 할 때.

**b.** 주식투자를 고려하고 있는 회사의 과거 주식 실적에 대해 알아보려고 할 때.

**c.** 새로 신용카드를 발급받으려고 해서 신용카드사들의 할부 이자율을 비교해보려고 할 때.

**d.** 현재 사는 지역의 오래된 역사적인 건축물을 조사해보려고 할 때.

**9.** 여러분은 철도 노조의 임금 협상에 관한 신문 기사를 읽고 있습니다. 노조의 조합원들은 자신들의 요구 사항인 더 높은 임금과 더 나은 복지가 받아들여지지 않으면 당장 내일부터 파업하겠다고 위협하고 있습니다. 이 기사에서 여러분이 추론할 수 있는 것은 무엇일까요?

**a.** 요즘 체감 물가가 대단히 높아 살기가 빠듯하다.

**b.** 원유의 가격 때문에 앞으로 몇 주 이내에 기차 승차권 가격이 올라갈 것이다.

**c.** 기차를 타는 사람들은 대안 교통수단을 알아보아야 할 것이다.

**d.** 회사는 노조의 임금 상승 요구를 좋아하지 않는다.

**10.** 다음 논증에서 잘못된 것은 무엇일까요?

"여러분! 혹시 대기 오염을 줄이기 위해 새로운 규제가 필요하다고 생각하십니까? 그런데 저는 이미 규제가 너무 많다고 생각합니다. 정치인들은 새로운 법안을 통과시켜 우리 같은 소시민을 통제하려고만 합니다. 지금보다 더 많이 말이죠. 아주 숨이 막힐 정도입니다. 우리는 더는 어떠한 규제도 필요하지 않아요!"

**a.** 이 사람은 환경에 관심이 없다.
**b.** 이 사람은 말하고 있던 주제를 바꾸었다.
**c.** 이 사람은 정계에 진출하려 하고 있다.
**d.** 이 사람은 환경 오염을 이해하지 못하고 있다.

**11.** 다음 중 명쾌한 해답이 없는 상황에서 어려운 결정을 내려야만 할 때 신뢰해서는 안 되는 것은 무엇일까요?

**a.** 직관
**b.** 상식
**c.** 소문
**d.** 과거의 경험

**12.** 다음 중 타당한 논증이 아닌 것은 무엇일까요?

**a.** 현섭네 주방 찬장에는 참치 통조림이 6개가 있고 베란다 찬장에는 36개가 있다. 그리고 현섭의 집 다른 곳에는 참치 통조림이 없다. 그러므로 그의 집에는 참치 통조림이 42개 있다.
**b.** 어제 아침 경부고속도로 상행선을 이용해 출근하던 사람들은 모두 직장에 제시간에 도착하지 못했다. 윤하는 어제 아침 경부고속도로 상행선을 이용해 출근했다. 그러므로 윤하는 어제 회사에 지각했다.
**c.** 마이클은 캔자스(Kansas) 주의 켄자스 시티(Kansas City)나 미주리(Missouri) 주의 켄자스 시티(Kansas City) 중 한 곳에 살고 있다. 만약에 그가 캔자스(Kansas) 주에 살고 있다면 그는 미국 사람이다.
**d.** 구내식당을 이용하는 사람 중에서 구내식당의 김치를 좋아하는 사람은 없

다. 나의 상관은 구내식당에서 식사한다. 그러므로 그는 구내식당의 김치를 좋아하지 않는다.

**13.** 민수는 내년에 영국 런던, 프랑스 파리, 이탈리아 로마로 휴가를 가고 싶어 합니다. 그는 이 세 도시를 8박 9일로 구경하는 여행사 일정이 특가로 199만 원에 나온 것을 발견했습니다. 하지만 민수가 가진 돈은 통장에 있는 80만 원이 전부입니다. 다음 중 어느 것이 민수의 목표설정 전략으로 가장 효과적일까요?

**a.** 세 곳 중 한 곳에만 가는 일정으로 더 짧고 저렴한 여행을 계획한다.
**b.** 웹사이트를 만들어 사람들에게 여행 경비로 쓸 돈을 기부해달라고 부탁한다.
**c.** 점심 때 회사 밖에서 식사하는 대신에 구내식당을 이용하거나 도시락을 싸와 매달 20만 원을 저축한다.
**d.** 결혼을 위해 매달 20만 원씩 붓던 적금을 해지한다.

**14.** 다음 중 사실이 아니라 판단인 것은 무엇일까요?

**a.** 이 햄릿 영화는 최고의 명작이다. 이보다 더 나은 햄릿 영화는 나올 수 없을 것이다.
**b.** 이 햄릿 영화는 최고의 명작이다. 9시 뉴스에서 그렇게 보도했다.
**c.** 이 햄릿 영화는 최고의 명작이다. 이 영화는 올해 영화 대상을 받았다.
**d.** 이 햄릿 영화는 최고의 명작이다. 영화를 본 관객의 94%가 이 말에 동의하였다.

**15.** 다음 논증에서 잘못된 것은 무엇인가요?

“조국을 사랑하던가 아니면 조국을 떠나라!”

**a.** 이 논증에는 아무런 문제가 없다.
**b.** 만약에 누군가가 조국을 떠난다면 그 사람은 조국을 사랑하지 않는다는 것을 의미한다.

**c.** 이 논증은 조국을 어떻게 사랑해야 하는지를 말해주고 있지 않다.

**d.** 실제로는 더 많은 대안이 있음에도 불구하고 두 가지의 선택권만 제시하고 있다.

**16.** 다음 중 문제 해결이 필요하지 않은 상황은 어느 것인가요?

**a.** 새로 산 컴퓨터를 집에 가져온 후에야 상자에 마우스가 없다는 것을 발견하였다.

**b.** 사진을 현상하여 집에 가져온 후에야 이 사진이 다른 사람의 것임을 알아챘다.

**c.** 부서의 다른 사람들은 오늘 밤 자연밥상에서 회식을 하고 싶어하지만, 당신은 어제 거기서 저녁 식사를 하였다.

**d.** 당신은 내일 아침까지 보고서를 마쳐야 하는데, 오늘은 아들의 생일이다. 그리고 아들과 오늘 저녁에 야구장에 가기로 약속을 했다.

**17.** 다음 웹사이트 가운데 미국의 16대 대통령 에이브러햄 링컨(Abraham Lincoln)에 대해 가장 객관적인 정보를 제공해줄 가능성이 큰 곳은 어디일까요?

**a.** 링컨의 대통령 임기 시절에 대한 책을 저술한 역사 교수의 홈페이지.

**b.** 링컨의 암살을 포함해 유명한 암살 사건을 다루고 있는 한 남부 연합 추종자가 운영하는 웹사이트. (링컨을 암살한 존 부스(John Booth)는 남부 연합 동조자였음.)

**c.** 링컨이 주고받은 서한을 보관하고 있는 한 역사보존회 단체의 웹사이트.

**d.** 링컨의 삶에 대해 알리려는 목적으로 창설된 일리노이주 스프링필드시에 있는 대통령 도서관의 공식 홈페이지. (링컨은 스프링필드시에 오랫동안 거주했었음.)

**18.** 다음 상황의 이유가 되기 어려운 것은?

"아빠, 내 방에 있는 스탠드에 불이 안 들어와요!"

**a.** 스탠드가 콘센트에 꽂혀 있지 않다.
**b.** 얼마 전에 스탠드와 잘 어울리는 책 받침대를 샀다.
**c.** 동네가 정전되었다.
**d.** 스탠드의 전구가 나갔다.

**19.** 다음 문장의 논리에서 잘못된 점은 무엇일까요?

"어떻게 그 사람의 증언을 믿을 수 있죠? 감옥까지 갔다 온 사람이잖아요!"

**a.** 그 사람이 감옥에 갔다 왔다고 해서 그가 거짓 증언을 하고 있다는 뜻은 아니다.
**b.** 감옥을 갔다 온 사람은 법정에서 증언할 수 없다.
**c.** 이 말을 하는 사람은 범죄자에 대해 편견이 있다.
**d.** 이 말을 하는 사람은 법에 대해 잘 모른다.

**20.** 여러 연구 결과에 따르면 북극지방에 사는 사람이 미국 남부의 플로리다에 사는 사람보다 더 높은 행복도 점수를 기록한다. 다음 중 이 자료를 가지고 도출해 낼 수 있는 가장 나은 결론은 무엇일까요?
**a.** 플로리다에 사는 사람이 북극지방으로 이사하면 더 행복해질 것이다.
**b.** 더운 기후에 사는 사람보다 추운 기후에서 사는 사람이 더 행복하다.
**c.** 북극지방에는 행복한 사람들만 살고 있다.
**d.** 행복도 조사에서 높은 점수를 기록한 북극지방 사람들은 눈을 좋아할 가능성이 크다.

**21.** 다음 중 올바른 논증은 무엇일까요?
**a.** 어제 비가 온다는 기상예보가 있었다. 그래서 야외 리허설을 할 때 우산을 가지고 갔지만 비는 오지 않았다. 오늘도 야외 리허설 때 우산을 챙겨가면 비가 오지 않을 것이다.
**b.** 지혜와 기석은 쌈짓길에서 데이트를 한 후에 헤어졌다. 지혜가 진호와 오

늘 쌈닷길에서 데이트를 하지 않는 이상 오늘 헤어지는 일은 없을 것이다.

**c.** 내가 듣고 있는 영어회화 수업의 매클모어 교수님은 수업참여 점수에 성적의 큰 비중을 두신다. 중간시험이 끝나고 교수님은 나에게 수업참여를 활발하게 할 필요가 있다고 말씀하셨다. 이 수업에서 더 좋은 성적을 받으려면 남은 학기 동안 더 활발하게 수업에 참여해야겠다.

**d.** 우리 집 세탁기는 고장이 자주 나는데, 어젯밤에 또 고장이 났다. 지난번에 세탁기 A/S를 신청했을 때는 이전과 다른 수리기사가 왔다. 이번에 세탁기가 고장 난 이유는 아마도 그 기사 때문일 것이다.

※ 다음 예문을 읽고 22번과 23번 문제에 답하세요.

나는 어렸을 적부터 해양생물학자가 되고 싶었다. 6살 때 부모님과 함께 수족관을 갔었는데, 이때 바다 생물에 큰 관심이 생겼다. 하지만 대학 시절 우연한 기회로 해양조사선에서 실습을 해보면서 해양생물학보다는 해양학을 전공하기로 결심했다. 해양조사선에서 이루어지던 연구는 국립플랑크톤연구소에서 후원한 것이었는데, 이 연구의 목적은 강릉 앞바다에서의 낚시가 해양생태계에 어떤 영향을 미치고 있는지 알아보기 위해 가능한 한 많은 종의 미생물을 수집하는 것이었다. 우리는 두 개 팀으로 나뉘어 각각 다른 종류의 플랑크톤을 수집하였고, 나는 식물성 플랑크톤을 수집하는 팀에 속해 있었다. 그래서 식물성 플랑크톤의 흥미로운 생물학적 특징에 대해 많이 배울 수 있었는데, 나는 특히 남조류에 관심이 많이 갔다. 우리는 물속에 있는 엽록소의 양을 측정하여 식물성 플랑크톤이 어디에 얼마나 존재하는지를 알아냈다. 연구 지역의 물이 맑고 퇴적물과 오염물이 거의 없어서 연구는 수월하게 진행되었다.

**22.** 식물성 플랑크톤이란 무엇인가요?

**a.** 엽록소의 다른 이름

**b.** 미생물의 한 종류

**c.** 남조류의 한 종류

**d.** 물고기의 한 종류

**23.** 다음 중 이 연구의 목적을 가장 잘 나타낸 것은 무엇일까요?

**a.** 낚시가 강릉의 지역경제에 긍정적인 영향을 미치는지 알아보기 위해
**b.** 낚시가 강릉 지역의 어류 자원을 고갈시키는지를 알아보기 위해
**c.** 낚시가 해양생물학자들의 연구를 방해하는지를 알아보기 위해
**d.** 낚시가 주변 해역에 부정적인 영향을 미치는지를 알아보기 위해

**24.** 당신은 6년 전에 산 자동차를 팔고 새로 차를 사려고 합니다. 다음 웹사이트 가운데 중고자동차를 판매하는 방법에 대해 좋은 정보를 제공해줄 가능성이 가장 큰 곳은 어디일까요?

**a.** 차 바꾸는 사람들: 개인과 개인, 그리고 개인과 업체 사이에서 중고차 직거래를 돕는 인터넷 커뮤니티. 중고차를 사고파는 방법 및 사고팔 때 주의해야 할 점, 그리고 평균 거래가격에 대한 정보가 실려 있음.
**b.** 소비자원: 소비자 보호와 상담, 피해 구제 등의 업무를 처리하는 정부 산하기관의 웹사이트. 중고차를 거래할 때 주의해야 할 점과 피해 사례에 대한 정보를 제공.
**c.** 울트라 오토 매니아: 국내외에서 판매 중인 차량에 대한 기본정보 및 리뷰, 가격 등의 정보를 다루고 있는 유명 자동차 관련 잡지의 웹사이트.
**d.** 한구의 중고차 구매 블로그: 중고차 딜러가 운영하는 유명 블로그. 중고차 구매 요령에 대해 사진과 함께 자세한 경험담을 담고 있음.

**25.** 다음 중 가장 부실한 설명은 무엇인가요?

**a.** 너무 오랫동안 조리를 해서 스테이크가 너무 구워졌다.
**b.** 한구는 오늘 운전을 할 수 없었다. 그의 자동차가 정비소에서 수리를 받고 있었기 때문이다.
**c.** 경제적으로 여유가 없어져서 더는 헬스장에서 개인 교습을 받지 않는다.
**d.** 예란은 어젯밤 아주 늦게 잠자리에 들었기 때문에 아침에 늦잠을 자버렸다.

**26.** 다음 중 가장 심각한 문제는 무엇일까요?

**a.** 교수님이 갑작스럽게 식중독에 걸리셔서 중간시험을 보기로 했던 주의 수업에 나오지 못하셨다.

b. 나는 강의계획표를 잘못 이해해서 중간시험에 대한 준비를 전혀 하지 않았다.
c. 나는 중간시험 공부에 필요한 교재 중 한 권을 잃어버렸다.
d. 중간시험은 생각보다 어려웠고 충분히 공부하지 못한 부분에 대한 문제도 여럿 포함되어 있었다.

27. 다음 중 인터넷에서 찾은 정보의 정확성을 평가해야 하는 가장 중요한 이유는 무엇일까요?
a. 일반적으로 인터넷에서 글을 쓰는 사람은 책을 출판하는 사람보다 실력이 없다.
b. 인터넷에 글을 쓰는 사람들은 대부분 편견이 있다.
c. 인터넷에는 누구나 글을 쓸 수 있다. 그래서 인터넷에서 찾은 정보가 진실하거나 객관적일 것이라는 보장이 없다.
d. 대부분 책에 나와 있는 정보가 인터넷에 있는 정보보다 더 정확하다.

28. 다음 논증에서 잘못된 점은 무엇인가요?

"담뱃갑에 경고 그림과 문구를 넣지 말아야 합니다. 담뱃갑부터 이렇게 하기 시작하면 다음에는 또 어떤 물건에 경고 그림을 넣자고 할까요? 가스레인지 박스에는 불타버린 집의 사진을 싣고, 택시 창문에는 끔찍한 교통사고 사진을 붙이기 시작할 것입니다."

a. 이 결론은 너무 극단적이다.
b. 이 논증에는 아무 문제가 없다.
c. 흡연자들이 담뱃갑의 경고 문구 탑재 여부를 결정해서는 안 된다.
d. 왜 담뱃갑에 경고 문구를 넣으려고 하는지를 설명하지 않고 있다.

29. 다음 중 문제의 증상이 아닌 문제의 본질을 서술하고 있는 문장은 무엇일까요?

**a.** 신용카드 현금서비스의 이율이 너무 높다.
**b.** 급하게 현금이 필요한데 은행 계좌에는 한 푼도 없다.
**c.** 매달 버는 돈보다 쓰는 돈이 더 많다.
**d.** 저번 달에는 현금서비스 이자로 5만 원 가까이 지출했다.

**30.** 다음 중 과장법이 쓰인 문장은 무엇인가요?
**a.** 보트의 갑판은 버터를 발라놓은 것 마냥 미끄러웠다.
**b.** 이 택배 상자는 일 톤쯤 되는 것 같다.
**c.** 누구의 인생에서도 어느 정도 궂은 날은 있게 마련이다.
**d.** 옥면관의 냉면이 육수관의 냉면보다 낫다.

## 사전 검사 해답

**1.** **a, c, d.** (레슨 3)
**2.** **c.** (레슨 9)
**3.** **d.** (레슨 14)
**4.** **c.** (레슨 6)
**5.** **b.** (레슨 15)
**6.** **c.** (레슨 4)
**7.** **a.** (레슨 11)
**8.** **d.** (레슨 7)
**9.** **c.** (레슨 3)
**10.** **b.** (레슨 16)
**11.** **c.** (레슨 17)
**12.** **c.** (레슨 12)
**13.** **c.** (레슨 5)
**14.** **a.** (레슨 18)
**15.** **d.** (레슨 13)
**16.** **c.** (레슨 1)
**17.** **d.** (레슨 8)
**18.** **b.** (레슨 14)
**19.** **a.** (레슨 16)
**20.** **d.** (레슨 10)
**21.** **c.** (레슨 15)
**22.** **b.** (레슨 19)
**23.** **d.** (레슨 19)
**24.** **a.** (레슨 7)
**25.** **a.** (레슨 18)
**26.** **b.** (레슨 1)
**27.** **c.** (레슨 8)
**28.** **a.** (레슨 13)
**29.** **c.** (레슨 2)
**30.** **b.** (레슨 9)

LESSON

# 1 문제를 인식하기

우리는 해결방법이 없는 문제처럼 멋지게 가장한 일련의 엄청난 기회에 항상 직면하고 있다.
"We are continually faced with a series of great opportunities brilliantly disguised as insoluble problems."

존 W. 가드너(John W. Gardner, 1912~2002)
미국의 전 보건교육복지장관

## 이번 레슨에서 공부할 내용

비판적으로 사고해 문제를 해결하려고 할 때, 가장 먼저 문제가 있다는 것을 인식해야만 하고, 그 다음에는 그 문제가 얼마나 중요하고 심각한 것인지를 판단해야만 합니다. 이번 레슨에서는 문제를 인식하는 방법, 그리고 문제의 중요성과 심각성을 따져보는 방법에 대해 알아보겠습니다.

우리는 모두 매일 여러 가지 문제에 직면하고 있습니다. 운전 중에 자동차 주유등에 불이 들어오는 것처럼 쉽게 해결할 수 있는 문제도 있는 반면에 복잡하고 시간과 생각을 많이 필요로 하는 문제도 있습니다. 예를 들어, 직장 상사가 여러분이 여러 달 동안 심혈을 기울인 기획안이 왜 실패했는지를 추궁하며 짧은 시간 내에 새로운 안을 만들어 오라고 요구하는 것 같은 것 말이죠.

문제 해결을 위해서 가장 먼저 해야 할 일은 문제가 있음을 인식하는 것이고, 그 다음은 문제에 우선순위를 매기는 일입니다. 이 문제를 지금 당장 다루어야 할까? 아니면 다른 문제를 해결한 뒤에 다루어도 괜찮을까? 우리 일상에서 항상 여러 개의 문제가 있으므로 문제의 중요도에 따라 순위를 매기고 가장 중요한 것부터 다루어야 합니다.

## 1.1 문제의 인식을 방해하는 장애물

문제가 무엇인지를 간단하게 정의해보면 해결해야 하는 상황이나 대답해야 하는 질문이라고 할 수 있습니다. 그래서 우리는 어떤 문제에 맞닥뜨렸을 때 이 문제를 해결할 수 있도록 결정을 내리고 행동을 해야 합니다.

질문의 형태를 띠는 문제에는 보통 하나의 쉬운 대답이 없습니다. 예를 들어, 누군가가 여러분에게 "당신은 왜 박 후보가 아니라 문 후보에게 투표하느냐?" 또는 "왜 당신이 이 대리보다 먼저 승진해야 하느냐?"와 같은 질문을 한다고 생각해보세요. 아마도 여러분은 이런 질문에 대한 대답을 알고 있지만, 이를 몇몇 단어와 문장으로 오롯이 표현하는 것은 생각보다 어려운 경우가 많습니다.

특히 실제 상황에서 존재하는 문제들은 최선책을 찾기 위해서 분석적인 사고와 의사결정이 필요합니다. 만약에 직장동료 중 한 명이 회사의 이윤을 엄청나게 과장하여 발표하고 있다는 것을 여러분이 알게 되었을 때, 특히 이를 회사 사장의 비밀 지시에 의한 것이라는 것을 알게 되었을 때, 여러분은 어떻게 행동해야 할까요? 여러분은 직장 내에서의 불이익을 감수하고서라도 이것을 고발하거나 폭로해야만 할까요? 만약 그렇다면 누구에게 할 수 있을까요?

## 1.2 문제를 인식하지 못하게 하는 심리적 요인

문제 인식을 방해하는 가장 흔한 이유 가운데 하나는 바로 문제에 대해 무언가 행동을 취하거나 책임을 지지 않으려는 마음가짐입니다. 이런 마음가짐은 사람들로 하여금 의식적으로, 아니면 심지어 무의식적으로 문제를 인식하고 인정하지 않게끔 만들 수 있습니다. 그리고 문제를 인정하지 않으면 자신이 그 문제를 해결할 책임이 없다고 생각하게 됩니다. 전자의 예를 들자면, 공장 직원이 컨베이어 벨트에서 불량품이 섞여 나오는 것 같은데도 자세히 확인하려 하지 않고 못 본 척하고, 아무 일도 없는 것처럼 여기는 것입니다. 만약 이 공장 직원이 실제로 불량품이 섞여 나오는 것을 확인한다면 이 사실을 매니저에게 보고해야 하는 것은 물론, 무엇이 잘못되었는지 찾아보라는 지시를 받을 수도 있을 것입니다. 그리고 이와 같은 추가적인 책임과 행동은 사람들이 문제를 직시하지 않고 슬그머니 피해 가는 데 큰 역할을 합니다. 후자의 예를 들자면, 사무실의 개인용 프린터에 잉크가 다 떨어져간다는 메시지를 무의식적으로 해결해야 하는 문제로 인식하지 않는 것입니다. 만약 잉크가 다 떨어져간다는 것을 문제로 인식한다면 사무실 창고에서 잉크를 가져오거나 아니면 잉크를 추가로 주문해야 하겠지요. 하지만 이런 추가적인 책임이나 행동은 우리의 마음이 문제로부터 슬그머니 외면하도록 만들 수도 있습니다.

하지만 우리가 문제를 인정하지 않으면 문제는 더 커지고 복잡해지며, 나중에 더 많은 문제를 만들어낼 수도 있습니다. 가정에 불과하긴 하지만, 첫 번째 예의 경우를 살펴보면, 불량품이 판매되어 문제를 일으키고 그 일로 회사의 이미지가 나빠져서 물건 판매가 감소할 수도 있습니다. 그렇다면 회사의 재무 상태가 악화되어 직원 감축에 들어갈 수도 있고, 그렇게 되면 맨 처음 불량품을 보고도 신경 쓰지 않았던 직원이 해고될 수도 있습니다. 두 번째 예의 경우, 문서를 출력하는 도중에 잉크가 다 떨어져서 흐릿하게 출력이 되거나 출력이 멈출 수도 있고, 그러면 급하게 창고에 가서 잉크를 찾아 바쁘게 설치해야 할 것입니다. 사무실에서 근무한 경험이 있는 사람이라면 누구나 이와 비슷한 상황을 겪어봤을 것입니다. 급하게 출력해야 하는 문서가 제대로 출력되지 않아 스트레스를 받는 일은 종종 있습니다. 미리 잉크를 교체해 놓았다면 그렇게 스트레스 받을 필요가 없는데 말이죠. 그래서 우리는 항상 문제를 인식 또는 인정하지 않는 것이 나중에 할 일을 더 많게 만들고 더 많은 문제를 발생시킨다는 것을 명심해야 합니다.

### 생각해보기

미국의 26대 대통령이자 군인, 탐험가, 역사가로서 다양한 분야에 폭넓은 관심을 보였던 시어도어 루즈벨트(Theodore Roosevelt)는 이런 말을 남겼습니다.

"언제나 결정을 내려야 하는 순간에는 옳은 일을 하는 것이 최선이고, 그른 일을 하는 것이 차선이며, 아무것도 하지 않는 것이 최악이다."
"In any moment of decision the best thing you can do is the right thing, the next best thing is the wrong thing, and the worst thing you can do is nothing."

### 어떻게 문제가 정말 존재하는지 알아볼 수 있을까요?

사실은 문제가 아님에도 불구하고 문제처럼 보이는 경우가 있습니다. 하지만 어떻게 이것을 알아볼 수 있을까요? 지금 처한 상황이 정말로 문제인지 알아보려면 스스로 이렇게 한번 질문해보세요. '이 상황은 더 큰 현상이나 과정의 일부에 불과한가? 아니면 이 상황은 정말로 해결책이 필요한가?' 질문해보는 것입니다. 문제 해결능력이 필요할 때를 아는 것만큼 문제 해결능력이 필요하지 않은 때를 아는 것도 중요합니다. 다음의 예시를 보고 한번 생각해보세요.

현우는 지난 2주 동안 회사에 새로 들어온 신입사원인 현동을 교육하는 일을 맡았습니다. 그리고 2주간의 교육 기간이 끝나고 현동은 실무에 투입되었는데, 첫날에 이런저런 실수를 저질렀습니다. 이 상황에서 현우가 해야 할 일은 무엇일까요? 현우는 현동의 상사를 찾아가 현동을 조금 더 교육해야 하는지를 물어야 할까요? 아니면 현동의 상사가 신입사원에 대해 어떤 기대를 하는지를 알아내야 할까요? 고민하고 있던 현우에게 한 동료가 찾아와서는 말하길, 현동의 상사는 신입사원이 처음 와서 이런저런 실수를 저지르며 일을 배우는 것이 당연하다고 생각하는 사람이라고 얘기를 해줍니다. 현우가 문제라고 생각했던 상황이 사실은 아무런 문제가 아니었던 것이지요.

## 1.3 문제의 종류

문제가 존재함을 인식한 후에는, 이를 해결하려고 하기 전에 이 문제가 여러분의 시간 자원과 개인적 우선순위에 따라 어떤 종류의 문제인지를 판단해야 합니다. 이때 문제의 종류를 판단하는 기준은 **심각성**과 **중요성**입니다.

## 심각한 문제

심각한 문제는 다음과 같은 특징을 가지고 있습니다:

- 즉시 해결책이 필요하다.
- 나보다 전문적인 지식이나 기술을 가지고 있는 사람의 도움이 필요할 수도 있다.
- 문제 해결이 늦어질수록 결과는 빠르게 악화된다.

심각한 문제의 예를 들어봅시다. 만약에 여러분이 사는 낡은 아파트의 온돌 배관에 누수가 생겼다면 이는 꽤 심각한 문제입니다. 누수를 감지해 수리할 때까지 계속해서 물이 새어 나올 것이고, 이 물이 마룻바닥을 상하게 하는 것은 물론 아랫집의 천장과 벽에도 손상을 줄 수 있습니다. 여러분이 웬만한 전문가가 아닌 이상에야 전문적으로 배관 설비를 하는 사람을 불러야 할 것입니다. 그리고 이 문제를 조속히 해결하지 않고 내버려두면 수리에 들어가는 비용과 시간이 늘어나는 것은 물론 이웃들에게 끼치는 피해도 빠르게 늘어날 것입니다.

또한, 사소한 문제라도 즉시 해결되지 않으면 심각한 문제로 발전되는 경우도 있습니다. 예를 들어, 숲 속에서 휴대용 가스레인지로 요리하다가 주변 낙엽에 불씨가 튀었는데, 마땅히 불을 끌 도구나 방법이 없다고 해서 그냥 방치해 두면 어떻게 될까요? 산불이라는 엄청난 양의 환경적, 재산적 피해를 불러올 수 있는 심각한 문제로 발전될 수도 있습니다.

## 연습문제

직장에서 다음과 같은 세 가지 문제가 동시에 벌어지고 있습니다. 이 문제들을 어떤 순서로 해결해야 할까요?

**a.** 사무실에 있는 프린터가 고장 났다.
**b.** 오후 3시까지 중요한 계약서류 작성을 마치고 결재를 받아야 한다.

**c.** 오후 5시 전에 이 서류를 출력해서 우체국에서 발송해야 한다.

## 해답

가장 합리적인 문제 해결 순서는 **a → b → c**입니다. 프린터가 없이는 서류를 출력할 수 없으므로 프린터를 먼저 고쳐야 합니다. 또한, 간단하게 고칠 수 있는 문제가 아닐 경우 회사 내부에서 누군가가 수리를 하거나 A/S 직원을 부르게 되면 꽤 시간이 걸릴 수도 있으므로 가장 먼저 해결책을 마련해야 합니다. 만약 오늘 내로 고칠 수 있는 문제가 아니라면 다른 사무실이나 근처 사무용품점 같은 곳에서 문서 출력을 할 수 있는지를 알아보아야 하겠지요. 그리고 계약 서류를 작성해야 합니다. 서류 작성이 끝나고 결재를 받으면 이를 출력한 뒤 우체국에 가지고 가면 될 것입니다.

## 연습 문제

당신은 주말에 친한 친구들을 초대해 영화를 보며 맥주와 피자를 먹으려고 합니다. 하지만 어찌 된 영문인지 보려고 했던 영화의 DVD가 제대로 재생이 되지 않습니다. 이때 친구들이 집 근처에 거의 다 왔다고 연락이 왔고, 피자도 막 도착했습니다. 거실 탁자에 음식을 차리려고 부엌의 냉장고를 열어보니, 어젯밤에 깜빡 잊고 맥주를 냉장고에 넣어두지 않았습니다. 미지근한 맥주를 마실 수는 없으니 얼른 뛰어나가서 맥주를 사와야 하나 하고 고민하고 있던 찰나, 도시가스 배관이 있는 부엌 베란다 쪽에서 미세하게 가스 냄새가 나는 것 같습니다. 자, 이제 당신은 무엇을 해야 할까요? 아래에 당신이 해야 할 일을 순서대로 적어보세요.

## 해답

가스가 새는 것은 심각한 문제이므로 이를 가장 먼저 처리해야 합니다. 가스는 전등이나 콘센트의 스파크에도 폭발할 수 있으므로 베란다 등을 켜거나 옆집이나 윗집, 아랫집의 벨을 눌러 확인하는 것보다는 119와 아파트 관리사무소에 즉시 연락을 해 대처방법을 묻는 것이 안전합니다. 다른 문제들은 심각한 문제가 아닙니다. 가스 문제가 별문제가 아니거나 금방 해결될 수 있었던 문제라면, 그 후에 다른 DVD를 보는 방법도 있고, 아니면 케이블 TV의 영화 보기 서비스나 컴퓨터를 통해서 영화를 볼 수도 있습니다. 맥주는 친구들에게 전화해서 사 오라고 할 수도 있을 것입니다. 가스 문제가 금방 해결될 수 있는 것이 아니라면 친구들과의 만남을 미루거나 집 앞 다른 곳에서 식사하며 시간을 보낼 수도 있겠지요.

## 연습 문제

다음 중 가장 심각한 문제는 무엇일까요?

**a.** 경민의 두 살 난 아들은 며칠째 코를 훌쩍거리고 있지만 열은 없는 것 같다.
**b.** 현호는 내일 첫 출근 때 입으려고 했던 가장 아끼는 와이셔츠에 구멍이 나 있는 것을 발견했다.
**c.** 재원은 자취방의 월세가 두 달이나 밀려있는데, 현재 그만한 돈이 없다.
**d.** 정민은 오후 3시에 중요한 인터뷰를 하기로 되어 있는 데 지하철 노조가 파업 중이라 열차 운행 편수가 크게 줄어있다.

## 해답

가장 심각한 문제는 바로 **c**입니다. 재원은 당장 자취방에서 나가야 할지도 모릅니다. 집주인에게 즉시 연락하여 자기 상황을 잘 설명하고 앞으로 어떻게 월세를 낼지를 약속한다면 아마 주인이 쫓아내지는 않을 것입니다. 아니면 룸메이트를 구해서 월세를 분담하는 것도 한 방법이 되겠지요. 해법이 어떻게 되었든 조속히 행동하지 않으면 상황은 급격하게 악화될 것입니다. 보기 **a**의 경우는 상식적으로 봤을 때 심각하다고 할 수 없습니다. 아기가 열이 난다면 이야기가 달라지겠지만, 열없이 코를 훌쩍거리는 것은 심각한 증상이 아니라 곧 나을 것입니다. 보기 **b**와 **d**의 경우는 어떻게 보아도 심각한 문제가 아닙니다. 현호가 조금 아쉬울 수는 있어도 다른 셔츠를 입고 출근하면 될 것이고, 정민은 버스나 택시 같은 다른 교통편을 이용해 인터뷰 장소로 갈 수 있을 것입니다.

**생각해보기**

문제를 골칫거리로 생각하지 말고 무언가 새로운 것을 배울 기회, 그리고 자신감을 기를 기회로 생각해보세요. 매번 성공적으로 문제 해결을 할 때마다 여러분은 새로운 문제 해결 방법을 배우게 되는 것이며, 앞으로 마주치게 될 문제 역시 잘 해결할 수 있을 것이라는 자신감을 얻게 될 것입니다.

## 중요한 문제

문제의 심각성과는 다르게 문제의 중요성은 상당히 주관적입니다. 문제가 중요한지, 중요하지 않은지의 여부는 개인적인 우선순위와 문제들의 관계에 따라 정해집니다. 자신에게 중요한 것이 무엇인가에 따라 중요한 문제부터 중요하지 않은 문제까지 우선순위를 매겨야 하는 것입니다. 우선순위를 매긴다면 사소한 사안에 몰두해서 정말로 중요한 문제를 등한시하는 실수를 범하지 않게 될 것입니다.

## 연습 문제

다음 사안을 가장 중요한 것(1)부터 가장 중요하지 않은 것(5)까지 우선순위를 매겨보세요. 그리고 왜 그렇게 순위를 매겼는지에 대해 이유도 한번 적어보세요.

국내 경제, 건강 보험, 범죄, 교육 정책, 지구 온난화

**1.**

이유: ______________________________

**2.**

이유: ______________________________

**3.**

이유: ______________________________

**4.**

이유: ______________________________

**5.**

이유: ______________________________

## 해답

여러분이 어떻게 대답했는지는 여러분의 생각과 상황에 따라 결정되었을 것입니다. 만약 현재 여러분의 주머니 사정이 넉넉하지 못하고 생활용품의 물가가 비싸다고 느껴진다거나, 혹은 현재 직업이 없다면 국내 경제를 가장 중요한 것으로 대답했을 수 있습니다. 만약에 여러분의 가족이나 지인 중 누군가가 비싼 치료비를 감당하기 어려워한다면 건강 보험이 최고의 관심사일 수도 있겠지요. 하지만 여러분이 사는 지역의 범죄율이 높거나 최근에 무언가를 도둑맞은 적이 있다면 범죄가 중요한 문제라고 생각할 것입니다. 수험생이거나 고등학생 자녀를 둔 부모, 교육계 종사자나 교육이 국가의 미래에 가장 중요하다고 생각하는 사람은 교육 정책을, 지구의 미래와 환경 문제에 관심이 많은 사람은 지구 온난화를 택했을 것입니다. 그 다음 순위도 여러분의 생각과 상황이 반영되어 매겨져 있을 것입니다. 그리고 이 다섯 가지의 사안 중에 몇몇은 전혀 중요하지 않거나 문제가 아니라고 여길 수도 있을 것입니다. 여러분이 적은 이유가 다른 사람이 보아도 이해할 수 있는지 한번 생각해보세요. 그리고 여러분의 가족이나 친구, 혹은 직장 동료와 같이 가까운 사람들은 어떤 이유로 어떻게 순위를 매길지 한번 생각해보세요.

## 연습 문제

어린 자녀 둘과 애완동물을 기르고 있는 당신은 괌에 있는 한 리조트에서 가족 휴가를 계획하고 있습니다. 다음은 당신이 휴가를 떠나기 전에 해결해야 할 일입니다. 이 일들을 어떤 순서로 해결해야 할까요?

- 비행기표 사기
- 리조트 주변의 맛집 조사하기
- 리조트 예약하기
- 여행 기간 동안 신문과 우편물 배달 중지시키기
- 여행 기간 동안 애완동물을 맡길 곳 찾기

**1.** ______________________________
**2.** ______________________________
**3.** ______________________________
**4.** ______________________________
**5.** ______________________________
가장 중요한 것: ______________________________
가장 덜 중요한 것: ______________________________

## 해답

당신의 개인적인 사정이나 선호도에 따라 답이 조금씩 다르겠지만, 일반적인 중요도에 따른 순위는 다음과 같습니다. 당신이 매긴 순위와 한번 비교해보고 순위를 바꿀 필요는 없는지 한번 생각해보세요.

1. 비행기표 사기–어떻게 하던 휴가지까지 가야 하므로 비행기표를 구하는 것이 가장 중요할 것입니다. 특히 비행기표 가격은 변동이 심하므로 일찍 알아볼수록 낮은 가격에 살 수 있겠지요.
2. 리조트 예약하기–머무를 곳 없이 휴가를 계획할 수는 없습니다. 휴가지의 리조트는 예약이 일찍 마감될 수도 있으므로 여행을 계획할 때 숙소 문제 역시 빨리 해결해야 합니다. 물론 여러분의 개인적인 상황이나 경험에 따라서 리조트 예약이 비행기표를 사는 것보다 중요할 수도 있습니다.
3. 애완동물을 맡길 곳 찾기–당신이 정말로 남이 맡아주기 어렵거나 애완동물 호텔에서 받아주지 않는 특이한 동물을 키우고 있지 않은 이상, 이것은 그렇게 어려운 일이 아닙니다. 대부분의 항공사나 호텔은 개나 고양이 같은

동물을 허용하기 때문에 데리고 갈 수도 있습니다. 하지만 당신이 희귀한 동물을 기르고 있거나 정말로 애완동물과 함께 떠나야 한다면 비행기표와 리조트를 예약하기 전에 항공사와 호텔에 미리 문의해 기르는 동물이 확실히 동반 가능한지, 비용은 얼마나 되는지를 확인해야 할 수도 있습니다.

4. 신문과 우편물 배달 중지시키기 – 집 앞에 신문과 우편물이 쌓여있으면 집에 아무도 없는 것을 도둑에게 광고하는 것이나 마찬가지입니다. 하지만 이 일을 깜빡 잊어버렸다 하더라도 휴가를 떠난 후에 이웃이나 경비실에 연락해 해결할 수 있을 것입니다.
5. 리조트 주변의 맛집 조사하기 – 굳이 여행을 떠나기 전에 깊게 조사하지 않더라도 현지인이나 리조트 직원에게 좋은 정보를 얻을 수 있을 것입니다. 이렇게 얻은 정보가 인터넷에 떠돌아다니는 리뷰나 광고보다 더 믿음이 갈 수도 있지요. 물론 수개월 전에 예약을 해야만 하는 대단한 식당에 가는 것이 여행의 주목적이라면 이야기가 조금 다를 수도 있겠지만, 가족 휴가 때 그럴 일은 별로 없겠지요.

## 1.4 문제 해결과 비용

우리는 모두 지출할 수 있는 돈, 즉, 예산이 한정되어 있으므로 돈이 문제의 중요성을 결정하는 요소가 되는 경우가 많습니다. 만약에 돈을 내야 해결되는 문제가 여러 개 있는데 여러분의 예산이 이 모두를 감당하기에 충분하지 않다면, 여러분은 먼저 신경 써야 할 것과 나중에 신경을 써도 될 것이 무엇인지 판단해야 합니다.

### 연습 문제

찜통 같은 한여름 더위가 며칠째 계속되자 당신은 그동안 미뤄왔던 에어컨 수리를 하려고 마음먹었습니다. 하지만 퇴근길에 도로에 난 구멍 때문에 자동차 소음기(머플러)가 손상을 입었습니다. 자동차에서 소음이 심하게 나 이것도 교체해야 합니다. 하지만 이 두 가지를 다 수리할 돈이 없습니다. 이 둘을 수리해야 할 이유를 각각 적어보고 어느 것을 먼저 수리해야 할지 결정해보세요.

에어컨을 수리해야 하는 이유:

- 
- 
- 

소음기를 수리해야 하는 이유:

- 
- 
- 

결론: ____________________________________________

## 해답

당신이 작성한 리스트와 아래의 리스트를 한번 비교해보세요.

에어컨을 수리해야 하는 이유:

- 너무 더워서 에어컨 없이 생활하기가 힘들다.
- 앞으로 며칠간 계속 더울 거라는 기상예보가 있다.
- 에어컨 없이는 열대야가 지속되는 밤에 잠을 설쳐 그 다음 날 직장에서 꾸벅 꾸벅 존다.

소음기를 수리해야 하는 이유:

- 머플러가 없으면 자동차가 너무 시끄러워 운전할 수 없을 지경이다.
- 소음과 배기가스 때문에 벌금을 낼 수도 있다.
- 출퇴근할 때 자동차가 꼭 필요하다.

결론: 당신의 개인적인 상황과 선호도에 따라 결론이 바뀔 수 있겠지만, 위의 이유에 따르면 자동차 소음기를 먼저 수리해야 합니다. 한여름에 에어컨이 없으면 많이 불편하겠지만, 그래도 출퇴근을 하려면 꼭 자동차가 필요하기 때문입니다. 만약에 당신이 출퇴근할 때 자동차가 꼭 필요하지 않고 더위를 굉장히 많이 타는 사람이라면 에어컨 수리가 우선시될 수도 있을 것입니다.

## 1.5 레슨 요약

문제에 직면해 있다는 것을 인식하면 행동을 해야 할 필요가 있다는 것도 인식하게 됩니다. 하지만 어떤 행동을 해야 하는지는 여러분이 직면하는 문제의 종류에 따라 달라집니다. 그 문제가 심각한 것인가요? 만약 여러 개의 문제가 있다면 어느 것을 먼저 다루어야 할까요? 문제해결 방법에 대해 심각하게 고민하기에 앞서 비판적 사고를 사용해서 문제가 정확하게 무엇인지 확인해야 합니다.

**다음 레슨까지 연습해볼 것**

- 여러분이 '오늘 해야 할 일'을 어떻게 관리하고 있든지(작은 수첩이나 달력, 스마트폰 앱, 모니터에 붙이는 포스트잇 등), 해야 할 일 리스트를 짜고 관리할 때 순위를 한번 매겨보세요. 각각의 일에 걸리는 시간이 많은 것부터 적은 것까지 순위를 매길 수도 있겠고, 아니면 각각의 일이 해결되어야 하는 시간 순서대로 순위를 매길 수도 있을 것입니다. 아니면 여러분이 하는 일의 종류나 공부하는 방법에 따라서 여러분만의 순서 매기는 방법이 있을 수도 있겠지요. 이런 여러 가지 방법을 모두 사용해서 '오늘 해야 할 일'에 순서를 매겨보세요. 아마 전에는 느끼지 못했던 일정 정리방법을 깨달을 수도 있을 것입니다.
- 뉴스나 신문을 보고 문제를 인식하는 방법을 한번 연습해보세요. 어떤 사건이나 사고, 혹은 현상에 대한 기사를 접하고 난 뒤, 이 일로 인해 발생할 수 있는 문제가 무엇인지 한번 생각해보세요.

LESSON

# 2 ▶ 문제를 정의하기

중대한 문제는 이를 만들어낸 사고와 동등한 수준의 사고로써는 해결될 수 없다.
The significant problems we have cannot be solved at the same level of thinking with which we created them.

알버트 아인슈타인(Albert Einstein, 1879~1955)
독일 태생의 이론 물리학자

## 이번 레슨에서 공부할 내용

'진짜 문제'와 문제 같아 보이지만 문제가 아닌 것을 어떻게 구분할 수 있을까요? 이번 레슨에서는 '진짜 문제'와 '가짜 문제'의 차이를 알아보도록 하겠습니다. 그리고, 왜 사람들이 자기 눈앞에 놓여 있는 진짜 문제를 보지 못하게 되는지 그 이유에 대해서도 공부해보겠습니다.

어떤 문제이든지 간에 가장 효과적인 해결책을 찾아내는 유일한 방법은 먼저 '진짜 문제'가 무엇인지 알아내는 것입니다. 진짜 문제가 무엇인지 정확하게 알지 못하는 상황에서는 아무리 문제 해결에 힘을 쏟아 부어봤자 문제의 증상이나 결과에 신경을 빼앗겨 진짜 문제를 해결하지 못하게 되기 때문이죠.

우리는 모두 문제를 해결하려고 많은 시간과 노력을 들였음에도 불구하고 나중에 되돌아보면 진짜 문제는 전혀 해결되지 않은 채 그대로였던 경험이 있을 것입니다. 예를 들어 다음과 같은 경우지요. 한 무더운 여름날, 미란은 마당에 자란 잡초를 뽑느라 한참 고생을 하였습니다. 하지만 며칠 뒤에 보니 똑같은 잡초가 똑같은 자리에 다시 자라나 있었습니다. 그래서 곰곰이 주위를 살펴보니 새들에게 모이를 주려고 설치해 놓은 통에 새들이 앉을 때마다 씨앗이 땅에 떨어져서 싹이 트는 것이었습니다. 미란이 모이통의 위치를 바꾸거나 모이의 종류를 바꾸지 않는 이상 마당에 잡초가 자라는 문제는 사라지지 않을 것입니다. 즉, 잡초가 자라는 것은 문제의 결과일 뿐이고, 진짜 문제는 바로 모이통의 위치와 모이의 종류였던 것입니다.

이 예시는 문제 해결에서 흔히 발생하는 오류를 잘 보여주고 있습니다. 우리는 진짜 문제에서 파생되어 직접 눈에 보이는 '문제의 결과'를 진짜 문제인 것처럼 착각하는 경우가 많습니다. 왜 이런 '오류'가 발생할까요? 그 이유는 사람들이 바빠서 자신을 가장 거슬리게 하는 것에 주목을 하거나, 아니면 문제의 본질에 대해 성급한 추측을 하고 그 추측이 올바른 것인지 제대로 확인해보지 않은 채 성급히 해결책을 찾으려고 해서 그렇게 되는 경우가 대부분입니다.

진짜 문제가 아닌 다른 어떤 상황을 진짜 문제라고 오인해 '해결'했을 때는 보통 다음과 같은 결과가 나타납니다.

1. 진짜 문제를 다루지 않았기 때문에 '해결책'이 만족스럽지 않다.
2. 진짜 문제를 해결하기 위해 추가로 의사 결정을 내려야 한다.

## 2.1 진짜 문제란 무엇인가?

실생활에서는 진짜 문제가 무엇인지 정확하게 알아내기가 쉽지 않을 때가 많습니다. 예를 들어 다음과 같은 경우입니다. 지원의 영어작문 수업 담당 교수인 맥스웰은 지원에게 'D−'라고 평가한 에세이를 돌려주며 에세이를 다시 써오라고 했습니다. 에세이에는 따로 피드백(D−로 평가한 이유)이 없었기 때문에 지원은 자신이 무엇을 잘못해서 D−를 받았는지 알 수가 없었습니다. 지원이 어떻게 에세이를 고쳐서 더 나은 성적을 받을 수 있을까요? 이런 경우, 지원은 먼저 문제가 무엇인지 알아내야 합니다. 가장 먼저 해야 할 일은 자기 에세이를 다시 한번 꼼꼼히 읽어보고 과제의 채점기준표나 강의 내용을 잘 상기시켜보아 무엇이 잘못되었는지 찾는 것입니다. 그래도 문제가 무엇인지 분명하지 않다면 공강 시간에 교수님을 찾아가서 자기 에세이가 무엇이 잘못되었는지 구체적으로 말해달라고 요청할 수도 있습니다. 만약에 교수님이 에세이에서 무엇이 잘못되었는지 정확하게 말해주고, 또 어떻게 에세이를 더 잘 쓸 수 있는지 얘기해준다면, 지원은 이를 바탕으로 에세이를 교정해서 더 나은 성적을 받을 수 있을 것입니다.

진짜 문제가 무엇인지 알아내기 어려운 또 다른 경우는 바로 문제가 너무 크거나 너무 복잡해 보일 때입니다. 사람들은 흔히 크고 복잡한 문제는 해결하는 데까지 너무 많은 시간과 에너지를 소모해야 한다고 생각하기 때문에 아예 이런 문제에 접근하는 것 자체를 피하려고 합니다. 하지만 이런 문제도 자세히 들여다보면 실은 충분히 감당할 수 있는 진짜 문제는 하나뿐이고, 나머지는 이 문제로부터 파생된 경우가 많습니다. 이런 파생된 '문제'들은 진짜 문제가 해결된다면 저절로 해결되는 것들이지요.

진짜 문제가 무엇인지 정의할 때 명심해야 할 사항은 다음과 같습니다.

- 다른 사람에게 부탁하는 것을 주저하지 말고 **필요한 정보를 수집하세요.**
- 진짜 문제, 즉 문제의 본질이 아닌 **문제에서 파생된 것이나 문제의 결과를 해결하려 들지 마세요.**
- 거대한 문제인 것 같이 보이거나, 혹은 남들이 그렇게 이야기를 하더라도 **거기에 압도되지 마세요.**

## 연습 문제

아래 지문에서 진짜 문제는 무엇일까요? 그리고 진짜 문제에서 파생되어 문제가 아니지만 문제처럼 보이는 것은 무엇일까요?

> 한 사무실 건물의 주인은 임차인의 숫자를 늘려 임대 수익을 증가시키기 위해 건물을 위로 5개 층 증축하기로 하였다. 하지만 증축이 끝난 뒤부터 기존 임차인들이 엘리베이터의 운행 속도가 느리다고 불평하기 시작했다. 건물주는 건설사에 전화를 걸어 상황을 설명하고 더 빠른 엘리베이터를 설치할 수는 없느냐고 물었지만, 건설사에서는 현재 엘리베이터보다 더 빠른 것은 없다고

하였다.

진짜 문제: ______________________________

문제처럼 보이는 것: ______________________________

### 해답

진짜 문제는 임차인들이 엘리베이터를 타기 위해서 더 기다려야 한다는 것입니다. 건물 증축으로 인해 더 많은 사람이 엘리베이터를 이용하며 엘리베이터가 예전보다 더 많은 층 사이를 움직여야 하기 때문이죠. 하지만 임차인들이 '느끼는 문제', 즉 문제처럼 보이는 것은 바로 엘리베이터의 속도가 느려졌다는 것입니다. 하지만 실제로는 엘리베이터의 속도는 이전과 변함이 없습니다.

### 연습 문제

다음 일련의 현상 중 진짜 문제는 무엇일까요? 그리고 나머지 세 개는 어떻게 이 문제에서 파생된 문제인가요?

**a.** 지붕에서 물이 샌다.
**b.** 지난 태풍이 왔을 때 큰 나뭇가지가 지붕 위에 떨어졌다.
**c.** 집 옆에는 수명이 다한 커다란 나무가 한 그루 있다.
**d.** 마룻바닥이 물 때문에 손상되었다.

### 해답

보기 **c**의 수명이 다한 나무가 진짜 문제입니다. 이 나무를 제거하지 않으면 집주인이 지붕 위의 나뭇가지를 치우고 지붕과 마룻바닥을 수리하더라도 다음에 태풍이 불 때 또 다른 나뭇가지가 떨어져 이전과 똑같은 문제가 생길 수도 있게 될 것입니다.

## 연습 문제

다음 상황에서 진짜 문제는 무엇인가요?

> 스마트폰을 굉장히 많이 사용하는 민정은 가장 비싼 무제한 요금제를 사용하는 통신사 최우수 고객이다. 10만 원이 넘는 휴대전화 요금이 부담스럽기는 하지만, 두 달 전까지 민정은 휴대전화 요금을 제때 내고 있었다. 하지만 지난달에는 지인들의 경조사가 많이 생겨서 통장 잔액이 바닥나 휴대전화 요금을 미처 내지 못했다. 그래서 민정이 통신사 고객센터에 전화를 걸어 상황을 설명하자 상담원은 민정이 최우수 고객이어서 3개월 동안은 요금이 연체되어도 서비스를 중단시키거나 연체료를 물리지 않으니 걱정하지 말라고 이야기하였다.
>
> 민정은 이번 달에도 결혼하는 친구들에게 부조하느라 휴대전화 요금을 내지 못하였다. 그리고 며칠 뒤 큰 연체 수수료와 함께 1주일 내로 밀린 휴대전화 요금을 내지 않으면 서비스가 중단된다는 통신사 문자를 받았다.

**a.** 민정은 경조사비로 너무 많은 돈을 쓰고 있다.
**b.** 통신사는 상담원이 얘기해준 규정을 지키지 않았다.
**c.** 민정은 스마트폰을 너무 많이 사용한다.
**d.** 민정은 은행계좌에 잔액이 충분히 남아있지 않다.

## 해답

진짜 문제는 **b**입니다. 통신사는 직원(상담원)이 고객에게 전달한 정보를 올바르게 수행해야 할 의무가 있습니다. 민정은 고객센터에 연락해 자신이 상담원으로부터 전달받은 내용에 대해 말하고 다음 달까지 밀린 요금을 모두 낼 경우 연체 수수료가 없어야 한다는 것과 다음 달까지 서비스가 중단되지 않아야 한다는 것을 말해야 합니다. 민정이 스마트폰을 너무 많이 사용하는 것이나 경조사비로 통장 잔액을 바닥내는 것도 나름의 상황에서는 진짜 문제일 수도 있지만, 이 상황에 해당되는 사안은 아닙니다. 이 상황을 문제로 만든 것은 통신사의 실수이지, 민정 탓이 아니기 때문입니다.

**생각해보기**

진짜 문제와 여기서 파생된 문제의 차이가 무엇인지 파악하도록 노력하세요. 그러면 벅차 보이는 문제도 실제로는 해볼 만하다는 것을 깨닫게 될 것입니다.

## 2.2 문제의 증상/결과와 문제 자체를 구별하는 방법

어떻게 하면 우리가 어떤 문제의 증상이나 결과가 아니라 문제 자체를 다루고 있음을 확인할 수 있을까요? 이때 우리가 가장 먼저 해야 할 일은 두 가지입니다. 첫째는 멋대로 가정을 하지 않는 것이고, 둘째는 상황에 대해 철두철미하게 생각해보는 것입니다.

### 멋대로 가정하지 마세요

문제 해결의 측면에서 볼 때 가정을 한다는 것은 무엇을 뜻할까요? 쉽게 말하자면 가정한다는 것은 충분하지 못하거나 확실하지 않은 정보를 바탕으로 생각하는 것입니다. 우리 주변에서 흔히 볼 수 있는 예를 하나 들어봅시다. 한 대학의 캠퍼스 안에 있는 편의점에서 아르바이트하는 한 학생이 지각해 교대시간을 제때 맞추지 못하는 경우가 몇 번 있었습니다. 이를 보고 이 편의점의 점장은 이 아르바이트생이 게을러서 편의점 일을 진지하게 받아들이지 않는다고 생각했습니다. 몇 번 지각한 것을 가지고 이 아르바이트생이 게으르다고 가정을 한 것이지요. 하지만 사실은 이 아르바이트생은 편의점에 일하러 오기 전에 있는 강의가 자꾸 늦게 끝나는 바람에 늦게 도착했던 것이었습니다.

우리가 가정하는 것에 좀 더 신중하다면 무언가에 대해 판단을 내리기 전에 필요한 정보를 모두 수집하려고 노력할 것입니다. 필요한 정보를 올바르게 수집했다면 문제를 정확히 볼 수 있게 될 것이고, 그런 문제에서 생겨나는 결과에 신경을 쓰거나 이런 결과를 진짜 문제로 착각하지 않을 것입니다. 그렇게 되면 문제에 대해 만족스러운 해결방법을 찾을 수 있겠지요. 위의 상황에서처럼 점장이 아르바이트생이 늦는 이유가 강의 때문인 것을 알았다면 아르바이트생을 혼내거나 게으름 피울까봐 감시하는 대신 교대시간을 늦춰주는 것과 같은 '진짜' 해결방법을 찾게 될 것입니다.

### 생각해보기

내가 문제를 있는 그대로 받아들이지 않으려고 나도 모르게 노력하고 있는지 한번 되짚어보세요. 문제를 있는 그대로 받아들인다면 해결방법을 찾는 데 집중할 수 있고, 그 과정이 충분히 감당할 만하다는 것을 깨닫게 될 것입니다.

## 연습 문제

다음 중 지문의 내용에 가정이 포함되어 있지 않은 것이 무엇인지 골라보세요.

1. 카레 가루를 사용하지 않고 카레를 만들어본 적은 없지만, 카레 가루를 사용하지 않고 강황과 이런저런 원재료를 섞어서 처음부터 카레를 만드는 일이 어려울 이유는 없다고 생각한다.
2. 동민은 곧 새로 생길 아기를 키우기 위해선 돈이 더 필요할 것 같아 대리운전같이 밤에 할 수 있는 일거리를 알아보고 있다고 말했다.
3. 공공장소에서 흡연자들이 내뿜는 담배 연기는 비흡연자들이 편히 숨쉬기 어렵게 만든다.
4. 새로 꾸려진 부서의 사람들은 별로 일에 열성이 없어 보인다. 그 이유는 이 부서원들이 나와 함께 일하는 것을 원치 않기 때문일 것이다.
5. 오븐이 고장 나서 제이나는 남자친구 생일 선물로 주려고 했던 쿠키를 구울 수 없었다.

## 해답

1. **가정하고 있음.** 시중에서 판매하는 카레 가루를 사용하지 않고 원재료를 섞어 카레를 만드는 일은 생각보다 어려울 수도 있습니다. 강황을 얼마나 넣어야 적당한 맛을 낼 수 있는지부터 판단하기 쉽지 않을 수도 있지요.
2. **가정하고 있지 않음.** 이 지문에서는 동민이 왜 자신이 야간 일자리를 찾고 있는지를 설명하고 있을 뿐입니다.

3. **가정하고 있지 않음.** 상식적으로 생각해보았을 때, 담배 연기는 사람들, 특히 비흡연자들이 숨을 쉬는 데 어려움을 줍니다.
4. **가정하고 있음.** 사람들이 열성을 가지고 일을 하지 않는 것이 자신과 같이 일하고 싶지 않아서라고 생각하는 것은 가정하는 것입니다. 새 부서의 다른 사람들이 원래부터 게으른 사람이거나 이 부서로 옮겨오는 것을 원하지 않던 사람이어서 열심히 일하지 않을 수도 있습니다.
5. **가정하고 있지 않음.** 오븐이 없으면 쿠키를 구울 수 없는 것은 당연한 일입니다.

## 철두철미하게 생각하세요

문제 자체와 문제의 증상/결과를 구분하려면 주변에서 일어나고 있는 현상을 철두철미하게 생각해보아야 합니다. 현재 상황에서 진짜로 일어나고 있는 것이 무엇이며 자신이 그것을 제대로 인지하고 있는지 확인해보세요. 문제를 주의 깊게 관찰하고 그 이면에 어떤 다른 원인이 숨어있는 것은 아닌지, 혹은 다른 문제로 번질 것 같지는 않은지 잘 살펴보세요. 철두철미하게 생각하는 것은 우리가 직면하고 있는 상황을 정의하는 데 도움을 줄뿐더러, 앞으로 생길 수도 있는 문제들을 예측하는 데도 도움을 줍니다. (문제들을 예측하는 것에 대해서는 레슨 7에서 좀 더 자세히 알아보겠습니다.)

## 연습 문제

아래의 시나리오에서 일어나고 있는 일의 결과로 생길 수도 있는 문제가 무엇일지 예측해서 적어보세요.

> 미국의 한 작은 도시의 시민들은 4월, 5월 그리고 6월에 실시한 주민 투표에서 새롭게 증가한 공립학교의 예산안이 너무 크다며 이에 반대표를 던졌습니다. 그 결과로 이 지역의 모든 공립학교에서 새로운 교사를 채용하거나 수업에 필요한 물품을 사는 것 같은 예산 집행이 모두 중단되었습니다. 그래서 이 도시의 교육위원회는 할 수 없이 두 명의 교사 자리를 줄임으로써 연간 약 $92,000를 절약하는 새로운 예산안을 내놓았고, 이 예산안은 학기가 시작되기 겨우 몇 주

전인 7월에 겨우 승인되었습니다.

### 해답

얼핏 보면 이 도시에서는 학기가 시작하기 전에 예산안을 통과시켜 문제를 해결한 것 같이 보이지만, 실제로는 새로운 문제들이 생겨나고 있습니다. 교사의 수가 줄어든다면 수업당 학생 수가 늘어날 것이며, 이는 수업 질의 하락으로 이어지기 쉽습니다. 그리고 학기가 시작되기 겨우 몇 주 전에 예산안이 통과되었기 때문에 학교들은 수업에 필요한 물품을 사거나 시설을 수리하는 데 어려움을 겪을 수도 있습니다.

## 2.3 집단 속에서 문제를 정의하는 방법

혼자서도 문제처럼 보이는 것과 진짜 문제를 구별하기가 쉽지 않을 때도 잦지만, 집단 속에서 문제가 정확하게 무엇인지 알아내는 것은 훨씬 더 어렵습니다.

예를 들어, 한 작은 대학의 총장은 교수들에게 학교의 운영 방침이 제대로 전달되지 않는 문제를 해결하기 위해 교직원 회의를 주최하려 합니다. 그러면서 이 총장은 비서에게 이렇게 말했습니다. "왜 학교 행정부서가 보낸 이메일이 교수들에게 전달되지 않는 거지?"

진짜 문제가 무엇인지 확인하려고 할 때는 우리가 올바른 질문을 제기하고 있는지부터 확인해보아야 합니다. 위 예시에서 총장이 던진 질문은 행정부서에서 결정한 사항이 교직원들을 통해 각 학과와 개별 교수들에게 이메일로 전달될 때 문제가 발생한다고 가정하고 있습니다. 하지만 실제로는 교직원들이 교수들에게 이메일을 보내는 것 자체에는 전혀 문제가 없을 수도 있습니다. 예를 들어, 실제로 교수들이 학교의 운영 방침을 제대로 전달받지 못한 진짜 이유는 교수들이 이메일을 잘 확인하지 않아서였다면 어떨까요? 이런 경우에는 총장이 던진 질문으로써는 해결될 수 없습니다. 이 문제는 "어떻게 하면 교수들이 좀 더 자주, 그리고 꼼꼼히 이메일을 확인하도록 만들 수 있을까?"하는 질문을 던져야만 해결할 수 있는 문제였던 것입니다.

여러분이 진짜 문제가 무엇인지 파악한 것이 확실하고, 이 문제를 집단 내에서, 혹은 집단으로 해결해야 한다면, 여러분은 그 집단의 다른 사람들도 진짜 문제가 무엇인지 볼 수 있게 하여야 합니다. 어떤 사람은 문제같이 보이는 증상이나 결과에 초점을 맞추고 있을 수도 있고, 또 다른 사람은 문제에 대해 섣불리 가정하고 있을지도 모릅니다. 성공적인 해결책을 찾아내기 위해서는 집단의 모든 구성원이 문제를 분명하게 이해하는 것이 필요합니다.

## 연습 문제

희주의 대학 동아리는 지역 자선단체를 위한 모금 활동을 하기 위해 희주를 모금 위원회의 위원장으로 임명했습니다. 모금 위원회의 위원들은 이번 모금 활동으로 올린 수익을 지역 자선단체가 불우아동을 돕는 데 기부하려고 합니다. 다음 중 희주가 모금 위원회의 첫 번째 모임에서 가장 중요하게 다루어야 할 의제는 무엇일까요?

**a.** 두 번째 모임에서는 누가 다과를 마련할 것인가?
**b.** 위원회 모임을 매주 할 것인가, 아니면 격주로 할 것인가?
**c.** 누가 모금 기부자들에게 감사 편지를 쓸 것인가?
**d.** 가장 많은 금액을 모금하기 위해서 어떤 종류의 모금 활동을 할 것인가?

## 해답

최선의 의제는 **d**입니다. 희주는 위원장으로서 다른 위원들이 진짜 문제에 주목하도록 이끌 필요가 있습니다. 이 위원회가 직면한 가장 중요한 문제는 자선 모금을 어떻게 할 것이냐는 것이고, 이 문제를 가장 먼저 제시함으로써 다른 위원들이 좋은 아이디어를 내도록 유도할 수 있습니다. 위의 다른 사안도 어느 정도 중요한 것이기는 하지만, 이들은 위원회 활동의 기간이 되는 사안을 어느 정도 정의한 뒤에 신경

써도 되는 문제들입니다.

## 2.4 문제 판단에 방해되는 것

문제를 정의할 때 가장 방해가 되는 것 중 하나는 바로 속도입니다. 바쁠 때, 특히 일터에서 바쁠 때는 그냥 표면적인 현상들만 다루어버리고 싶은 유혹이 생길 수 있습니다. 특히 이런 현상들이 짜증 나고 심히 거슬리는 경우는 더더욱 그렇죠. 이런 경우, 우리는 흔히 머릿속에 떠오르는 생각을 바로 행동에 옮겨버립니다. 이 현상이 더 크고 심각한 문제에서 파생된 하나의 증상은 아닐까에 대해 곰곰이 생각해보지 않고 그냥 진짜 문제라 생각해버리기 때문이지요.

하지만 짜증 나는 일을 빨리 해치워버리면 그 순간에는 시간을 절약한 것 같아도 결국 나중에는 더 많은 시간이 필요하게 되는 경우가 많습니다. 이 레슨에서 알아보았듯이 문제의 증상을 진짜 문제라고 오해해서 해결책을 내 봤자 효과적인 해결책이 되지 못하고 진짜 문제는 그대로 남아있게 됩니다. 그리고 '가짜 문제'에 초점을 맞추는 시간만큼 시간만 낭비하게 되지요. 처음부터 진짜 문제가 무엇인지 파악하여 이를 차근차근 해결하는 것이 실제로 더 빠르게 문제를 해결할 수 있고 결과적으로 시간을 아낄 수 있다는 것을 명심하여야 합니다. 오히려 바쁠수록 냉철하게 생각하고 단기적 뿐만이 아니라 장기적으로도 시간을 효율적으로 사용하는 방법이 무엇인지를 알고 있어야만 성공적인 문제 해결로 한 걸음 더 가까이 갈 수 있습니다.

**생각해보기**

최근에 해결했던 문제를 떠올려보고 이 문제들을 해결하는 데 필요했던 특별한 능력이나 기술이 무엇이었는지 생각해보세요. 아마 특별한 능력이나 기술이 잘 떠오르지 않을 겁니다. 왜냐하면, 문제 해결이란 특정한 사건이나 현상이 일어나는 패턴을 보고 문제가 무엇인지 파악한 뒤, 살아오면서 습득한 여러 기본적인 기술을 적용하여 해결하는 것이기 때문입니다.

## 2.5 레슨 요약

효과적인 문제 해결은 문제처럼 보이는 것이 아니라 '진짜 문제'가 무엇인지 확인하는 것에서부터 시작합니다. 문제의 크기나 섣부른 가정, 또는 부족하거나 잘못된 정보가 효과적인 해결책을 찾는 일에 방해가 되지 않도록 주의하세요. 또한, 문제를 철두철미하게 생각해보고 시간이 없거나 마음이 급하다고 해서 진짜 문제가 아닌 문제의 증상이나 결과에 매달리지 않도록 조심하세요.

### 다음 레슨까지 연습해볼 것

- 요리책을 보고 음식을 만들다가 한 절반 정도 만들고 나니 필요한 재료가 집에 없거나 음식을 하룻밤 재워놓아야 한다는 것을 깨달은 적이 있나요? 아니면 무언가를 조립하거나 컴퓨터에 연결하려고 할 때 필요한 장비나 케이블 따위가 없다는 것을 깨달은 적이 있지는 않은가요? 무슨 일이든 시작하기 전에 설명서를 꼼꼼히 읽으면 일을 하는 데 필요한 모든 정보와 도구, 재료를 확보하고 일을 막힘없이 진행할 수 있습니다. 아직 우리 사회에서 이와 같은 기본적인 사항을 제대로 지키지 않아 문제가 생기는 경우는 너무나도 비일비재합니다.
- 다음에 새로운 요리를 하거나, 가구를 조립하거나, 아니면 컴퓨터나 자동차에 무언가를 설치하려고 할 때, 적어도 5분 이상을 들여서 설명서를 한번 읽어보세요. 순조롭고 효과적인 문제 해결이 무엇인지 느낄 수 있을 것입니다.

LESSON

# 3 ▶ 집중적인 관찰하기

관찰의 세계에서 기회는 준비된 자에게만 온다.
In the field of observation, chance favors only the prepared mind.

루이 파스퇴르(Louis Pasteur, 1822~1895)
프랑스 과학자

## 이번 레슨에서 공부할 내용

우리 주변에서 무슨 일이 일어나고 있는지 의식하는 것은 매우 중요합니다. 그러면 언제 어떤 문제가 발생하는지 쉽게 알아볼 수 있지요. 이번 레슨은 여러분이 집이나 학교, 혹은 직장에서 주변 상황에 민감해져 더 문제를 잘 알아볼 수 있도록 하는 것은 물론, 나아가 문제를 해결하고 결정을 내리는 데에도 능숙하게 되도록 도울 것입니다.

비판적 사고 능력을 키우기 위해서는 주변에서 어떤 일이 일어나고 있는지에 더 민감해져야 합니다. 그리고 단순한 관찰이 아닌 집중적인 관찰을 하는 습관을 들이면 우리가 가장 빛을 발할 수 있는 상황이 언제인지 판단할 수 있게 됩니다. 왜냐하면, 우리는 집중을 할 때 주변에서 일어나는 일들을 더 정확하게 받아들이게 되고, 또한 우리에게 오는 정보를 더 능숙하게 처리하기 때문이지요.

## 3.1 주변 상황에 민감해지는 방법

주변 상황에 더 민감해지는 데 도움이 되는 방법 세 가지는 다음과 같습니다.

- 오감을 모두 사용하세요.
- 다른 사람들로부터 정보를 수집하세요.
- 적극적으로 정보를 탐색하세요.

하지만 이 세 가지 행동에는 잠재적인 위험도 있습니다. 이러한 위험이 무엇인지 알고 이를 피할 방법에 대해서 미리 생각해본다면 우리가 가지고 있는 지각능력을 최대한으로 발휘해 문제 해결에 도움이 되도록 주변 상황에 민감해질 수 있습니다.

### 관찰하기

우리는 주변 환경을 관찰하기 위해 항상 우리의 감각을 사용하고 있습니다. 우리는 자동차의 연료 계기판의 바늘을 '보면' 차에 기름이 거의 다 떨어졌다는 것을 알고, 옆집의 개가 짖어대는 소리를 '듣고' 누군가가 찾아왔다는 것을 알며, 프라이팬에서 나오는 열기를 '느끼고' 고기를 구우면 되겠구나 하고 생각합니다.

하지만 감각을 사용해 주변을 관찰하는 것만으로는 문제가 존재한다는 것을 알 수 없습니다. 관찰한 내용을 바탕으로 추론하고 우리가 가지고 있는 지식과 경험을 바탕으로 추측해서 내가 보고, 듣고, 느낀 것이 무엇을 의미하는지를 생각해보아야만 합니다.

한 예를 들어봅시다. 여러분은 회사에서 올해 성과급 정보가 담긴 이메일을 기다리고 있습니다. 옆자리의 동료가 성과급 이메일을 받았다는 말과 동시에 이메일을 클릭해 열어보는데, 그의 표정이 썩 밝아 보이지 않습니다. 여러분은 방금 동료의 표정을 관찰하였는데, 과연 그 표정의 의미가 무엇이었을까요? 아마 썩 밝지 않은 표정을 바탕으로 동료 직원의 성과급이 기대했던 것보다 훨씬 낮다는 것을 추론할 수 있을 것입니다.

## 연습 문제

다음 시나리오에서 우리가 추론할 수 있는 것이 무엇인지 적어보세요.

> 승연은 교실에 들어와 맨 앞줄의 자기 자리에 앉습니다. 그리고 곧 선생님이 교실에 들어와 칠판에다 자기 이름을 적고 출석부를 펼쳐 출석을 부릅니다. 그런 다음 선생님은 자신이 들고 온 수첩을 들여다보고 승연을 가리키며 이렇게 말합니다: "오늘 숙제를 제출하기로 되어 있었죠? 숙제를 지금 이 맨 앞의 여학생에게 전달해 주세요."

## 해답

위 시나리오에서 주어진 사실을 종합해보면 이 선생님은 원래 수업에 들어와야 하는 교사가 아닌 임시 교사라는 것을 추론할 수 있습니다. 왜냐하면, 선생님은 교실에 들어와서 가장 먼저 칠판에 자기 이름을 적었는데, 그것은 아마도 학생들이 선생님의 이름을 모르기 때문일 것입니다. 또한, 이 선생님이 수첩에 적힌 내용을 보고 숙제를 걷은 것, 그리고 맨 앞에 앉은 승연의 이름을 부르지 않고 "맨 앞의 여학생"이라고 부른 것으로 볼 때, 원래 이 수업을 담당하는 교사에게 숙제가 있었음을 전달받았으며 승연의 이름을 모른다고 추론해볼 수 있습니다.

### 생각해보기

최근 여러분이 한 일이나 본 일(주변 사람들의 모습이나 사회, 정치적인 사건), 혹은 TV나 영화에서 본 내용을 생각해보고 여러분이 합리적으로 추론할 수 있는 것이 무엇인지 한번 생각해보세요.

## 3.2 다른 사람이 문제가 있다고 말할 때

지금까지는 우리가 직접 관찰한 문제를 해결하는 상황에 대해서 생각해보았습니다. 그런데 실제로는 우리가 해결해야 하는 문제 중에서 우리가 직접 문제를 관찰하지 못하고 남이 문제가 있다고 전달하는 경우도 흔합니다. 예를 들어, 희연의 직장 상사는 갑자기 지방으로 출장 갈 일이 생겼는데 내일 중요한 고객과의 미팅이 잡혀있다고 말했습니다. 이 상사는 희연이 내일 미팅 스케줄을 조정하기를 기대하고 있는 것이지요. 또 다른 예를 들어보자면, 성준의 영어 교수님은 내일 볼 시험에는 수업 시간에 다루지 않은 부분에 관한 문제도 포함되어 있다고 말했습니다. 희연과 성준이 이 문제들에 관해 알고 있는 것은 모두 다른 사람들이 말해 준 것입니다. 이런 경우는 어떻게 해결책에 접근하는 것이 가장 현명할까요?

## 3.3 문제 판단에 방해되는 것

다른 사람이 문제가 있다고 이야기할 때 문제를 올바르게 인식하는 데 방해가 되는 요인 중 하나는 그 사람이 상황을 제대로 이해하지 못할 수도 있다는 것입니다. 다른 사람이 문제라고 생각해서 얘기하는 것이 진짜 문제가 아닐 수도 있습니다. 그러므로 우리는 다른 사람이 말하는 내용에 주의를 기울여야 하고, 그 내용이 모두 정확하다고 섣불리 가정해서는 안 됩니다. 본격적으로 문제 해결을 시작하기 전에 그 상황에 대해 더 많은 정보를 수집해서 우리 스스로 문제가 무엇인지 판단할 수 있어야 합니다. 다음과 같은 상황에 대해 한번 생각해보세요.

전 교수님의 수업을 들었던 학생들 가운데 몇 명은 학기 말 성적표를 받은 다음 전 교수님이 기말 에세이를 공정하게 채점하지 않은 것 같아서 불만입니다. 같은 수업을 들은 동우도 성적을 너무 낮게 받은 것 같았습니다. 학생들 사이에서 전 교수님은 학점을 짜게 주는 사람으로 알려져 있지만, 그래도 학생들은 자신이 받은 점수를 받아들일 수 없다고 말하며 동우에게 학교에 항의하자고 말했습니다. 그래서 이들은 학교 행정부에 성적에 대한 이의를 제기하고 전 교수님의 불공정한 채점 행태를 조사해 달라고 요구했습니다. 그래서 학교 행정부 임직원들과 전 교수님, 그리고 학생 대표로 동우가 참석한 성적 위원회가 열렸고, 여기서 전 교수님은 낮은 성적을 받은 학생들의 문제는 그 학생들이 지시 사항을 올바르게 따르지 않았던 것이라 설명하였습니다. 전 교수님은 학생들이 과제 제출일 오후 5시까지 에세이를 자기 사무실 문 앞의 서류함에 넣어 놓으라고 말했지만, 동우를 포함한 일부 학생들은 에세이를 학과 사무실의 전 교수님의 우편함에 넣어 놓아 과제가 하루 늦게 전달이 된 것입니다. 또한, 학교 규칙에 의하면 늦게 제출한 과제는 제시간에 제출한 것보다 자동으로 한 학점 낮은 점수를 받게 되어 있었습니다. 그래서 성적 위원회는 전 교수님의 채점에 아무런 문제가 없다고 결론 내렸습니다. 동우가 이런 창피한 상황을 피하기 위해 할 수 있었던 일은 무엇일까요?

### 정보 수집하기

주변 상황에 민감해지는 또 한 가지 방법은 바로 적극적으로 정보를 탐색하는 것입니다. 이 방법은 주로 문제가 존재할 것 같을 때 사용하게 됩니다. 위의 예시에서처럼 불공정한 채점이라는 '문제'가 존재할지도 모른다는 생각이 들 때는 적극적으로 정보를 탐색해보아야 합니다. 동우의 경우는 더 많은 정보를 수집하기 위하여 다른 학생이나 교수님과 이야기를 나누어보는 것이 하나의 방법이었을 것입니다. 그랬다면 처음부터 저런 창피한 상황에 처해지지 않았겠지요. 다른 사람들과 이야기해보는 것 말고도 간단한 설문지 등을 통해 여러 사람의 의견을 수집해볼 수도 있었을 것입니다. 요즘 널리 쓰이는 스마트폰 메신저에 포함되어 있는 투표기능이나 설문 및 투표 전문 웹사이트를 사용하면 여러 사람의 의견을 빠르고 손쉽게 알 수 있어 정보 수집에 매우 유용합니다.

## 3.4 집중적으로 관찰하기

이번 레슨에서는 지금까지 주의를 기울여 주변 상황에 민감해지고 주변 상황을 더 잘 의식하는 방법에 대해 알아보았습니다. 그리고 주변을 잘 의식하는 것에서 한 걸음 더 나아가 주변을 잘 관찰한다면 문제 해결과 의사결정 능력을 훨씬 향상시킬 수 있습니다. 그래서 집중적으로 관찰하는 것이 중요합니다. 우리가 어떤 식으로 외부에서 정보를 입수하든지 간에 주어진 정보에서 가능한 한 많은 것을 끄집어내려면 우리는 그 정보에 집중해야 하기 때문입니다. 이를 위해 우리가 할 수 있는 일은 다음과 같습니다.

- **주의를 집중하세요.** 여러분의 집중력이 분산되지 않게끔 잘 조절하세요.
- **맥락을 보세요.** 작은 부분에 집중하기보다는 그 상황을 전체적으로 보세요.
- **철두철미하세요.** 관찰은 처음부터 끝까지 철저하고 깊이가 있어야 합니다.

## 주의를 집중하기

우리 주변에서는 이런저런 상황이 끊임없이 일어나고 있습니다. 이들 가운데 대다수는 매일 지하철을 타고 출근하는 것처럼 우리가 특별히 주의 집중할 필요가 없습니다. 지하철을 타면 우리는 승객으로서 지하철 안에서 정신을 놓고 있어도 되고 책을 읽어도 되고 음악을 들어도 되며 잠깐 잠이 들어도 됩니다. 지하철을 운행하는 것은 지하철 기관사와 지하철 관제센터에서 다 관리하고 있으니까요. 하지만 만약에 여러분이 자동차로 출근을 한다면 훨씬 더 많은 주의를 기울여야 합니다. 도로의 상황과 다른 차량(운전자), 그리고 보행자에 대해서도 주의 집중을 해야 안전하게 출근할 수 있겠지요.

여러분이 주변 상황을 의식해야 하는 경우에는 감각을 집중해 주변 상황에 주의를 기울여야 합니다. 즉, 보이는 것이나 들리는 것, 혹은 냄새나는 것에 집중해야 한다는 뜻입니다. 왜냐하면, 집중하지 않으면 중요한 정보를 알아보지 못하고 그냥 흘려버릴 수도 있기 때문입니다. 다음과 같은 상황을 한번 생각해보세요. 교수님이 강의가 끝난 후 기말 과제에 대해 설명을 합니다. 교수님은 칠판에 과제에 포함해야 하는 범위를 적고, 여기에 대해 추가로 검색해보아야 할 자료 몇 개도 같이 적어주십니다. 그리고 학생 대부분이 노트를 가방에 넣으며 나갈 준비를 할 때 교수님은 과제가 6쪽 이상 10쪽 이하여야 한다고 말합니다. 만약에 여러분이 다른 학생들처럼 강의실에서 나갈 생각만 하기 바빠서 교수님의 모든 지시에 주의를 집중하지 않았다면 이 중요한 정보를 놓쳤을 수도 있고, 결과적으로 이 사소한 사항 때문에 기말 성적이 깎일 수도 있었습니다.

## 연습 문제

다음의 행동이 얼마나 많이 주의 집중을 해야 하는지 순위를 매겨보세요. (5=가장 많이 요구, 1=가장 적게 요구) 그리고 그 이유에 대해서도 적어보세요.

**a.** _____ TV 보기

이유: ______________________________

______________________________

______________________________

**b.** _____ 이 닦기

이유: ______________________________

______________________________

______________________________

**c.** _____ 수업 시간에 발표하기

이유: ______________________________

______________________________

______________________________

**d.** _____ 신용카드 청구서 읽기

이유: ______________________________

______________________________

______________________________

**e.** _____ 늦은 밤 혼자서 집으로 걸어가기

이유: ______________________________

______________________________

______________________________

## 해답

여러분의 개인 상황에 따라 순위가 다를 수 있습니다. 하지만 다음과 같은 순위와 그 이유를 고려해보고 여러분이 생각한 것과 비교해보세요.

**5. e.** 늦은 밤 혼자서 집으로 걸어가기. 여러분이 어디에 살고 있느냐에 따라 다르겠지만 보통 밤늦게 집으로 혼자 걸어가는 것은 많은 주의 집중을 해야 합니다. 여러분은 주위에서 들리는 소리나 다가오는 사람을 항시 지각해야 하며 강도나 기타 위험해질 수 있는 상황에 대해 미리 준비해야만 합니다.

**4. c.** 수업 시간에 발표하기. 발표할 때는 여러분이 무엇을 말하고 있는지, 그리고 어떤 속도로 어떻게 말하고 있는지에 주의를 기울여야 하며, 발표 노트를 들여다보아야 할 수도 있습니다. 또한, 관중의 반응도 의식해야만 합니다. 만약에 사람들이 박수를 보낸다면 잠시 멈추어서 감사를 표할 수도 있을 것이고, 만약에 지겨워한다면 흥미를 유발하는 이야기를 보태거나 아니면 발표를 예정보다 짧게 끝내야 할 것입니다.

**3. d.** 신용카드 청구서 읽기. 신용카드 청구서를 읽을 때는 여러분이 사지 않은 항목이 있는지, 환불을 신청한 건은 제대로 처리가 되었는지에 집중해야 하지만, 그렇다고 TV 소리나 누군가가 여러분에게 말을 하는 것 정도에는 주의를 기울일 수 있는 여유 정도는 있을 것입니다.

**2. a.** TV 보기. TV를 볼 때는 시청 중인 프로그램에 대부분의 주의를 집중하지만, 동시에 다른 사람과 이야기를 나눌 수도 있고, 누군가가 전화를 하거나 초인종을 누른다면 TV 보기를 중단할 수도 있을 것입니다. 여러분이 처음으로 TV에 출연하는 경우를 모니터링하는 경우라면 이야기가 조금 달라질 수도 있겠지만요.

**1. b.** 이 닦기. 양치질은 거의 자동으로 이루어집니다. 양치질은 우리가 모두 매일같이 하는 일이며 습관화된 반복적인 행동이기 때문에 주의 집중이 거의 필요하지 않습니다. 물론 여러분이 최근에 치료한 이가 있거나 하는 경우에는 더 주의 집중을 해야만 하겠지요.

## 맥락을 보기

주의를 집중해 관찰한다는 것은 관찰한 여러 정보의 조각을 모아 하나의 전체로 만드는 것을 의미합니다. 그리고 이렇게 전체를 보려고 할 때는 관찰한 것의 맥락을 보아야 합니다. 즉, 우리가 관찰한 것을 그 주변 환경에 맞추어서 생각해야 한다는 것이지요. 예를 들어, 여러분의 친구 중 한 명이 어떤 문제가 있다고 토로하고 있는 상황에 대해 한번 생각해보세요. 이런 경우, 이 문제의 여러 맥락 중 하나를 보는 방법은 이 친구가 지금까지 여러분에게 말했던 것들이 무엇인지 생각해보는 것입니다. 이 친구가 지금까지 여러분에게 한 말이 대부분 이런저런 문제에 대해 끊임없이 불평을 한 것이고, 또 이런 문제 대부분이 여러분이 생각하기에 별로 중요하지 않거나 관심을 가질 만한 것이 아니었을 수도 있습니다. 이런 맥락에서 이 친구의 문제제기에 대해서 생각해보면 아마 이 문제는 여러분이 별로 신경 쓸 필요가 없는 것일 가능성이 큽니다.

이와 반대되는 상황도 한번 생각해봅시다. 여러분이 가족 나들이를 가려고 고속도로에 진입하려는데, 자동차 아래에서 이상한 소리가 들립니다. 그러자 어제 아침에 자동차 밑에 어떤 액체가 고여 있던 것이 기억이 났습니다. 그리고 어제 저녁에 마트 주차장에서 시동을 걸 때 자동차에서 이상한 소리가 난 것도 기억이 났습니다. 여러분은 이런 정보를 모아 자동차 아래에서 나는 이상한 소리에 대한 맥락을 만들어볼 수 있습니다. 그리고 이런 맥락에서 현재 상황을 생각해보면 당장 차를 고속도로 갓길에 세우고 누군가에게 도움을 요청해야 한다는 결론을 내릴 수 있겠지요.

**생각해보기**

사건이나 문제가 일정한 형태로 반복되지는 않은지, 즉 사건이나 문제의 패턴이 존재하지는 않은지 확인해보세요. 지금 겪고 있는 문제가 과거에 경험한 것과 비슷하지는 않은가요? 그렇다면 그 문제는 어떻게 해결했는지 잘 생각해보고 지금의 문제에 적용해보세요.

## 연습 문제

친구들과 함께 가는 주말여행에서 당신은 바비큐를 하기 위해 이런저런 고기와 채소를 사 가기로 했습니다. 집에서 가장 가까운 마트에서 다른 물건은 다 살 수 있었는데, 상추가 없어서 사지 못했습니다. 그래서 상추를 사려고 집 근처의 시장에 가 보았지만 유독 상추만은 보이지 않았습니다. 다음 중 이 문제의 맥락을 보는 데 도움이 될 만한 정보가 무엇일까요? 도움이 되는 정보를 모두 골라보세요.

1. 며칠 전에 상추에 피해를 주는 벌레에 대한 신문기사를 보았다.
2. 우리 동네 마트에는 일손이 모자란다.
3. 뉴스에서 농부들이 상추에 농약 치는 것을 얼핏 보았다.
4. 당신의 친구들은 요리하는 것을 별로 좋아하지 않는다.

## 해답

이 문제의 맥락을 이해하는 데 도움이 되는 정보는 **1**과 **3**입니다. 요즘 상추가 해충 피해를 보아 제대로 공급되지 않을 수 있습니다. 마트에 일손이 모자라거나 친구가 요리하기를 별로 좋아하지 않는 것은 상추 공급에 영향을 미치지 않습니다.

## 철두철미하기

어떤 상황을 잘 이해하기 위해서는 그 상황을 가능한 한 많은 각도에서 보고 많은 정보를 수집해야 합니다. 예컨대, 당신이 야구 경기를 관람하고 있다고 생각해봅시다. 당신은 3루 측 응원단석에 앉아 있습니다. 상대 팀의 4번 타자는 오른손잡이이고, 그가 처음 타석에서 친 공은 당신 몇 줄 앞에 떨어져 한 관객의 머리를 스쳤습니다. 이 정보를 두고 생각했을 때, 이 타자가 다음 번에 타석에 들어서면 당신은 어떤 주의를 기울여야 할까요? 만약에 당신이 철두철미한 사람이라면 그냥 점수판이나 외야수들을 보고만 있지는 않을 것입니다. 당신은 이 타자의 타격을 관찰하면서 공이 위험하게 날아오지는 않는지 유심히 살펴볼 것입니다.

**생각해보기**

다른 사람의 처지에서 생각해봄으로써 문제를 새로운 시각에서 바라보려고 해보세요. '저 사람은 이러한 상황에서 어떻게 행동할까?'라는 질문을 자신에게 해보세요.

### 연습 문제

열심히 공부한 당신은 지원한 여러 대학에 모두 합격했습니다. 지원한 대학의 이름과 전공만으로 대학을 선택하기가 어려워 어디로 진학할지를 결정하기 위해 각 학교를 방문해보려고 합니다. 당신은 각 대학 입학처의 소개로 재학생들을 만나 학교를 둘러보기로 하였습니다. 다음 중 각 대학을 가장 철두철미하게 알아보기 위해 당신이 할 수 있는 일이 무엇인지 모두 골라보세요.

**a.** 학교의 안내 책자와 웹사이트에 나와 있지 않은 정보에 관해 물어보기 위해 리스트를 만든다.
**b.** 지원한 전공의 수업을 직접 들어볼 수 있는지 물어본다.
**c.** 재학생들에게 고등학교 때 한 과외 활동에 대해 말해 준다.
**d.** 재학생들과 교내 식당에서 식사한다.
**e.** 학생들이 출판하는 학교 신문을 구해 읽어본다.

### 해답

각 대학을 철저하게 알아보기 위해 당신이 할 수 있는 일에 해당하지 않는 것은 **c**뿐입니다. 나머지는 당신이 각 대학의 분위기나 학생들이 학교 다니는 모습을 알아내는 데 도움이 될 만한 행동이며, 이를 통해 습득한 정보를 어떤 대학을 선택하는 데 활용할 수 있을 것입니다.

## 3.5 레슨 요약

의식 수준이 향상되면 우리는 보고 듣는 것에서 더 많은 정보를 뽑아내고 의미를 찾을 수 있게 됩니다. 항상 다른 사람들의 말을 경청하고 세부적인 내용을 찾아보세요. 정보를 수집하는 과정에서 주의를 집중하고, 맥락을 보며, 그리고 철두철미해지세요. 이렇게 하면 중요한 정보를 놓치는 일은 없을 것입니다. 그리고 이런 정보는 여러분이 더 나은 의사 결정과 문제 해결을 하는 데 매우 쓸모 있을 것입니다.

### 다음 레슨까지 연습해볼 것

- 여러분의 의식 수준을 향상하기 위해 사람들이 많이 지나다니는 거리 카페의 창가와 같이 사람들을 구경하기 좋은 자리를 찾아 사람들을 조심스럽게 관찰해보세요. 표정이 좋지 않아 보이는 커플은 곧 다툴 것 같나요? 스마트폰으로 무언가를 하며 걷는 사람이 어디에 부딪힐 것 같지는 않나요?
- 운전할 때 의식해야 하는 것이 무엇인지 한번 생각해보고 다음에 운전할 때 여러분 스스로 이런 것에 주의를 잘 기울이고 있는지 확인해보세요. 만약에 주의를 기울이지 않는다면 무슨 일이 일어날까요? 복잡한 도로의 초보 운전자나 자전거 타는 사람들, 무단횡단을 하는 사람이나 도로변의 공사현장 인부들에게 제대로 주의를 기울이지 않는다면 어떤 일이 일어날 수도 있을까요?

LESSON

# 4 ▶ 시각적으로 브레인스토밍하기

큰 계획을 세우세요. 희망차게 목표를 높이 잡고 작업에 몰두하세요. 고귀하고 온전한 계획은 한 번 기록해 두고 나면 절대 사라지지 않는다는 것을 기억하며.
Make big plans; aim high in hope and work, remembering that a noble, logical diagram once recorded will not die.

다니엘 번햄(Daniel Burnham, 1846~1912)
미국인 건축가, 도시 계획가

### 이번 레슨에서 공부할 내용

개념도와 웹, 그리고 벤 다이어그램 등을 사용하면 생각을 시각적으로 정리할 수 있습니다. 우리가 처해 있는 문제에 대해 해결책을 찾아내기 위하여 브레인스토밍할 때 우리의 생각을 시각적으로 정리할 수 있으면 매우 유용합니다. 이번 레슨에서는 브레인스토밍해서 떠올린 아이디어를 시각적으로 정리하는 방법에 대해 알아보겠습니다.

진짜 문제가 무엇인지 정확하게 인식하였다면, 이제는 효과적이고 실행 가능한 해결책을 찾기 시작해야 합니다. 이럴 때 이런저런 생각을 떠올려보는 것을 브레인스토밍이라고 합니다. 브레인스토밍하는 것은 해결책을 찾아야 하는 상황에서 매우 중요한 비판적 사고 기술입니다. 왜냐하면, 브레인스토밍하면 생각나는 것에 대한 판단을 유보한 채 가능한 많은 아이디어를 떠올리게 되는데, 이렇게 하는 과정에서 일반적인 사고의 틀을 깨는 생각까지 할 수 있기 때문입니다. 우리 모두 초등학교에서 대학교에 이르기까지, 혹은 그 후에 직장 생활을 하면서 이런저런 과제나 일을 기획할 때, 혹은 글을 써야 할 때 브레인스토밍을 하며 떠오르는 여러 생각을 노트에 끄적거려본 적이 있을 것입니다. 브레인스토밍할 때는 특별한 기술이나 지식이 필요하지 않고 마음을 열고 좋은 생각 나쁜 생각 할 것 없이 자유롭게 생각해서 잊어버리지 않도록 기록하면 됩니다. 그다음에는 이렇게 기록한 생각들을 정리해야 하는데, 이 단계도 브레인스토밍해서 아이디어를 많이 생성해내는 것 못지않게 중요합니다. 이렇게 끄적거린 아이디어들로 무얼 해야 할까요?

이렇게 끄적거린 생각의 조각을 나열해서 리스트로 만드는 것은 정보 기록이라는 측면에서는 나쁘지 않겠지만, 여러분이 떠올린 생각들을 정리해 조직화, 체계화시키는 데는 별로 도움이 되지 않습니다. 하지만 이런 아이디어들을 시각적으로 정리하면 매우 효과적으로 체계화시킬 수 있습니다. 널리 쓰이는 시각적 정리 기법들은 단어와 이미지를 조합하기 때문에 한꺼번에 많은 정보를 쉽게 이해할 수 있도록 만듭니다. 그리고 생각을 시각적으로 배치함으로써 생각의 지도를 구축할 수 있고, 이를 사용해 타당한 결정을 내리고 효과적인 해결책을 찾는 데 물꼬를 틀 수 있습니다.

시각적으로 정보를 조직하는 것이 리스트를 만드는 것보다 효과적인 이유는 다음과 같습니다.

- 복합적인 정보를 의미 있게 분류합니다.
- 자신의 사고방식 패턴을 알아볼 수 있게 도와줍니다.
- 정보를 수집하고 이를 압축해 정리하는 데 도움이 됩니다.
- 문제에 계속 초점을 맞출 수 있도록 도와줍니다.
- 자신이 이미 알고 있는 것과 앞으로 알아내야 할 것이 무엇인지를 정확히 보여줍니다.
- 가끔은 스스로에게도 불분명한 자신의 사고방식과 아이디어를 해석하는 데 도움이 됩니다.

이 레슨에서는 다음과 같은 기법을 사용해 정보를 시각적으로 정리하는 방법에 대해 알아보겠습니다.

- 개념도: 간단한 사안이나 문제를 탐색할 때 유용합니다.
- 웹: 원인이나 증상이 여러 개인 복잡한 문제에 대한 해결책을 찾아내는 데 도움이 됩니다.
- 벤 다이어그램: 문제가 가지고 있는 여러 가지 원인과 증상의 공통점이 무엇인지 보여주어 효과적인 해법을 찾는 데 도움을 줍니다.
- 표(차트): 두 개 이상의 요소를 비교합니다.
- 문제-해법표: 문제의 원인과 결과를 요약하고 적용할 수 있는 해법과 그 해법의 결과에 대해 생각해볼 수 있습니다.

## 4.1 개념도

개념도는 크게 복잡하지 않은 문제나 주제를 탐색할 때 사용하면 매우 쓸모 있습니다. 개념도를 그리려면 먼저 종이 한가운데 동그라미를 하나 그린 다음, 거기에서

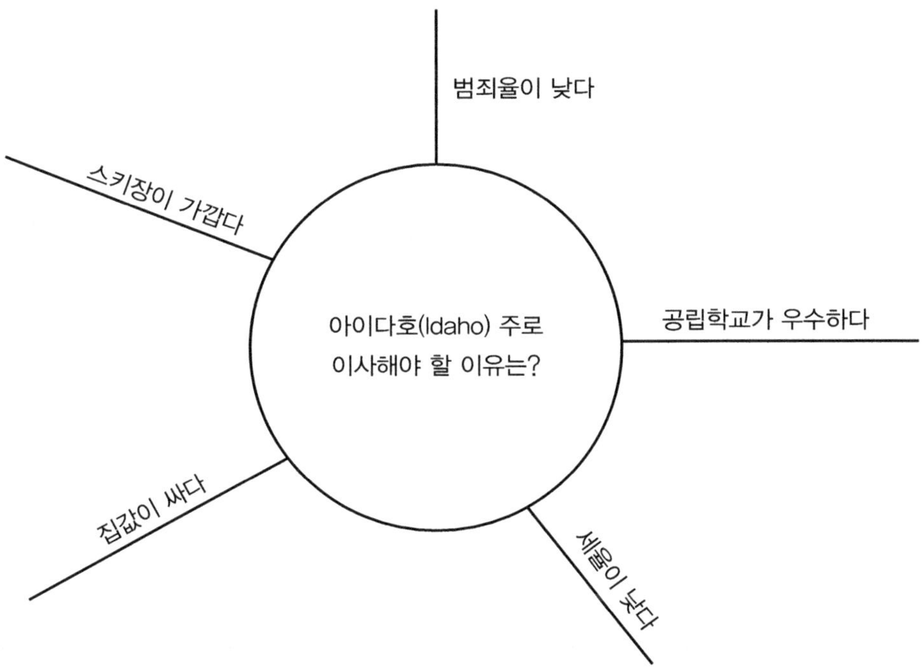

뻗어 나가는 선을 몇 개 긋습니다. 그러면서 중요한 아이디어나 문제를 동그라미 안에 적고, 그에 대한 이유나 해결책, 혹은 떠오르는 생각을 순서에 상관없이 선 위에 적습니다. 앞의 보기는 간단한 의사 결정을 할 때, 어떤 방향으로 결정을 내릴 이유를 개념도로 정리해 시각적으로 표현하고 있습니다.

## 연습 문제

여러분이 집 근처의 헬스장에 가입할지를 고민하고 있다고 가정해보고 헬스장에 가입해야 하는 이유를 다섯 가지 이상 생각해보세요. 아래의 개념도를 사용하여 여러분의 생각을 시각적으로 조직해본 뒤, 헬스장에 가입할지 말지 결정을 내려보세요.

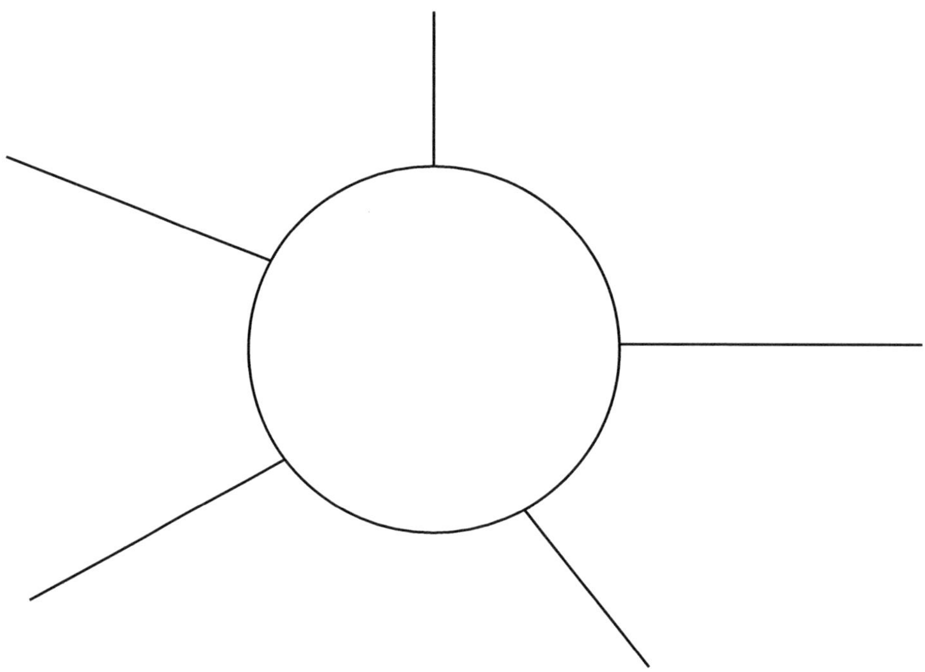

## 해답

아래의 해답을 여러분이 작성한 답과 한번 비교해보세요. 헬스장에 가입하지 말아야 할 이유나 기타 관련 있는 사안이 떠올라서 이를 적어놓았어도 괜찮습니다. 여러분이 적은 이유가 여러분의 상황을 폭넓고 깊게 고려해 이를 바탕으로 결정을 내려도 후회 없는 결정을 내릴 수 있는지 한번 확인해보세요.

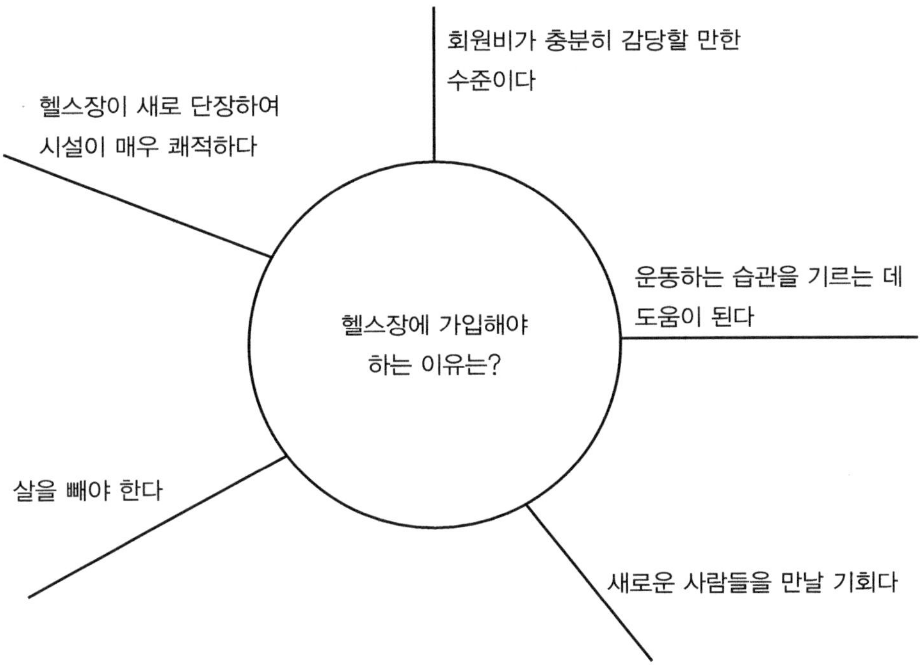


## 4.2 웹

개념도와 비교하면 웹은 더 복잡한 정보를 더 구조적으로 정리할 수 있도록 도와줍니다. 웹을 사용해 정보를 시각화하면 여러 가지 원인이 있는 복잡한 문제에 대한 해결책을 찾아내는 데 유용합니다. 웹(web)은 영어로 거미줄을 뜻하기도 하는데, 웹으로 정보를 조직하면 거미줄과 비슷한 모양으로 조직됩니다.

웹을 만들 때는 먼저 종이 한가운데 큰 원을 하나 그리고 그 안에 문제가 무엇인지 적습니다. 그다음에는 이 큰 원 주변에 중간 원을 그리고 그 안에 문제에 대한 원인을 하나씩 적습니다. 그리고 이 중간 원들과 큰 원을 잇는 선을 긋습니다. 마지막으로 각각의 원인에 대한 해결책을 중간 원 주변의 작은 원에 적은 뒤, 이 원들을 중간 원에 연결합니다. 설명이 조금 헷갈린다면 아래의 예시를 한번 참조해보세요.

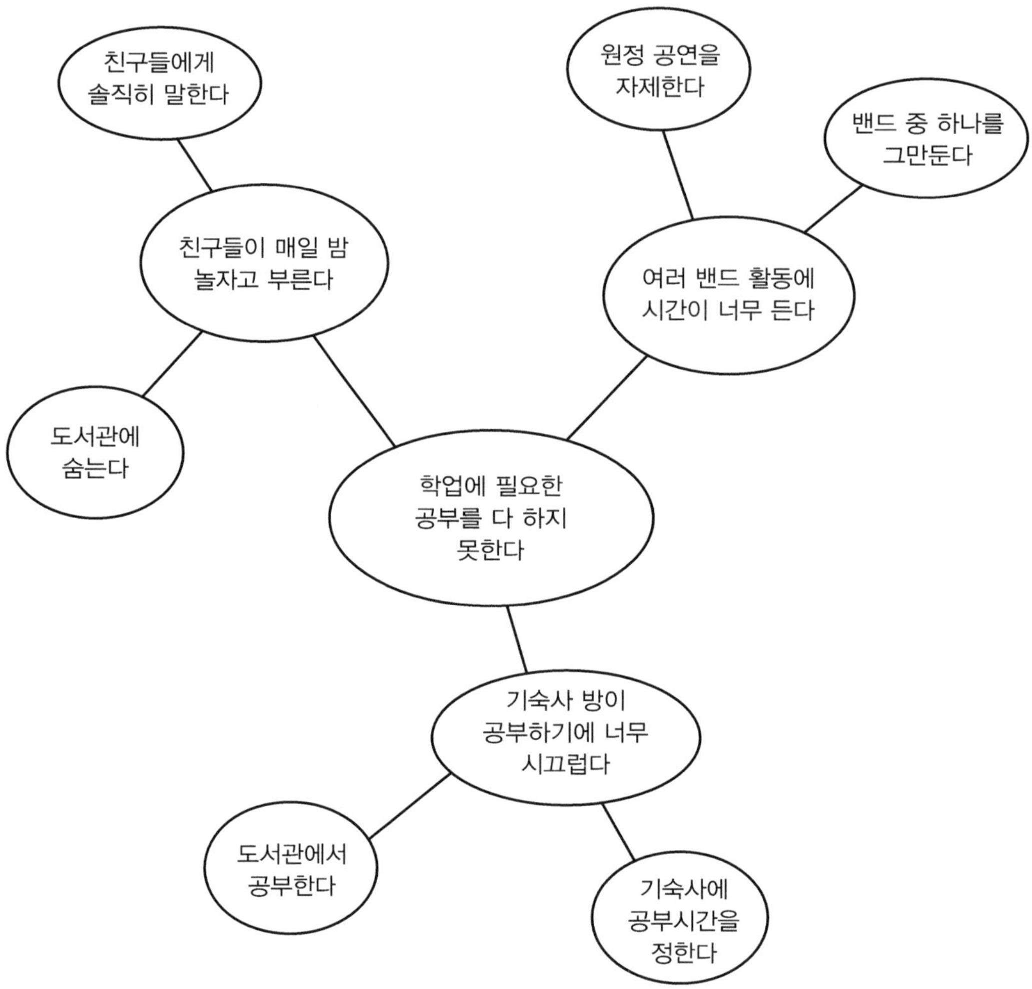


## 연습 문제

다음의 문제에 관한 웹을 만들어 보세요. 수정은 월급에서 매달 30만 원 정도를 저축해 적금에 붓고 싶어하지만 매달 그럴 만한 여유가 없습니다. 그 이유를 곰곰이 생각해보니 매주 3~4번 정도 외식을 하고, 늦잠을 자 출근할 때 택시를 타는 경우가 잦으며, 옷을 너무 많이 사기 때문입니다. 웹을 사용하여 수정의 문제를 해결할 수 있는 방법이 무엇인지 브레인스토밍해보세요.

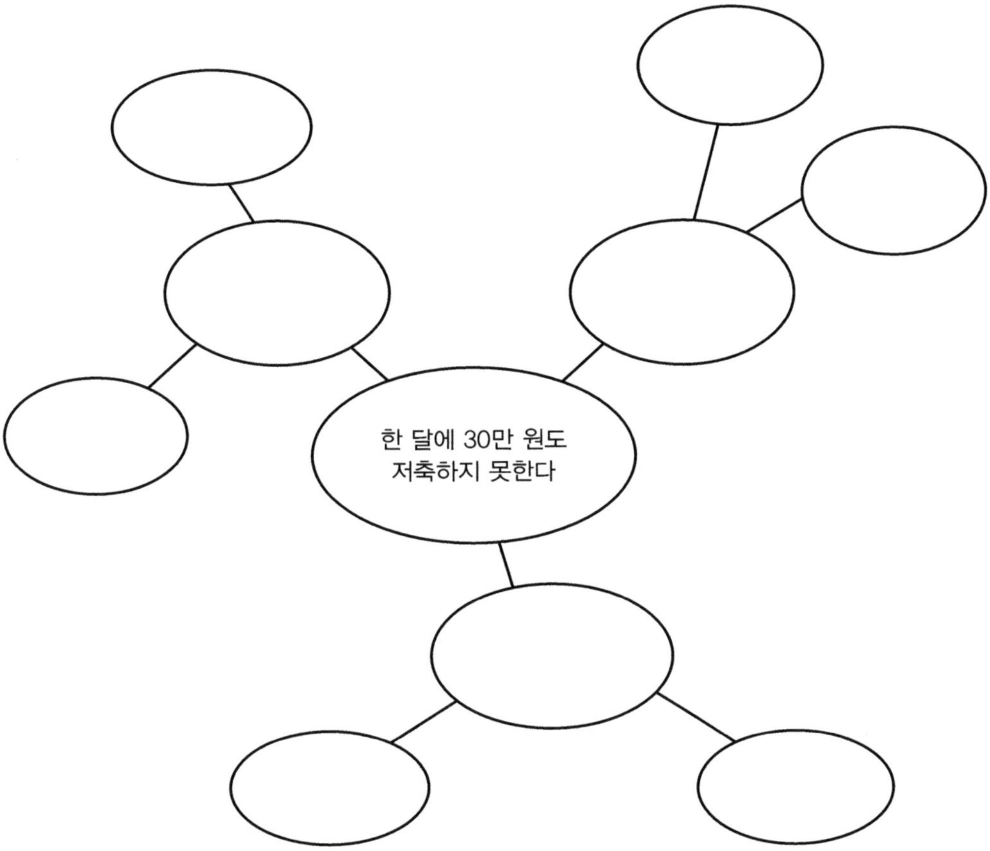


**생각해보기**

브레인스토밍을 할 때는 떠오르는 생각을 모두 적으세요. 아무리 터무니없이 들리고 말이 안 되는 것 같아도 상관없으니 질보다 양에 집중하세요. 하나의 생각이 여러 다른 생각으로 꼬리를 물도록 내버려두세요. 형식에 얽매이지도, 노트에 적는 내용을 정리하려 하지도 말고 도형과 화살표, 그림 등을 자유롭게 이용해 최대한 생각나는 것을 모두 적으세요.

## 해답

다음 해답을 여러분이 작성한 답과 한번 비교해보세요.

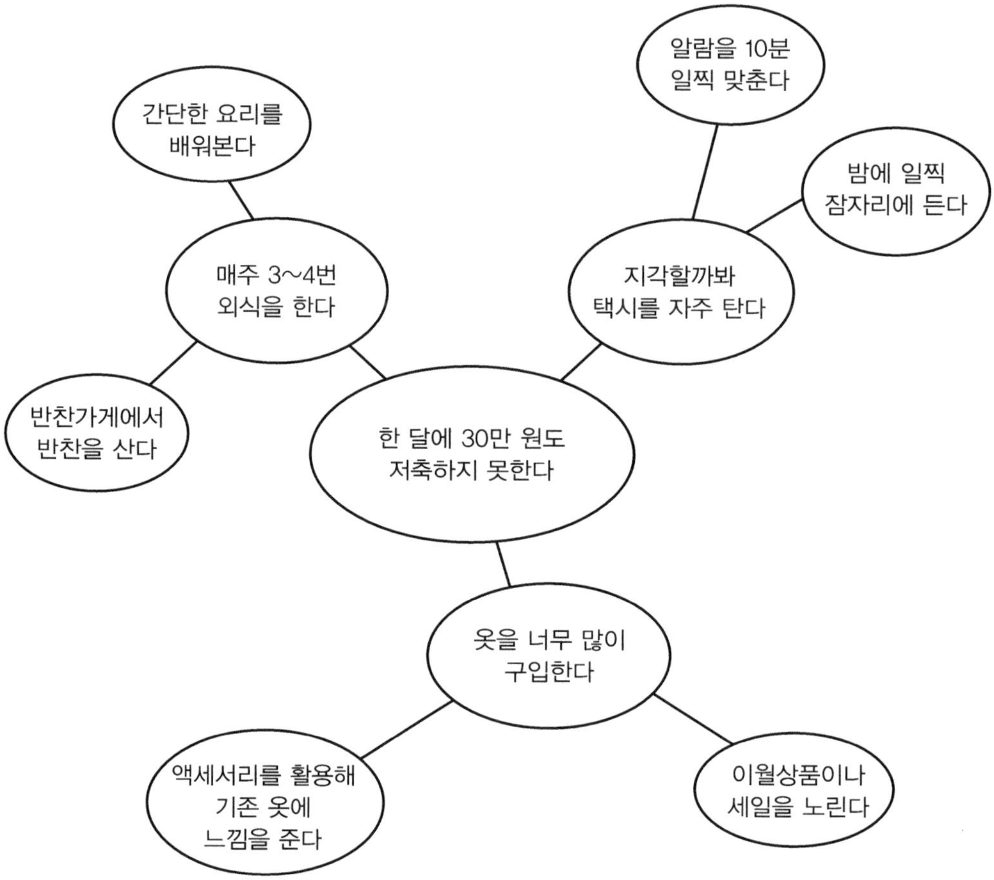


## 4.3 벤 다이어그램

벤 다이어그램을 사용해 문제를 정리하면 문제나 사안들 사이에 공통점이 있을 때 그 관계를 보기 쉽게 나타내줍니다. 웹과 마찬가지로 벤 다이어그램도 문제의 요소나 증상이 여러 개 있을 때 해결책을 찾는 데 유용합니다. 벤 다이어그램을 사용하는 방법은 다음과 같습니다.

- 문제에 어떤 증상이 있는지 스스로 물어보세요.
- 아래의 보기에서처럼 세 개의 동그라미를 서로 살짝 겹치게 그린 다음, 각 동그라미의 겹치지 않은 부분에 문제의 요소를 적으세요.

- 동그라미 A와 B 사이에서 중첩되는 증상을 해결하기 위하여 무엇을 할 수 있는지, 혹은 중첩되는 요소들을 함께 사용하여 어떤 해결책에 도달할 수 있는지를 따져보세요.
- 동그라미 B와 C, 그리고 A와 C 사이에서도 위의 단계를 반복하세요.
- 중첩되는 공간에 여러분의 해답을 채워 넣으세요.

## 보기

당신은 자식이 없던 큰아버지로부터 500만 원을 상속받았습니다. 항상 미국 일주 여행을 꿈꾸고 있었던 당신에게 이 돈은 꿈을 실현시켜줄 기회였습니다. 하지만 당신은 낡은 화장실 인테리어 공사를 하기 위해 돈을 모으고 있었습니다. 그리고 며칠

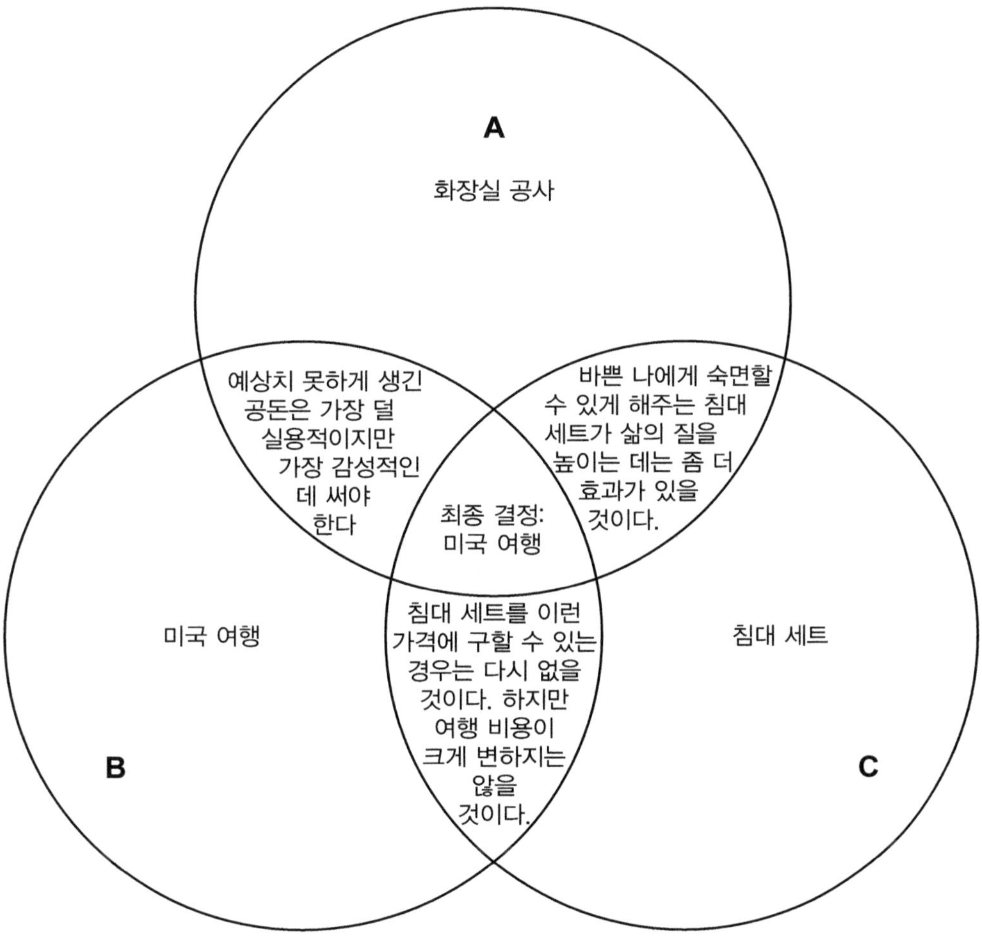

전 퇴근길에서 본 집 근처의 한 가구점이 폐업하면서 당신이 가지고 싶어했던 고급 침대 세트를 절반 가격에 팔고 있었습니다. 이 상속 받은 돈을 어떻게 사용할지 결정하기 위해 벤 다이어그램을 그려 가능한 해답에 무엇이 있는지 정리해보세요. 그리고 그 해답 중에서 어느 것이 당신에게 더 중요하거나 가치가 있는지 따져보세요.

### 연습

몽골에서 온 밧바야르는 회사 사장에게 급여를 올려 달라고 요구할지 말지를 고민하고 있습니다. 그는 급여 인상을 요구할 이유 세 가지를 떠올렸습니다. 첫째로 새로 태어날 자식을 부양하려면 돈이 더 필요하고, 둘째로 동료 한 명이 회사를 떠난

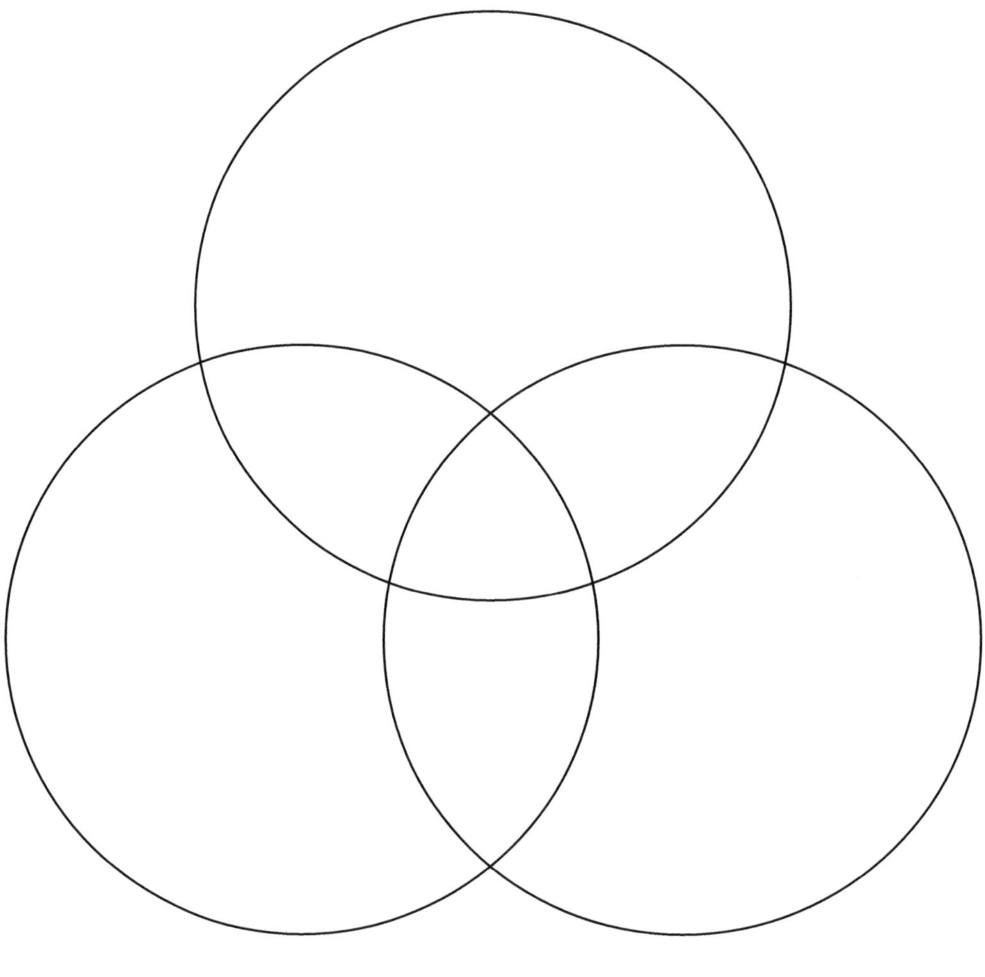

이래로 업무 부담이 늘었으며, 셋째로 지난 3년 동안 급여가 거의 오르지 않았습니다. 벤 다이어그램에 위의 이유를 적어보고, 어떻게 하면 밧바야르가 이를 급여를 올릴 수 있는 근거로 사용할 수 있는지 브레인스토밍해보세요.

### 해답

동그라미가 겹치는 부분에 적을 수 있는 이유는 다음과 같습니다.

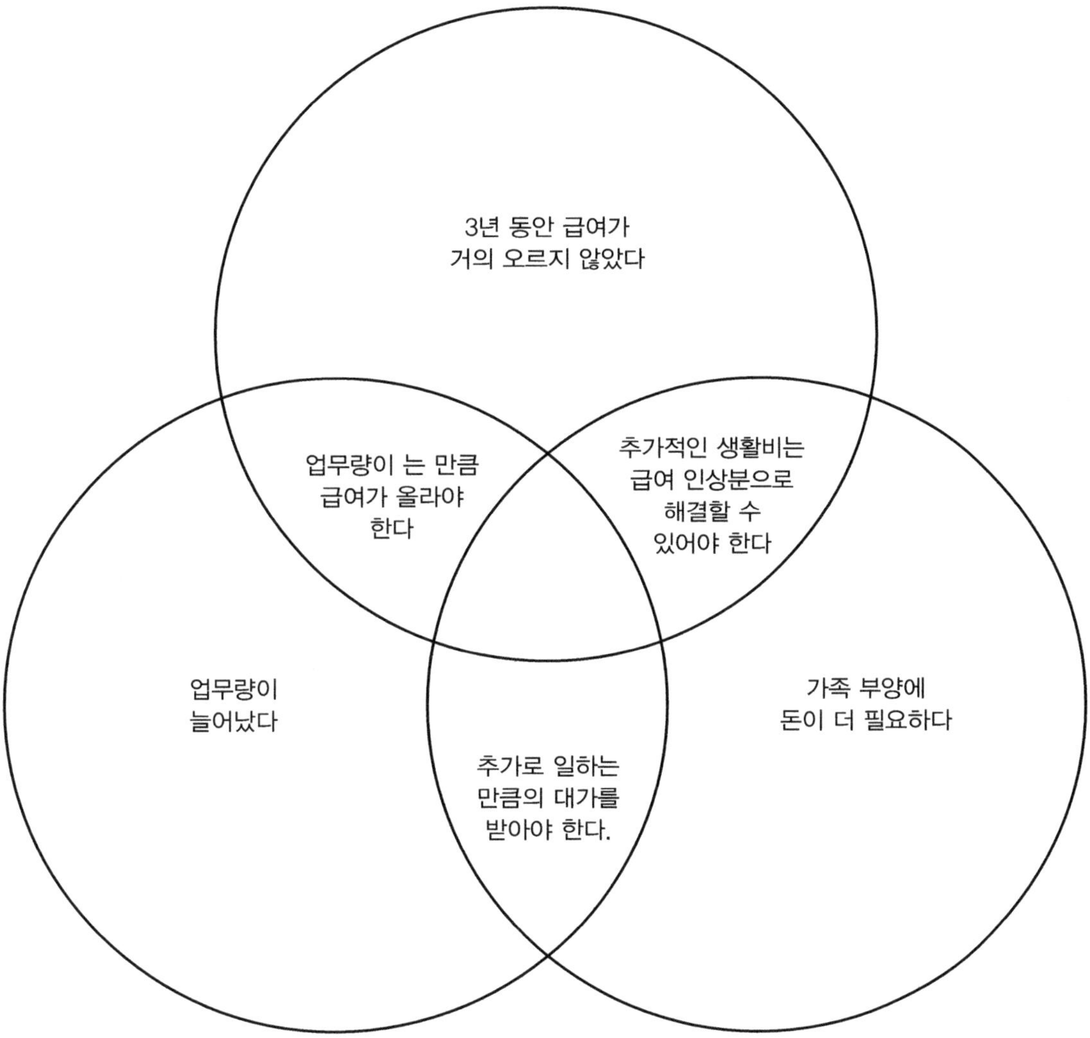

## 4.4 표

벤 다이어그램과 마찬가지로 표(차트)도 두 개 이상의 항목을 비교하는 데 아주 유용합니다. 표를 사용하면 각 항목이 어떻게 서로 유사하고 다른지 분명하게 볼 수 있습니다. 의미 있는 표를 만들려면 먼저 비교하고 싶은 대상이 무엇인지 정한 다음, 이들을 비교할 수 있는 두 개 이상의 항목을 정하면 됩니다. 정확한 표를 완성하려면 시간과 노력을 들여 연구해야 하는 경우도 있으나, 뚜렷한 목적을 가지고 올바른 결정을 내리기 위해 들이는 노력은 항상 그만한 가치가 있습니다.

### 보기

애틀랜타에 사는 문규는 지금 다니는 직장에 계속 다닐지, 아니면 시카고에 있는 새 직장으로 옮길지 고민하고 있습니다. 이 두 옵션 사이에서 문규가 고려해야 하는 것은 급여, 주거 환경, 자녀 교육, 그리고 생활 수준 등입니다. 문규는 두 직장의 급여에 대한 정보는 이미 가지고 있지만, 다른 항목들에 대해서는 다른 사람들에게 물어보거나 인터넷에서 찾아보고 비교를 해야 합니다. 더욱 현명한 결정을 내리기 위한 연구를 돕기 위해, 문규는 아래와 같은 표를 만들었습니다.

| 결정 | 급여 | 주거 환경 | 자녀 교육 | 생활 수준 |
|---|---|---|---|---|
| 시카고로 이사 | | | | |
| 애틀랜타 | | | | |

### 연습 문제

당신은 새로 스마트폰을 장만하려고 합니다. 평소에 관심이 있던 여러 회사의 여러 모델을 비교해 볼 수 있는 표를 만들어보세요.

### 해답

다음의 해답을 당신이 작성한 표와 비교해보세요. 만약 실제로 스마트폰을 사는 데 관심이 있었다면, 당신이 작성한 표나 아래의 표의 빈칸을 채우고 결정을 내려보세요.

| 선택 | 기기 가격 | 크기/디자인 | 기능 | 통신사/요금제 |
|---|---|---|---|---|
| 애플 아이폰 7 | | | | |
| 삼성 갤럭시 S7 | | | | |
| LG G 플렉스 3 | | | | |
| 팬택 베가 아이언 3 | | | | |

## 4.5 문제 – 해법표

먼저 실생활에서 자주 마주치는 예를 하나 들어봅시다. 아이들 교육을 위해 지애는 몇 년 전 학군이 좋은 지역으로 이사했습니다. 지금까지는 전세금에 큰 변동이 없어 꾸준히 평탄한 생활을 유지했지만, 몇 달 뒤면 전세 기간이 끝나가는데 최근에 이 지역의 전세금이 크게 올라 집주인이 전세금을 많이 올려주거나 아니면 월세를 내라고 요구했습니다. 혼자서는 내릴 수 없는 결정이라 남편과 이 문제를 상의해야 할 것 같아, 그 전에 먼저 이 문제를 아래와 같이 정리해보았습니다.

1. 집주인이 전세금을 크게 올려주거나 아니면 월세를 내라고 한다. (이 지역 전세금이 크게 올라 집주인을 설득할 수 없을 것이다).
   A. 오른 전세금만큼 현재 수중에 돈이 없다.
      Ⅰ. 전세금 대출을 낮은 이자에 받을 수 있다.
      Ⅱ. 전세금 대출 이자가 월세보다 저렴하다.
   B. 월세를 내기 시작하면 노후를 위해 모으는 돈이 줄어든다.
2. 하지만 아이들 학원비 때문에 매달 이자나 월세를 낼 여유가 거의 없다.
   A. 수능에 대한 정보가 부족해 학원을 보내지 않기에는 불안하다.
      Ⅰ. 학교 선생님과 상담해보고 수능 정책에 대해 공부한다.
   B. 이미 맞벌이를 하고 있어 추가 수입원을 만들 수 없다.
      Ⅰ. 더 높은 월급을 주는 직장을 알아본다.
      Ⅱ. 대중교통을 이용해 출퇴근하고 외식을 자제한다
3. 다른 지역으로 이사를 하기에는 아이들이 이 지역에 익숙해져 있다.
   A. 여러 곳에 살아보고 새로운 친구를 사귀는 것도 좋은 경험이 될 수 있다.

그런데 이런 형태로 각 항목에 여러 단계로 번호를 매겨가며 문제와 해결책을 분석하다 보면 브레인스토밍을 하기 어렵습니다. 이런 형태의 개요는 구조를 짜 넣어주어야 하기 때문입니다. 어느 항목을 어디에 배치하고 특정 원인이나 결과에 대한 이유를 어디에 적을지 고민하다 보면 시간이 오래 걸리고 헷갈리기 쉽습니다. 그리고 그렇게 되면 유연한 생각을 하고 순간적으로 떠오르는 생각들을 붙잡기 어렵습니다.

이런 형태로 문제를 정리하는 대신에 문제-해법표(차트)를 사용해보세요. 이 표는 간단하면서 문제 해결에 효과적인 구조로 되어 있어 정보를 보고 이해하기 쉽게끔 나타내줍니다. 문제-해법표는 구체적으로 다음과 같은 장점이 있습니다.

- 직면하고 있는 문제의 원인과 효과 등, 문제의 제반 사항을 분명하게 서술할 수 있습니다.
- 해결책을 찾을 수 있고 이 해결책의 결과에 대해서도 미리 떠올려 적어 볼 수 있습니다.

## 문제 - 해법표의 예

| 원인 | 문제 | 효과 |
|---|---|---|
| **1.** 월세가 오르고 있다.<br><br>**2.** 아파트 이웃들이 시끄럽다. | **누가:** 우리 가족<br><br>**무엇을:** 집을 사야 할까, 아니면 계속 월세로 아파트에서 지내야 할까?<br><br>**언제:** 월세 계약 기간이 두 달이면 만료된다.<br><br>**어디서:** 시애틀<br><br>**어떻게:** 이 문제에는 해당 사항 없음.<br><br>**왜:** 돈을 절약하고 자산을 쌓으며 삶의 질을 높이기 위해. | **집을 살 경우:**<br>매달 주거비로 지출하는 돈이 줄어들어서 저축을 늘릴 수 있다.<br>집은 좀 더 안락하고 조용하다.<br><br>**계속 월세로 살 경우:**<br>이사할 필요도 없고 이사 비용도 들지 않는다.<br>월세 인상으로 매달 주거비로 지출하는 돈이 더 많아져 저축할 수 있는 돈이 줄어든다.<br>시끄러운 이웃들 때문에 계속 불편할 것이다. |

### 해법

1. 집을 구매하는 예산을 산정해보고 대출받을 수 있는 금액을 알아본다. 집을 사러 돌아다녀 보고 앞으로 몇 주 내에 예산에 맞고 마음에 드는 집을 찾을 수 있는지 알아본다.
2. 아파트에서 월세로 1년만 더 살면서 계속 집을 알아보고 계약금을 모은다.

### 해법의 결과

1. 적당한 집을 찾고 알맞은 금액을 대출받아 집을 사서 이사한다.
2. 시끄러운 이웃과 1년 더 살며 계약금을 좀 더 모아 대출금을 줄이고 집을 알아볼 시간을 좀 더 가진다.

### 생각해보기

문제의 개요를 잘 짜는 방법의 핵심은 중심적인 아이디어와 이를 뒷받침하는 세부 내용을 잘 구별하는 것입니다. 중심적인 아이디어라 하면 특정 문제의 핵심적인 쟁점이나 사안을 말하는 것이고, 세부 내용은 이 아이디어에 부가적인 설명을 하는 것입니다. 위에서 본 예시에서 중심 아이디어는 집을 사느냐 사지 않느냐의 여부이고, 나머지는 모두 이 문제의 세부 사안입니다.

## 연습 문제

여러분이 다니는 회사는 도매상에 쇠망치를 개당 3,000원에 팔고 있습니다. 최근 장부에 따르면 쇠망치 1개를 생산하는 데 드는 비용이 크게 올라 2,300원이 듭니다. 그래서 회사의 재정 상황이 나빠지자 사장은 여러분에게 이윤을 늘리기 위해 생산 비용을 줄일 방법을 찾아보라고 지시했습니다. 이 시나리오의 세부적인 내용에 대해 상상해보고 문제-해법표를 사용해 이 문제를 정리해보세요.

| 원인 | 문제 | 효과 |
|---|---|---|
| | 누가:<br><br>무엇을:<br><br>언제:<br><br>어디서:<br><br>어떻게:<br><br>왜: | |

| 해법 |
|---|
| |

| 해법의 결과 |
|---|
| |

## 해답

| 원인 | 문제 | 효과 |
|---|---|---|
| **1.** 망치의 손잡이에 쓰이는 목재가 너무 비싸다.<br><br>**2.** 각종 보험과 직원 복지 부담 때문에 인건비가 상승했다. | **누가:** 사장/회사<br><br>**무엇을:** 쇠망치를 만들어 팔아 충분한 이윤을 남기지 못하고 있다.<br><br>**언제:** 해당 사항 없음.<br><br>**어디서:** 베트남 공장<br><br>**어떻게:** 해당 사항 없음.<br><br>**왜:** 제조 가격이 너무 높고 판매 가격이 너무 낮다. | **1.** 이윤이 너무 낮아 공장을 계속 가동하는 의미가 없을 정도이다.<br><br>**2.** 그리고 생산 원가가 계속 오르는 추세여서 조만간 손해가 발생할지도 모른다. |

### 해법

**1.** 더 싼 목재 공급원을 찾아본다.
**2.** 직원에게 제공하는 각종 보험과 복지 혜택을 더 저렴하게 제공하는 업체를 찾아본다.
**3.** 망치의 판매가를 올린다.

### 해법의 결과

**1.** 망치의 생산 원가가 내려갈 것이고 수익성이 향상될 것이다.
**2.** 보험과 복지 비용을 줄일 수 있다면 회사의 수익성이 향상될 것이다.
**3.** 당장은 수익성이 향상될 수는 있어도 곧 판매량이 감소할 수도 있고, 그러면 수익성이 도로 나빠질 수도 있다. 도매상이 계약을 끊을 가능성도 있다.

### 생각해보기

브레인스토밍할 때는 더는 생각나는 것이 없는 것 같더라도 5분 정도만 더 생각을 해 보세요. 그리고 그 후에서야 작성했던 생각을 정리해서 간추리기 시작하세요.

## 4.6 브레인스토밍에 방해되는 것

만약 지금까지 알아본 시각적 방법을 통해 문제와 해법을 정리하고도 이들을 시각화하는 데 어려움을 겪는다면 처음부터 문제를 분명하게 정의하지 않았을 가능성이 큽니다. 자신이 성취하려는 것이 무엇인지 제대로 이해하지 못하고서는 아무리 시간과 노력을 들이더라도 제대로 정보를 조직화하는 것이 불가능합니다. 이러한 경우에는 레슨 1, 2, 3에서 공부한 내용들을 기억하면서 자신이 문제를 명료하게 이해하고 있는지를 확인하세요. 그리고 진짜 문제가 무엇인지 확실히 파악한 후에 다시 시각적으로 문제를 정리해보세요.

## 4.7 레슨 요약

시각적으로 정보를 정리하는 방법은 브레인스토밍한 내용을 효과적으로 사용하는 데 필수적입니다. 이러한 방법은 우리의 생각을 시각적으로 보여주고 우리의 생각 속에 숨어 있는 생각의 과정과 패턴을 보여줄 수 있습니다. 또한, 이 방법들을 사용하면 주의가 흐트러지는 것을 막아 목적에 계속 집중할 수 있도록 도와주며 결국 현명한 결정에 이를 수 있을 것입니다.

**다음 레슨까지 연습해볼 것**

- 다음번에 근사한 곳에서 외식하려고 하거나 어떤 물건을 사려고 할 때 표를 만들어 결정을 내려보세요. 여러분에게 중요한 항목이 무엇인지 (가격, 분위기/디자인, 맛/효용성 등) 생각해보고 이를 중심으로 각 옵션을 비교해보세요.
- 지난 1년 동안 여러분이 해결한 문제 중에 특히 복잡하고 머리 아팠던 것을 하나 생각해보고, 이 문제에 대한 웹을 만들어보세요. 문제의 원인과 결과, 그리고 해결책이 무엇이었는지 작성해본 후에 여러분이 선택하지 않았지만 선택할 수도 있었던 해결책도 적어보세요. 웹을 만드는 과정에서 그때는 미처 생각하지 못했던 해결책이 떠오르지는 않던가요?

LESSON

# 5 목표 정하기

분명한 목표가 없으면 우리는 이상하리만큼 사소한 일상에 충성을 바치게 되고 결국 그 일상의 노예가 되어버린다.
In the absence of clearly defined goals, we become strangely loyal to performing daily trivia until ultimately we become enslaved by it.

로버트 하인라인(Robert A. Heinlein, 1907~1988)
스타십 트루퍼스를 쓴 미국의 공상과학 소설가

## 이번 레슨에서 공부할 내용

**우리는 대부분 문제가 있을 때 그것을 해결하려고 합니다. 그래서 계획을 세우거나 목표를 정하죠. 그리고 우리가 성취하고자 하는 것이 무엇인지 분명히 알면 알수록, 그리고 성취할 수 있는 방법과 절차에 대해 잘 알수록 목표에 다다를 확률은 높아집니다. 그래서 이번 레슨에서는 목표를 정하고 목표로 나아가는 방법에 대해 알아보겠습니다.**

목표란 우리가 성취하고 싶어하는 것을 뜻하며, 문제 해결의 측면에서 봤을 때는 해결된 문제나 그 결과를 말합니다. 목표는 개인적인 것일 수도 있고 일이나 성적 같은 것에 관한 것일 수도 있습니다. 예컨대 "올해가 지나가기 전에 테니스 하는 법을 배우려고 한다", "기말 리포트에서 A를 받고 싶다", "6개월 이내에 회사에 임금 인상을 요구해야겠다", "전세금 대출을 이자율이 낮은 것으로 바꾸어야겠다" 같은 것이 모두 목표입니다. 그리고 목표가 어떤 것이든지 간에 그것을 달성하려면 단계별 계획을 세워야 합니다. 또한, 목표로 향하는 과정에서 필요한 것이 무엇이고 마주칠 수도 있는 어려움에는 어떤 것이 있는지도 생각과 연구를 해 보아야 합니다.

**생각해보기**

여러분이 통제할 수 있는 부분과 최대한 관련이 있는 현실적인 목표를 세우세요. 어떻게 할 수 없는 부분이 너무 많이 포함되어 '운' 때문에 실패하지 않도록 목표 설정 단계에서부터 신경을 쓰세요. 쉽게 말하자면 목표를 운에 맡기지 마세요!

## 5.1 목표를 설정하는 이유

지금까지 공부한 네 개의 레슨에서는 문제를 올바르게 정의하고 이해하는 방법, 주의를 분산시키지 않고 문제에 집중하는 방법, 그리고 다양한 해결책을 찾아보기 위해 브레인스토밍하는 방법에 대해 알아보았습니다. 그다음에 해야 할 일인 목표를 설정하는 것은 여러분이 생각한 해결책을 현실화할 수 있도록 돕는 중요한 절차입니다. 목표를 설정함으로써 정확하게 어떻게 해야 원하는 지점까지 도달할 수 있는지를 더 명확하게 생각할 수 있습니다.

| 문제를 정확히 이해하기 | 브레인스토밍해서 해결책을 알아보기 | 해결책을 실현하기 위해 목표를 설정하기 |
|---|---|---|
| (레슨 1~3) | (레슨 4) | (이번 레슨) |

## 5.2 온전한 목표의 다섯 가지 특징

온전한 목표는 다음과 같은 다섯 가지 특징을 가지고 있습니다.

- **서면이어야 합니다** - 목표를 글로 적어 문서로 남겨두어야 합니다.
- **구체적이어야 합니다** - 달성하려는 것이 정확하게 무엇인지 설명하기 위해 최대한 많은 세부 내용을 기록하여야 합니다.
- **측정할 수 있어야 합니다** - 분명한 평가를 할 수 있는 방향으로 목표를 설정해야 합니다.
- **현실적이어야 합니다** - 목표를 너무 높거나 너무 낮게 설정하지 말아야 합니다. 시간과 노력을 투자해서 현실적으로 도달할 수 있는 것을 목표로 정해야 합니다.
- **마감 시간이 정해져 있어야 합니다** - 목표를 꼭 달성해야 하는 마감 일자를 정해야 합니다. 목표 달성은 "몇 주 이내"나 "가까운 미래"와 같이 불분명한 기한이 아니라 정확하게 정해진 날짜까지 이루어질 수 있어야 합니다.

다음에 나와 있는 목표 설정표는 여러분이 목표를 설정할 때 사용할 수 있는 하나의 가이드라인입니다. 여러분의 목표가 무엇인지에 따라 칸을 모두 채울 필요는 없을 수도 있고, 아니면 추가로 만들어야 할 수도 있습니다. 어떤 방향으로든 위에서 설명했던 다섯 가지 특징을 염두에 두고 목표 설정표를 융통성 있게 사용해보세요.

**목표 설정표**

| **목표가 무엇인가:**<br><br>**목표 달성을 방해하는 것은 무엇인가:**<br><br>**목표를 어떻게 달성할 것인가?**<br>1 단계:<br>2 단계:<br>3 단계:<br><br>**목표 달성을 위한 시간표**<br>매일 할 것:<br>매주 할 것:<br>수시로 할 것:<br>장기적으로 할 것:<br><br>**목표 달성을 통해 얻을 수 있는 것이 무엇인가:** |
|---|

목표 설정표를 사용하는 것이 어떻게 도움이 되는지 알아보기 위해 예를 하나 들어봅시다. 대학 새내기인 예경은 이번 학기에 성적을 잘 받지 못해서 다음 학기에는 나은 성적을 받을 수 있기를 원합니다. 그래서 예경은 먼저 문제-해법표를 만들어 가능한 해결책을 브레인스토밍하고 정리해보았습니다.

## 문제 – 해법표

| 원인 | 문제 | 효과 |
|---|---|---|
| **1.** 친구들과 어울리는 데 너무 많은 시간을 쏟는다.<br>**2.** 공부하는 방법을 잘 모른다. | 성적이 나쁘다. | **1.** 장학금을 기대할 수 없다.<br>**2.** 취업이나 대학원 진학에 악영향을 미칠 수 있다.<br>**3.** 부모님께서 실망하신다. |

| 해결책 |
|---|
| **1.** 친구들과 어울려 노는 시간을 줄이기 위해 스마트폰과 컴퓨터를 멀리한다.<br>**2.** 공부법에 대한 책을 사서 읽어본다. |

예경은 이 문제의 해결을 목표로 정하고 위에서 브레인스토밍한 해결책을 중심으로 다음과 같이 구체적인 계획을 세웠습니다.

### 목표 설정표

**목표가 무엇인가:** 다음 학기에는 모든 과목에서 B 이상의 성적을 받는 것.

**목표 달성을 방해하는 것은 무엇인가:** 친구들과 어울리는 데 너무 많은 시간을 쓴다. 스스로 공부하는 방법을 잘 모른다.

**목표를 어떻게 달성할 것인가:**

**1 단계:** 친구들과 어울리는 데 쏟는 시간을 줄인다. 친구들과 만나서 놀거나 외식을 하는 횟수를 일주일에 2회 이하로 정한다. 카카오톡과 페이스북을 하는 시간을 줄이기 위해 스마트폰과 컴퓨터를 이용하는 시간을 제한한다.

**2 단계:** 대학에서 필수적인 스스로 공부하는 방법을 연구한다. 교수님과 학교 상담사를 찾아가 더 효과적으로 공부하는 방법에 관해 물어본다.

**3 단계:** 공부법에 관한 책을 사서 읽어본다. 책에 나오는 공부 방법을 매일 조금씩 연습해본다.

**목표 달성에 필요한 것이 무엇인가:** 공부법에 관한 책

**목표 달성을 위한 시간표**

**매일 할 것:** 학교에서 점심을 먹은 후 친구들과 커피를 마시러 가기보다 잠깐이라도 도서관에 가서 책을 보거나 노트를 정리하는 습관을 들인다. 매일 수업이 끝난 후 그 날 해야 하는 과제를 다 하기 전까지는 친구들과 어울리거나 카카오톡, 페이스북 이용을 자제한다. 공부법에 대한 책을 20분 정도 읽고 연습 문제를 풀어본다.

**매주 할 것:** 매주 제출해야 하는 짧은 에세이나 기말 프로젝트의 작업 결과를 점검하고 주말에 부족한 부분을 보충한다.

**수시로 할 것:** 강의에서 제대로 이해하지 못한 부분이 있으면 교수님을 찾아간다.

**장기적으로 할 것:** 성적을 높이기 위한 계획을 염두에 두고 계획을 지키려 노력한다.

**목표 달성을 통해 얻을 수 있는 것이 무엇인가:** 대학 교육의 혜택을 더 볼 수 있고 성적도 향상된다. 자신감이 생긴다. 부모님과 교수님이 자랑스러워 하신다. 장학금을 받을 수도 있다.

## 연습 문제

레슨 4에서 본 수정의 시나리오를 떠올려보세요. 수정은 매달 30만 원 정도를 저축해 적금에 붓고 싶어했지만 그럴만한 여유 자금이 없어 실행에 옮기지 못하고 있었습니다. 우리는 수정의 상황을 웹으로 만들어 가능한 해결책이 무엇인지 생각해보았습니다. 이때 떠올려보았던 해결책을 사용해 수정의 목표(저축)를 달성할 수 있도록 목표 설정표를 작성해보세요.

**목표 설정표**

**목표가 무엇인가:**

**목표 달성을 방해하는 것은 무엇인가:**

**목표를 어떻게 달성할 것인가?**

단계 1:

단계 2:

단계 3:

**목표 달성을 위한 시간표**

**매일 할 것:**

**매주 할 것:**

**수시로 할 것:**

**장기적으로 할 것:**

**목표 달성을 통해 얻을 수 있는 것이 무엇인가:**

## 해답

지난 레슨에서 브레인스토밍한 해결책을 사용해 만든 목표 설정표는 다음과 같습니다.

**목표 설정표**

**목표가 무엇인가:** 매달 30만 원을 저축해 적금에 넣는다.

**목표 달성을 방해하는 것은 무엇인가:** 지출하는 돈이 너무 많다. (돈 쓰는 버릇을 바꿔야 한다.)

**목표를 어떻게 달성할 것인가?**

**1 단계:** 외식 횟수를 1주에 2번 이하로 줄인다. 반찬가게에서 반찬을 사고 간단한 요리를 배워 집에서 식사한다.

**2 단계:** 택시를 타지 않는다. 대중교통을 이용해 제시간에 출근하기 위해 12시 이전에 잠자리에 들고 알람을 10분 일찍 맞춘다.

**3 단계:** 매달 새 옷을 사는 데 쓰는 돈을 20만 원 이하로 못 박는다. 세일을 하고 합리적인 가격이라고 생각되는 옷만 산다.

**목표 달성을 위한 시간표**

**매일 할 것:** 하루 한 끼는 간단한 요리를 해 집에서 먹는다. 일찍 잠자리에 든다.

**매주 할 것:** 마트에서 장을 보고 반찬거리나 반찬을 산다. 관심 있는 옷이 세일하는지 인터넷으로 확인한다.

**수시로 할 것:** 마음에 드는 옷이 세일할 때 산다.

**장기적으로 할 것:** 적금 계좌를 개설하고 매달 월급 통장에서 월급 다음날 30만 원씩 자동 이체되도록 설정한다. 월급 통장과 적금 계좌 잔액을 확인한다.

**목표 달성을 통해 얻을 수 있는 것이 무엇인가:** 미래에 있을 중요한 일(결혼 등)이나 큰 금액이 들어가는 소비(자동차나 집 등)에 사용할 수 있는 돈을 모을 수 있다.

## 5.3 목표가 될 만한 것은 무엇일까요?

브레인스토밍하면 문제를 해결할 수 있는 여러 가지 방법을 떠올려볼 수 있습니다. 문제 대부분은 여러 개의 해결책이 있지만, 이것들 가운데 추구할 만한 가치가 있는 것이 무엇인지 어떻게 알 수 있을까요? 효과적으로 목표를 설정한다는 것은 최선의 해결책을 선택하고 이를 현실화할 수 있도록 효율적으로 계획을 세우는 일입니다. 여러분이 원하는 성과나 결과는 정확히 무엇인가요? 해결책은 여러 방면에서 모두 조금씩 달라서 어느 것을 선택해서 실행하느냐에 따라 성과와 결과가 달라집니다. 그래서 목표 설정의 다음 단계는 원하는 결과를 기준으로 브레인스토밍해서 떠올린 아이디어를 평가하는 것입니다. 아래의 보기를 한번 읽어보세요.

### 보기

당신은 운동화를 만드는 한 회사에서 일하고 있습니다. 어제 회의에서 이번 분기 회계자료를 일 년 전 자료와 비교해보니 제품 판매와 수익률이 모두 크게 떨어진 것으로 드러났습니다. 그래서 당신은 제품 판매와 이익률 모두를 증가시킬 수 있는 묘안을 마련하라는 상부의 지시를 받았습니다. 오늘 아침부터 온종일 브레인스토밍해서 당신은 다음과 같은 세 개의 해결책을 생각해냈습니다.

**a.** 대대적인 마케팅 캠페인을 벌인다.
**b.** 제품의 유통과 판매처를 제한한다.
**c.** 제품의 생산 비용을 낮춘다.

그럼 이제 이 세 가지 해결책의 결과에 대해 생각해봅시다. 대대적인 마케팅 캠페인을 벌이면 판매가 늘어나겠지만, 마케팅 비용이 이익률 상승을 상쇄할 수도 있습니다. 제품의 유통을 제한하면 수요와 공급의 법칙에 따라 제품의 단가가 올라가서 개별 판매의 이익률은 증가하겠지만, 판매 자체가 감소하거나 소비자가 다른 대안 제품으로 눈을 돌릴 수도 있습니다. 마지막으로 제품의 생산 비용을 낮추면 더 저렴한 가격에 제품을 판매할 수 있어서 판매를 늘릴 수도 있고, 판매가를 유지해 이익률을 높일 수도 있으며, 이 두 가지를 모두 달성하는 것도 가능합니다. 제품의 질을 유지하면서 생산 비용을 낮추는 일이 쉬운 일은 아니지만, 세번째(C) 해결책이 가장 효과적일 가능성이 가장 큽니다.

## 연습 문제

어느 날 갑자기 민경이네 집 화장실 욕조 아래에서 물이 새기 시작했습니다. 그래서 화장실을 대대적으로 수리해야 하는데, 민경은 이참에 화장실 공사를 싹 해버리려고 합니다. 변기 수조에도 금이 가 조금씩 물이 새고 수도꼭지도 손잡이 부분이 떨어져 나갔으며 벽타일도 오래되어 우중충하게 변하는 등 화장실이 전반적으로 아주 낡았기 때문입니다. 민경은 화장실을 공사하는 데 필요한 부품과 공사비 등을 알아보고 대략적인 예산을 세웠으며 시공업자에게서 비슷한 금액으로 견적서도 받았습니다. 하지만 문제는 화장실 공사에 들어갈 300만 원 정도의 돈이 없다는 것입니다. 민경은 이를 해결하기 위해 다음 세 가지의 해결책을 떠올려보았습니다.

**1.** 신용카드로 공사 대금을 지불하기
**2.** 은행 대출을 받기
**3.** 100만원이 드는 욕조 공사만 하고 나머지 작업은 나중에 하기

민경이 어떤 해결책을 선택해 일을 진행해야 할까요? 그 이유가 무엇인지도 아래에 적어보세요.

해결책: ______________________________

이유: ______________________________

______________________________

______________________________

______________________________

______________________________

### 해답

이 상황에서 목표를 어떻게 정의하고 각 해결책을 어떻게 평가하느냐에 따라 민경이 해야 할 일이 달라집니다. 민경의 목표는 화장실이 매우 낡았고 고장 난 부분이 많아서 화장실 공사를 싹 하는 것입니다. 욕조에서 물이 새는 것을 고치려면 화장실 벽타일도 떼어내야 하고 수도관도 손봐야 하므로 욕조를 고치면서 다른 공사도 같이 해버리는 것이 효율적입니다. 그래서 해결책 1처럼 공사 비용을 신용카드로 내는 것이 현명할 수도 있습니다. 하지만 그러기 전에 공사업체가 신용카드를 받는지 먼저 알아보아야 하고, 일시불로 결제할 경우 다음 달에 신용카드값을 감당할 수 있는지, 할부로 한다면 몇 개월 할부로 할 것이며 할부 이자는 얼마만큼 내게 될지 따져보아야 할 것입니다.

상황에 따라서 해결책 2가 해결책 1보다 더 나은 선택이 될 수도 있습니다. 은행대출이 신용카드 할부보다 이자율이 낮을 가능성이 더 크고 대출과 이자에 대한 소득 공제를 신청할 수도 있을 것입니다.

해결책 3을 선택해 급한 공사만 끝낸다면 돈을 빌릴 필요가 없고 이자도 낼 필요가 없습니다. 하지만 비용 대비 효과가 떨어지고 나중에 다시 나머지 공사를 진행하려 한다면 인건비가 두 배 가까이 들어 총비용이 해결책 1과 2에서 이자까지 합친 비용보다 더 커질 가능성이 큽니다. 화장실 공사 비용이 너무 비싸게 느껴지거나 너무 부담스럽지 않다면 해결책 1이나 2가 더 나은 결정일 수 있습니다.

**생각해보기**

계획을 잘 세웠는데도 불구하고 목표에 도달하지 못하는 경우도 종종 있습니다. 하지만 이런 경우가 일시적인 것에 불과하다는 것을 깨달아야 합니다. 실패를 발판 삼아 새로운 목표를 정해 나아간다면 이루지 못할 것은 거의 없다는 것을 명심하세요!

## 5.4 목표 설정을 방해하는 것

목표를 설정할 때 명심해야 하는 것 가운데 하나는 너무 크거나 너무 오래 걸리는 목표를 잡지 않는 것입니다. 사람들은 너무나 방대한 계획 때문에 이를 달성하기 전에 지치고 마는 경우가 잦습니다. 현실적인 목표는 목표까지 나아가는 시간표를 지키는 자신의 모습을 충분히 상상할 수 있어야 합니다. 예를 들어, 현재 팔굽혀펴기를 한 번에 20개를 하지만 3주 뒤에는 50개까지 하도록 목표를 잡았다고 한다면 적어도 1주일마다 팔굽혀펴기를 10개씩 더 할 수 있는지 고민해봐야 합니다. 만약에 그렇지 않다면 목표를 더 작고 감당할 만한 것으로 나누어야 합니다.

예를 하나 들어봅시다. 상식은 6개월 안에 월급인상 요구를 하겠다는 목표를 세우고 있습니다. 그래서 그는 다음과 같은 목표 설정표를 만들었습니다.

**목표 설정표**

**목표가 무엇인가:** 6개월 이내에 월급을 올려달라고 요구할 것이다.

**목표 달성을 방해하는 것은 무엇인가:** 지난번 직무수행평가에서 평균적인 점수를 받았다.

**목표를 어떻게 달성할 것인가?**
**1 단계:** 회사에서 더 늦게까지 일해 더 많이 일한다.
**2 단계:** 회사가 하는 일에 좀 더 관심을 가져 내가 어떻게 새로운 방법으로 회사에 이바지할 수 있는지를 알아낸다.

**목표 달성에 필요한 것은 무엇인가:** 시간과 지식

**목표 달성을 위한 시간표**
**매일 할 것:** 부서에서 가장 먼저 출근하고 가장 늦게 퇴근한다.
**매주 할 것:** 상사에게 이번 주에 내가 한 일을 보고한다. 뉴스나 사내게시판을 통해 회사에서 일어나는 일을 확인하고 회사가 주주에게 공개하는 정보나 증권회사가 우리 회사에 대해 작성하는 보고서를 읽어본다.
**수시로 할 것:** 상사를 만나 내가 특별히 잘한 일에 대해 이야기한다.
**장기적으로 할 것:** 회사 동료들의 프로젝트에 참가해서 도와줄 것이 있지는 않은지 확인한다.

**목표 달성을 통해 얻을 수 있는 것이 무엇인가:** 직무수행평가에서 나은 성적을 받아 월급을 올려달라는 요구가 수용될 가능성이 커진다.

위 표에 따르면 상식은 자신의 직무 수행을 향상시키고 회사에 대하여 더 많이 알아내기 위해 스스로 6개월의 시간을 주었습니다. 하지만 앞으로 6개월, 즉 26주 동안 위 시간표에 나열한 모든 것을 다 하기가 쉽지만은 않을 것입니다. 매일매일 가장 먼저 출근하고 가장 늦게 퇴근하며 그만큼 일을 많이 하는 것은 상당한 육체

적, 정신적 노력이 있어야 하기 때문이지요. 이런 계획은 몇 주, 아니 며칠만 열심히 따르다가 스스로 질려버려 포기할 가능성이 큽니다. 그래서 이런 계획 대신에 한 번에 한 달씩 좀 더 작은 목표를 세운다면 계획이 그만큼 더 감당할 만할 것이 되고 성공할 가능성도 더 커질 것입니다.

예를 들어, 첫째 달에는 회사에 좀 더 일찍 출근하고 늦게 퇴근하는 데 신경을 써서 상사에게 주는 자신의 이미지를 개선하는 데 집중합니다. 둘째 달에는 근무시간에는 그냥 열심히 일하는 데 집중해 이미지 개선을 계속하며, 주말 동안은 집에서 회사에 관해 연구합니다. 셋째 달에는 일주일에 한 번씩 근무시간에 회사에 관한 정보를 확인하고 시간이 될 때 동료들의 프로젝트를 도와줄 방법을 브레인스토밍해봅니다. 즉, 먼저 일하는 습관을 바꿔 실력을 쌓고 상사에게 인정을 받은 뒤, 향상된 자신감과 여유를 회사와 동료에 대한 관심으로 키워나가는 것입니다. 이처럼 커다란 목표를 쪼개서 진행한다면, 상식이 6개월 안에 원하는 목표에 도달할 가능성이 더 커질 것입니다.

## 연습 문제

이번에는 여러분 스스로를 위한 단기적인 목표를 세워보세요. 한 달 동안 할 수 있는 비교적 간단한 일을 골라보세요. 매일 15분 이상 책이나 잡지 읽기, 옷장을 정리하고 계속하여 깔끔하게 관리하기, 매일 1개 이상 새로운 단어나 표현을 익히기(국어나 영어, 혹은 다른 외국어), 일기 쓰기, 매일 20분 운동하기, 매주 새로운 요리해보기 등 바쁘고 피곤한 날에도 큰 부담 없이 할 수 있는 것을 한번 떠올려보세요. 그리고 그 목표를 달성하려면 어떻게 진행해야 할지 한번 적어보세요.

목표: ______________________________

실천 방안: ______________________________

______________________________

______________________________

______________________________

______________________________

### 해답

많은 독자가 선택했을 법한 목표를 가지고 계획을 짜 보겠습니다.

목표: 매일 20분 이상 운동하기

실천 방안:

- 아침에 일어나 샤워를 하기 전 5분 정도 체조와 스트레칭을 한다.
- TV를 보면서 광고 시간에, 아니면 게임을 하면서 로딩 시간에 스트레칭을 한다.
- 출퇴근 시간에 엘리베이터나 에스컬레이터에 사람이 많다면 계단으로 걸어간다.
- 출퇴근 시간에 조금 시간 여유가 있거나 너무 피곤하지 않다면 한 정거장 정도 먼저 내려 걸어간다. 자동차로 출퇴근을 한다면 여유가 있을 때나 날씨가 좋을 때 대중교통을 이용한다.
- 일찍 퇴근한 날이나 주말에는 밖에 나가 10~15분 정도 조깅을 한다.

**생각해보기**

여러분의 성공은 여러분만이 정할 수 있습니다. 여러분 스스로 원하는 것이 무엇인지 결정하고 이를 달성하기 위한 계획을 짜야 합니다. 이는 다른 사람이 해줄 수도, 해줘서도 안 되는 것입니다.

## 5.5 레슨 요약

목표를 설정하는 것은 문제 해결의 매우 중요한 부분입니다. 그런데 우리는 합리적으로 생각했을 때 달성할 수 있는 목표를 세워야 한다는 것을 명심해야 합니다. 문제에서 해결책에 이르는 길을 미리 보기 위해서는 목표 설정표를 사용해보세요. 목표 설정표는 목표를 여러분이 감당할 수 있는 단계로 나누어서 진행 계획을 수립해 구체적으로 언제 무엇을 해야 하는지 깔끔하게 정리해줍니다. 이런 과정을 통하면 더 효율적으로 문제를 해결하는 것이 가능해집니다.

### 다음 레슨까지 연습해볼 것

- 지금 여러분에게 필요하거나 여러분이 원하는 단기적인 목표를 하나 선택해보세요. 그리고 이 레슨 앞부분에 나오는 '온전한 목표의 다섯 가지 특징'을 고려해 어떻게 여러분이 원하는 목표를 설정하고 이를 실행시킬 수 있을지 한번 생각해보세요. 목표를 달성할 데드라인을 포함하는 구체적인 시간표를 만들어 적어놓는 것도 잊지 마세요.
- 이번에는 몇 주나 몇 달 정도 걸리는 장기적인 목표를 하나 선택해보세요. 그리고 목표 설정표를 만들어 이 장기적인 목표를 달성하는 데 필요한 단계를 세분화해보세요. 이 목표가 너무 큰 것 같다면 충분히 감당할 만한 목표로 두세 번, 혹은 그 이상으로 나누어보세요.

LESSON

# 6 ▶ 트러블슈팅

예상하는 일은 잘 일어나지 않지만, 거의 예상하지 않는 일은 보통 일어난다.
What we anticipate seldom occurs; what we least expected generally happens.

벤저민 디즈레일리(Benjamin Disraeli, 1804~1881)
영국의 정치가, 작가

## 이번 레슨에서 공부할 내용

문제를 해결하거나 목표에 도달하기 위해 나름 꼼꼼히 세운 계획을 잘 따르고 있는 데도 일이 잘못되는 경우가 종종 있습니다. 크고 작은 장애물이 나타나 일의 진척을 방해하고, 또 어떨 때는 앞으로 나아가지도, 뒤로 되돌아가지도 못하게 하는 경우도 있습니다. 이번 레슨에서는 여러분이 원하는 바를 이루려고 할 때, 이를 가로막는 골치 아픈 장애물을 예상하고 처리하는 '선제적' 트러블슈팅에 대해 알아보겠습니다.

트러블슈팅(troubleshooting)은 보통 문제가 발생했을 때 이를 해결하는 일을 뜻하지만, 일어날 수 있는 문제에 대해 미리 생각하고 준비해 문제가 표면으로 떠오르기 전에 대비하거나 이런 문제가 실제로 일어났을 때 즉시 처리할 수 있도록 하는 것을 뜻하기도 합니다. 다시 말하면 잘못될 수 있는 것을 예상하고 그것이 실제로 일어나지 않게 하거나, 또는 어떤 문제가 갑자기 생긴다면 그것이 충분히 감당할 만한 크기일 때 적시에 해결함으로써 더 큰 문제로 악화되지 않도록 하는 것입니다. 그리고 제대로 트러블슈팅을 하려면 아주 사소한 골칫거리에서부터 주요 장애물에 이르는 것 모두를 다룰 수 있게끔 준비되어 있어야 합니다. 이렇게 한다면 목표로 향하는 길을 가로막는 장애물을 비교적 쉽게 처리할 수 있습니다.

## 6.1 목표 달성을 방해하는 문제가 무엇일까?

목표를 향해 나아가다 보면 불가피하게 한두 개의 장애물에 부딪치게 됩니다. 레슨 1에서 먼저 이런 문제를 인식해 수용하지 않으면 문제를 해결할 수 없다고 했는데, 이는 트러블슈팅할 때도 마찬가지입니다. 그리고 이런 문제들 가운데 어떤 것은 충분히 예상할 수 있는 것이므로 목표 설정 단계에서부터 예상하고 대비할 수 있습니다. 그렇지만 어떤 문제는 예상치 못하게 발생하기 때문에 그 순간에 대처해야만 합니다.

그리고 예상 가능한 문제를 실제로 예상하는 일에는 노력이 필요합니다. 예상할 수 있는 문제라고 해서 자동적으로 알 수 있는 것은 아니기 때문이지요. 그래서 자기 목표가 무엇인지 냉철하게 고려해보고 이를 성취하려면 극복해야 하는 것이 무엇인지를 비판적으로 생각해보아야 합니다. 레슨 5에서 성적 때문에 고민이었던 예경의 경우가 이런 절차의 좋은 예입니다. 예경은 더 나은 성적을 받으려는 목표를 세웠습니다. 그리고 그녀는 친구와 어울리는 시간이 너무 많은 것과 학습 방법이 좋지 않은 것 같은 습관이 목표 달성에 방해된다는 것을 깨달았습니다. 그래서 성적 향상을 위한 노력을 시작하기도 전에 성적을 올리려면 극복해야 하는 것이 무엇인지 이미 알고 있었습니다.

이상하게 들릴지도 모르겠지만, 대개 예상치 못했던 문제가 발견하고 해결하기 더 쉽습니다. 예를 들어, 여러분이 무언가를 연구하는데 도서관에서 어떤 서적이 필요하다고 가정해봅시다. 그래서 여러분은 도서관을 방문해 그 책을 빌리려고 하는데, 마침 그 책이 얼마 전에 대출되어서 없다고 합니다. 또는 대학생들과 직장인들이 흔히 겪는 기술적인 문제도 이런 범주에 포함됩니다. 리포트나 보고서를 기한 내에 제출하려고 하는데 갑자기 컴퓨터가 에러가 나거나 멀쩡했던 프린터가 제대로 작동하지 않는 것 같은 경우는 누구나 한 번쯤 겪어보았을 것입니다. 이런 문제들은 예상하지 못했던 것이지요. 하지만 앞서 말한 것처럼 이런 문제는 비교적 해결하기 쉽습니다. 첫 번째 예시의 경우, 사서에게 다른 도서관 지점이나 제휴 도서관 등에서 그 책을 보유하고 있는지 확인해봐 달라고 요청할 수도 있고, 아니면 책을 서점에서 살 수도 있을 것입니다. 실제로 대학교에서는 이런 문제를 빈번하게 접하게 되는데, 연구에 필요한 전문 서적을 대출하는 사람이 대부분 같은 학과 교수거나 대학원생으로 한정된 경우가 대부분이라 도서관을 통해 반환 요청을 하지 않고 학과 사람들에게 누가 그 책을 빌려갔는지 단체 이메일을 통해 물음으로써 원하는 책을 손쉽게 구할 수도 있습니다. 기술적인 문제의 경우는 지인이나 전문가를 통해 컴퓨터를 복구하거나 피씨방 같은 곳에서 다른 컴퓨터와 프린터를 사용해 문제를 일시적으로나마 해결할 수 있을 것입니다.

예상하지 못했던 문제는 사전에 대비할 수 없으므로 재치와 기지를 발휘해 그 순간에 최대한 빨리 해결책을 떠올려야 합니다. 우리는 이번 레슨에서 예상하지 못했던 문제를 해결하는 방법보다는 충분히 예상할 수 있는 문제들을 트러블슈팅하는 방법에 대해 초점을 맞추고 알아보겠습니다.

### 생각해보기

사실 예상할 수 있는 문제와 예상할 수 없는 문제는 근본적으로 차이가 없습니다. 절대 방심하지 않고 항상 바짝 정신을 차리고 살아간다면 사건 사고와 같은 일도 충분히 예측하고 대비할 수 있을 것입니다. 출근길에 전동차 고장으로 지하철 운행이 30분 이상 지연될 수도 있음에 매일 같이 신경을 쓴다면 다른 이동 수단을 미리 확보해 놓는 것과 같은 대비를 할 수 있겠지요. 하지만 아무리 주의 깊고 철두철미한 사람이더라도 예상하고 대비하는 데에는 한계가 있습니다. 신경을 쓰는 것은 그만큼 심리적, 육체적 에너지가 필요하기 때문이지요. 이번 레슨의 목표는 이 책을 통해 함양된 비판적이고 꼼꼼한 사고 능력을 최대한 발휘해 목표 설정 단계에서부터 가능한 많은 장애 요인을 예측하고 대비하는 능력을 기르는 것입니다. 이런 단계를 거치고서도 예상하지 못했던 문제가 일어날 가능성은 여전히 존재하지만, 그런 경우가 생기면 여러분의 능력을 믿고 자신 있게 행동하면 됩니다. 이 책을 열심히 공부한 여러분은 예전보다 훨씬 더 예리한 사람이 되어 있을 테니까요!

## 연습 문제

다음 상황에서 일어날 수 있는 문제를 예측할 수 있는 것과 없는 것 각각 두 개 이상 적어보세요. 이 상황은 예시에 불과하지만 실제로 해야 할 일이 많고 일정이 빡빡하다면 이와 비슷한 문제는 언제나 일어날 수 있음을 명심하고 실제 상황에서처럼 생각해보세요.

> 대학에서 연극을 전공하는 은지는 내일 오전 10시 30분에 자신이 작가이자 감독의 역할을 맡은 졸업 연극의 마지막 리허설을 합니다. 은지는 연극 원고와 지난번 리허설에서 지적한 사항을 다시 한 번 검토해 배우들의 연기를 점검해야 합니다. 또한, 은지는 배우로도 활동하고 있고 내일 오후 12시 30분에 시내에서 다른 연극의 오디션이 잡혀 있습니다. 이 오디션에서 은지는 독백 두 개와 노래 한 곡을 불러야 합니다.

예상할 수 있는 문제:

______________________________

______________________________

______________________________

______________________________

______________________________

예상할 수 없는 문제:

______________________________

______________________________

______________________________

______________________________

______________________________

## 해답

가능한 해답은 다음과 같습니다.

예상할 수 있는 문제:
은지는 두 일정 모두를 준비해야 하므로 원래 계획했던 것보다 준비 시간이 더 걸릴 수 있습니다. 리허설을 위해 원고를 확인하고 지난번 리허설에서 한 지시를 검토해야 하며 오디션을 위해 독백과 노래 준비는 물론 오디션 때 제출할 서류도 준비해야 합니다. 아침에 극장에 도착하기 전 연출자나 배우들에게 전화해 상의해야 할 일이 생길 수도 있으며, 이 때문에 다른 개인적인 일은 미뤄야 할 수도 있을 것입니다. 또한, 리허설에 정해진 시간보다 더 많은 시간이 필요한 경우, 이 리허설이 마지막으로 계획한 것이기 때문에 한 번 더 리허설을 할 만한 시간이 없을 수도 있습니다. 이런 경우, 미완성인 상태로 리허설을 마무리 지을지, 아니면 오디션 스케줄을 조정할 수도 있는지 미리 생각해봐야 할 것입니다.

예상할 수 없는 문제:
극장 매니저가 늦게 도착해 은지는 물론 배우들까지 모두 극장에 제시간에 들어갈 수 없게 될지도 모릅니다. 아니면 배우 중 한 명이 늦게 나타날지도 모릅니다. 누군가가 갑자기 아프거나, 아니면 사고를 당할 수도 있습니다. 극장이 갑작스럽게 정전이 되어 너무 어두워서 도저히 리허설을 진행할 수 없게 될지도 모릅니다. 은지는 차가 막히거나, 버스가 늦게 오거나, 아니면 택시를 잡을 수가 없어서 오디션 장소까지 제시간에 도착할 수 없게 될 수도 있고, 이 때문에 오디션 기회를 잃게 될 수도 있습니다. 아니면 예정에 없던 장면을 오디션한다고 통보받을 수도 있고, 앞 차례에 오디션한 배우를 감독이나 캐스팅 담당자가 너무나 마음에 들어 해 은지의 오디션을 보지 않으려고 할지도 모릅니다.

## 6.2 목표 달성을 방해하는 문제를 트러블슈팅하기

예상 가능한 잠재적인 문제를 트러블슈팅하는 것이 쉽지 않은 경우가 많습니다. 왜냐하면, 비판적 사고를 통해 목표로 향하는 길을 미리 시뮬레이션해보고 잠재적인 장애물을 판별해 이에 대비까지 해야 하기 때문입니다. 예를 들어봅시다. 미국에서 유학 중인 재원은 속 쓰림의 원인을 알아내기 위해 학교 근처 병원에서 수면내시경 시술을 하고 진료비로 약 300만 원(3,000달러)을 내야 합니다. 상당히 큰 금액이긴

하지만, 재원은 진료 비용의 80%를 지원하는 의료 보험에 가입되어 있어 나머지 20%만 자비로 부담하면 됩니다. 하지만 재원이 모르고 있는 것은 보험사에 진료비 환급 신청을 시술 후 30일 이내에 해야 한다는 것입니다. 만약 재원이 바쁜 일상에 치여 진료비 환급 신청을 한 달 이내에 하지 않는다면 240만 원 가량을 손해 보게 됩니다.

그럼 재원의 문제를 트러블슈팅하는 관점에서 들여다봅시다. 진료비가 상당히 비싸다는 문제는 보험사에 비용을 청구함으로써 쉽게 해결할 수 있습니다. 하지만 재원이 240만 원을 지원받는 데 어려움을 줄 수도 있는 잠재적인 문제에 어떤 것이 있는지 어떻게 알아낼 수 있을까요? 최선의 방법은 보험사의 약관을 읽어 보는 것입니다. 병원에서 의료비 청구서를 보험사에 직접 보내는가? 비용 청구를 하는 데 시간 제한이 있는가? 보험사 약관에 나온 대로 환자와 병원, 그리고 보험사의 역할에 대해 정확하게 이해하고 난 뒤에 약관에 따라 비용을 청구하면 문제없이 돈을 받을 수 있을 것입니다. 이 사례에서 잠재적인 문제는 보험사 약관에 명시된 환급 정책입니다.

## 연습 문제

소영은 친구가 밤늦게야 끝나는 출장이 있는 날, 친구가 돌아올 때까지 친구의 1살짜리 아기를 봐주기로 하였습니다. 하지만 소영은 아기를 돌보는 방법에 대해 잘 모릅니다. 소영은 친구의 아기를 봐주면서 직면할 수도 있는 문제를 어떻게 트러블슈팅할 수 있을까요? 가능한 답을 모두 골라보세요.

**a.** 아기를 키워본 경험이 있는 다른 친구에게 기저귀 가는 방법을 묻는다.
**b.** 1살짜리 아기가 좋아할 만한 만화 영화를 찾아본다.
**c.** 육아에 관한 책을 읽어본다.
**d.** 1살짜리 아기가 입는 옷의 크기를 가늠해 옷을 사 놓는다.

## 해답

위의 보기 중 **d**를 제외한 나머지 모두가 트러블슈팅의 예입니다. 소영은 친구의 아기를 몇 시간 봐 주면서 새 옷을 사줘야 할 일은 없을 것입니다. 하지만 기저귀를 갈아주고 같이 놀아줄 필요는 있습니다. 그리고 육아에 대한 책을 읽어보면 일반적으로 1살짜리 아기를 키울 때 주의할 점 등을 알 수 있어서 도움이 될 것입니다.

**생각해보기**

준비해 놓으면 걱정이 없다는 뜻의 사자성어 유비무환과 비슷한 속담은 전 세계적으로 매우 흔합니다. 소 잃고 외양간 고친다, 호미로 막을 것을 가래로 막는다 같은 말도 있고, An ounce of prevention is worth a pound of cure(예방 한 냥(온스)은 치료 한 근(파운드)의 가치가 있다)라는 말도 있습니다. 문제가 일어나지 않았으면 하는 안일한 바람은 아무런 효과가 없습니다. 미리 대비하고 준비하는 것만이 유일한 해법입니다.

## 6.3 예방 대 치료

트러블슈팅은 사건의 패턴과 경향을 찾아봄으로써 할 수도 있습니다. 만약 비슷한 종류의 문제에 자주 부딪히는 사람에게는 그 문제들의 원인이 무엇이고 그러한 문제가 다시 일어나지 않게 하려면 무엇을 바꾸어야 하는지를 고민해보는 것이 가장 낫습니다. 이런 경우는 오래된 습관을 바꿔야 하는 것처럼 어려운 경우가 많지만, 그래도 그렇게 함으로써 매번 문제를 해결할 필요 없이 문제를 원천적으로 예방할 수 있으니 멀리 보았을 때 시간과 노력을 절약할 수 있습니다.

한 예를 들어봅시다. 창정의 상사인 부장은 매주 금요일 아침 처장을 만나 자기 부서의 최근 상황을 보고합니다. 그런데 창정은 부장의 행동에서 어떤 패턴을 보기 시작했습니다. 매주 목요일 오후가 되면 부장은 쉽게 짜증을 내는 것 같았습니다. 그리고 지난 몇 주 동안 부장은 목요일 오후에 창정을 급하게 불러 지나간 한 주 동안 창정과 부서원들이 맡은 프로젝트의 진척 상황에 대해 요약해서 보고하라고 지시했습니다. 특히 창정이 급하게 해야 하는 일이 있음에도 불구하고 항상 한 시간 이내에 보고해달라고 요구했습니다. 그래서 어떤 주에는 급하게 보고를 준비하느라 다른 중요한 일을 중단해야 하는 문제도 생겼고, 이로 인해 동료들의 작업이 지체되거나 고객과의 만남이 늦춰지는 문제도 있었습니다. 그래서 창정은 매주 목요일마다 같은 방식으로 상황에 대처하기보다 이러한 상황을 예방할 수 있는 방법이 있지 않을까 고민했습니다. 창정이 할 수 있는 일은 무엇일까요?

먼저 창정은 매주 프로젝트의 진척 상황을 요약해서 보고하는 것이 확실히 자기 업무인지 부장에게 물어보아야 합니다. 만약에 그렇다면 창정은 다음과 같이 대처함으로써 목요일의 상황이 반복되거나 혹은 더 큰 문제로 번지는 것을 예방할 수 있을 것입니다.

- 매주 목요일 오후는 일정을 비워놓고 업무 요약을 준비합니다. 아니면 매일 퇴근 전에 그 날의 프로젝트 진척 상황에 대해 간단히 메모해 놓고 이를 보고서에 활용합니다.
- 동료 부서원들에게 지난 한 주 동안 했던 작업에 대해 요약해 목요일 아침에 전달해달라고 요청합니다. 그러면 부장에게 할 업무 보고를 좀 더 쉽게 정리할 수 있을 것입니다.
- 매주 목요일 오후에는 자신이 꼭 처리해야 할 일이 있으니 급한 요구는 자제하라고 부서에 공지합니다. 그러면 다른 사람들이 창정의 일정을 알고 거기에 맞게 일을 처리할 것입니다.

레슨 5에서 알아본 바와 같이 트러블슈팅할 때도 정보를 시각적으로 정리하면 도움이 됩니다. 아래와 같은 표는 예상할 수 있는 문제에 대비하거나 원천적으로 문제가 발생하지 않도록 상황이나 습관 등을 바꾸려 할 때 유용하게 사용할 수 있습니다.

### 트러블슈팅표

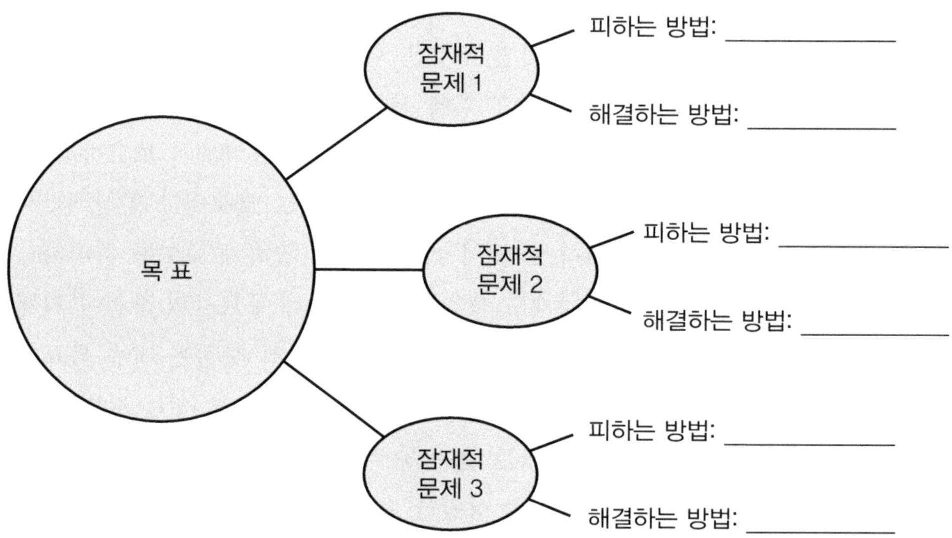

다음은 대학을 한 학기 일찍 졸업하려 할 때를 가정하고 작성한 트러블슈팅표입니다.

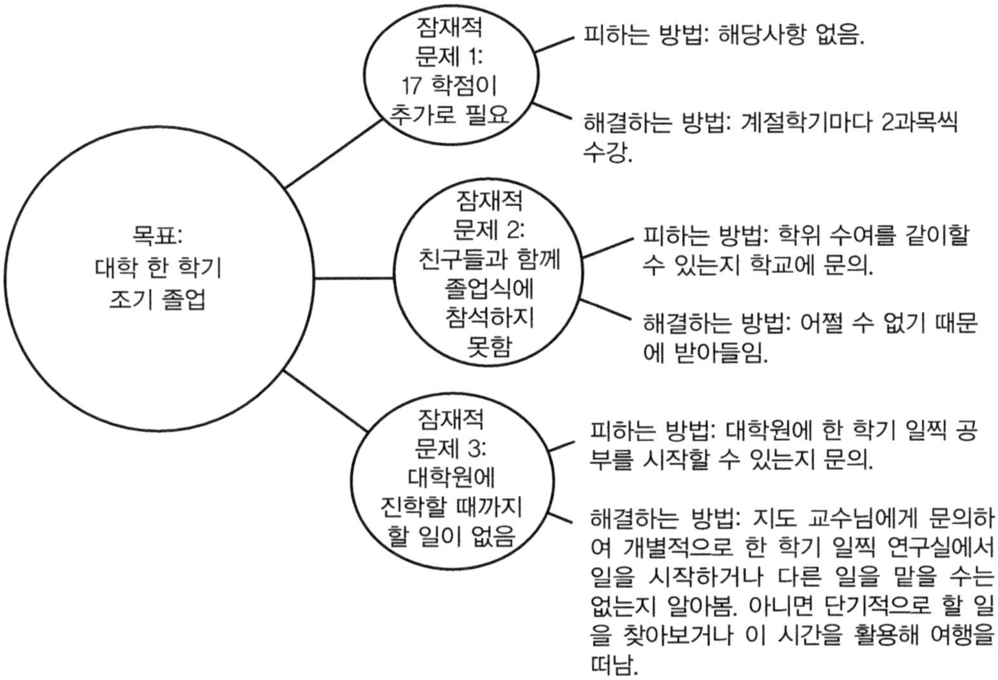


## 연습 문제

당신은 회사에서 매년 열리는 가을 운동회에 필요한 음식물을 준비하는 일을 맡았습니다. 당신은 80명의 회사원이 참가할 것이라고 통보받았습니다. 지난해에는 60명이 참가하여 소고기 15kg과 통닭 20마리, 쌈 채소 3kg과 40인분의 밥, 그리고 탄산음료 50캔을 먹었습니다. 운동회에 쓰일 음식을 너무 많이 주문하면 회식비를 낭비했다고 지적받을 것이고, 너무 적게 주문하면 음식이 부족하다고 불평하는 사람이 생길 것입니다. 당신은 어떻게 이 문제를 트러블슈팅할 수 있을까요?

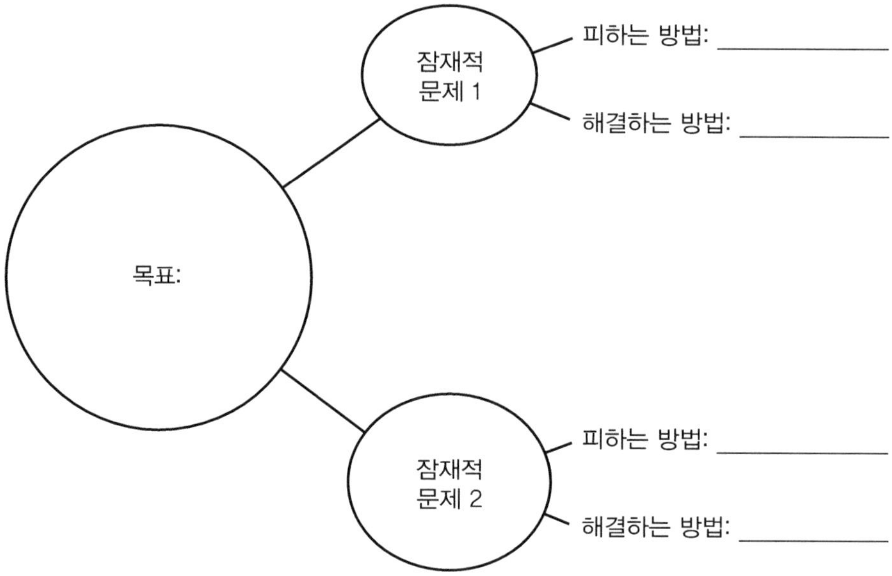


## 해답

다음은 가능한 해결책의 한 예입니다. 당신이 작성한 답과 아래의 해답을 비교해보세요.

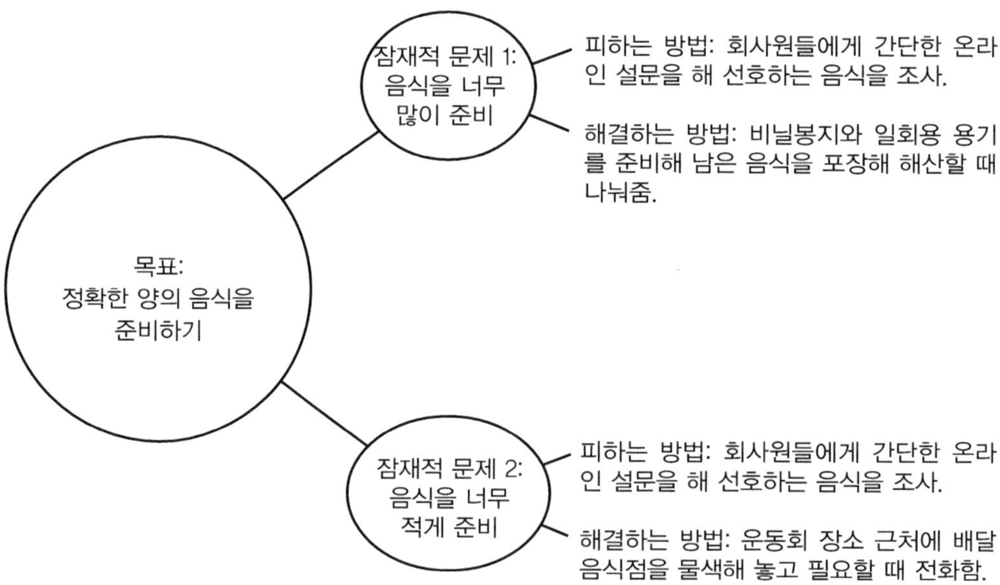

**생각해보기**

문제가 있으면 수첩을 가지고 다니면서 그 문제의 원인과 해결 방법에 대해 생각날 때마다 적으세요. 완전한 문장으로 최대한 정확하고 구체적으로 쓰면 더욱 도움이 됩니다. 그리고 문제로 인한 피해와 그에 대한 대책도 생각날 때마다 같은 방식으로 필기하세요. 그러면 갑작스러운 문제에도 당황하지 않고 항상 날카로운 비판적 사고로 무장되어 준비된 자신의 모습을 보게 될 것입니다.

## 6.4 레슨 요약

트러블슈팅은 목표를 성취해나가는 도중에 일어날 수 있는 문제가 무엇인지 알아내는 것에서 시작합니다. 우리는 이런 문제에 대해 예측할 수 있고 예방할 수 있으며, 그렇게 함으로써 사소한 문제가 커다란 문제로 악화되는 것을 막을 수 있습니다. 물론 전혀 예상하지 못했던 문제가 아무런 징조 없이 불쑥 발생하는 경우도 있습니다. 하지만 어떤 문제이든 간에 이에 대한 해법을 찾아내고 계속 앞으로 나아가는 방법에 익숙해진다면 누구나 원하는 목표에 도달할 수 있습니다.

**다음 레슨까지 연습해볼 것**

- 다른 사람의 상황이나 문제를 트러블슈팅해보세요. 가족이나 친구가 어떤 딜레마에 빠져있다고 고민을 토로한다면, 어떻게 하면 그 딜레마를 처음부터 예방했을 수 있는지, 그리고 현재는 어떻게 그 딜레마를 해결할 수 있는지 고민해보세요. 그리고 멋진 해결책이 떠오른다면 가족이나 친구를 도와주는 것도 잊지 마세요.
- 여러분 개인의 문제만이 아닌 범세계적인 문제를 트러블슈팅해보세요. 지구 온난화나 중동의 불안정한 정세, 아프리카의 빈곤 같이 국제적인 사안에 대해 한번 고민해보세요. 평소에 관심 있었던 사안에 대해 신문 기사와 온라인 백과사전 등을 읽고 다소 복잡하더라도 세부적인 문제를 모두 나열하는 트러블슈팅표를 만들어보세요.

LESSON

# 7 자료 검색

인간 정신의 가장 위대한 업적은 자신에게 주어진 기회를 살리고 자신의 자원을 최대로 활용하는 것이다.
The greatest achievement of the human spirit is to live up to one's opportunities and make the most of one's resources.

뤽 드 클라피에르(Luc de Clapiers, 1715~1747)
프랑스의 작가

## 이번 레슨에서 공부할 내용

우리는 중요한 결정을 내려야 할 때, 필요한 정보가 충분치 않아 최선의 결정을 내리지 못하는 경우가 종종 있습니다. 그리고 일상생활에서, 특히 직장이나 학교에서 우리가 내린 결정을 정당화하는 증거를 제시해야 할 때도 있습니다. 그래서 이번 레슨에서는 의사결정을 할 때 이를 뒷받침하고 정당화하는 데 필요한 정보를 찾는 방법에 대해 알아보겠습니다.

어떤 해결책을 선택할지와 같은 의사결정을 내릴 때 대부분은 그렇게 많은 양의 노력을 필요로 하지 않습니다. 예를 들어, 언제 기말 시험 공부를 시작할지, 또는 점심때 김치찌개를 주문할지 된장찌개를 주문할지 결정하기 위해서는 그렇게 많은 정보를 수집할 필요가 없습니다. 우리는 이미 많은 정보를 가지고 있으므로 이를 잘 활용하여 현명한 결정을 내리면 됩니다.

하지만 의사결정을 하는 데 어떤 사실이나 정보를 사용해야 하는지 정확하게 모른다면 어떻게 해야 할까요? 아니면 자신이 잘 알지 못하는 부분을 고려해야 할 때는 어떻게 해야 할까요? 이럴 때는 비판적으로 사고하는 능력이 매우 중요해집니다. 의사결정이 얼마나 적절하고 효과적인지는 결정을 내리는 데 기초한 정보의 질에 달려 있으므로, 우리는 부족한 정보를 채우기 위해 다방면으로 노력해야 합니다. 이번 레슨에서는 여러분이 의사결정을 내리는 데 도움이 되는 정보를 제공해주는 3가지 자료에 대해 알아보겠습니다. 인터넷, 도서관, 그리고 전문가에 대해 알아볼 것인데, 각각의 자료를 언제 사용할 것인가, 또 자료를 최대로 활용하는 방법, 그리고 주의해야 할 점을 중심적으로 알아보겠습니다.

## 7.1 인터넷

인터넷에는 셀 수도 없을 정도로 많은 웹사이트가 있지만, 그렇다고 인터넷에서 필요한 자료를 검색하는 게 어렵지만은 않습니다. 자신이 찾는 자료가 무엇이고 그것을 찾는 최고의 방법이 무엇인지를 알면 됩니다. 인터넷에서 자료를 검색하는 기본적인 방법에는 3가지가 있습니다. 첫째는 우리에게 익숙한 구글(www.google.com)이나 네이버(www.naver.com), 다음(www.daum.net), 또는 빙(www.bing.com) 같은 인터넷 검색 엔진을 사용하는 것입니다. 이런 검색 엔진에서는 찾고자 하는 주제와 관련된 단어나 문장을 입력하면 그 단어나 문장을 포함하고 있는 웹사이트나 웹페이지를 보여주고 그리로 연결해줍니다. 예전보다 많이 나아지긴 했지만, 아직도 인터넷 검색 엔진은 유용한 사이트나 정보와 그렇지 못한 것들을 잘 구별해주지 못합니다. 검색 엔진들은 대부분 해당 검색어를 포함하고 있는 모든 사이트를 사람들이 많이 방문하는 순서 등에 따라 나열해주며 수십, 수백만 개 이상의 검색 결과를 보여주는 경우도 많습니다.

인터넷에서 검색하는 또 다른 방법은 '인터넷 디렉토리'를 사용하는 것입니다. 인터넷 디렉토리는 간추린 전화번호부 정도로 생각하면 이해하기 쉽습니다. 즉, 특정 주제에 대해 선택된 일부 웹사이트를 나열하는 정보 사이트입니다. 국제적인 인터넷 검색 엔진이자 포털 사이트로 유명한 야후(www.yahoo.com)가 인터넷 초기에 이런 방식으로 인터넷 검색을 도왔으며, 이후의 인터넷 디렉토리는 전문성을 가

미시켰습니다. 그래서 이 방법의 최대 장점은 어느 정도 해당 분야에 일가견이 있는 사람들이 손수 선택한 웹사이트만을 정리해 보여주고 있다는 것입니다. 특히 이런 종류의 사이트 중 일부는 전문가를 고용하여 전문가가 직접 주제 분야별로 웹페이지를 집필하기 때문에 신뢰할 만한 자료에 쉽게 접근할 수 있다는 큰 장점이 있습니다. 하지만 안타깝게도 우리나라에서는 첫 번째 검색 방식과 대형 포털 사이트에 밀려 이런 종류의 사이트가 명맥을 잇지 못해 현재 널리 쓰이는 사이트는 없습니다. 하지만 영어권 인터넷에는 아직도 인터넷 디렉토리 서비스가 널리 쓰이고 있으며, 아래에 이런 사이트 중 유용한 몇 개를 참고하라는 의미에서 적어봤습니다.

- About.com(www.about.com): 천 명에 달하는 전문가가 천여 개의 주제와 관련된 수만 개의 사이트를 링크해 놓고 있습니다. 고기를 잘 굽는 법에서부터 천문학, 미용과 패션에까지 이르는 다양한 주제에 대해 자세한 정보를 누구나 이해하기 쉽게 제공하고 있습니다.
- 인터넷 공공도서관 2(www.ipl.org): '인터넷 공공도서관'(Internet Public Library)와 '도서관 사서의 인터넷 색인'(Librarians' Internet Index)이 통합되어 만들어진 사이트로 도서관 사서들이 최고라고 생각하는 2만 개 이상의 인터넷 자료들이 링크되어 있습니다. 미국 드렉셀 대학(Drexel University) 등 미국의 여러 대학이 협력단으로 참가하고 있습니다.

인터넷에서 필요한 정보를 검색하는 세 번째 방법은 바로 해당 정보를 포함하고 있을 것 같은 사이트에서 직접 검색하는 것입니다. 우리가 단어의 뜻이 궁금하면 사전을 찾아보고, 특정 동물이나 현상에 대해 좀 더 자세히 알고 싶으면 백과사전을 찾아보는 것과 같은 방식이지요. 이런 사이트를 몇 개 간추려보면 다음과 같습니다.

### 백과사전

대형 포털 사이트의 백과사전: 네이버의 지식백과(terms.naver.com)나 다음의 백과사전(100.daum.net) 같이 대형 포털 사이트에서 운영하는 사전은 두산백과와 한국어 브리태니커, 한국민족문화대백과 같은 여러 백과사전을 통합 운영해 관심 있는 주제에 대해 폭넓은 검색을 가능하게 해줍니다.

위키를 사용하는 백과사전: 위키(wiki)란 인터넷을 통해 여러 사람이 같은 웹페이지를 만들고 수정할 수 있는 애플리케이션입니다. 이 기능을 활용하여 수많은 인터넷 사용자들이 지식을 공유하고 토론해 백과사전을 만들어가기도 합니다. 대표적인 예가 바로 위키피디아(Wikipedia), 즉 위키백과(www.wikipedia.org)입니다. 영어 위키백과는 5백만 개에 달하는 항목을 13만 명의 지속적인 사용자들이 관리합니다. 한국어 위키백과도 30만 개가 넘는 항목을 3,000명 가까이 되는 지속적인 사용자들이 관리합니다. 다소 형식적으로 자유분방해 전문성이 떨어져 보일 수도 있지만, 생각보다 알찬 정보가 가득하고, 특히 인터넷 문화에 대해 많은 내용을 포함하고 있는 위키 사이트에는 나무위키(namu.wiki) 같은 곳도 있습니다.

인사이클로피디아.com(www.encyclopedia.com): 컬럼비아 백과사전(Columbia Encyclopedia)과 옥스퍼드의 세계 백과사전(World Encyclopedia)을 포함해 100여 개의 백과사전과 여러 참고 문헌에서 가져온 내용을 모아놓은 무료 사이트입니다(영어).

브리태니커 백과사전(www.britannica.com): 브리태니커 백과사전의 온라인판으로써 일부 항목을 무료로 제공하며, 전체 사이트를 보기 위해서는 수수료를 내야 합니다. 100명이 넘는 노벨상 수상자를 포함해 4,000여 명의 전문가가 집필에 참여하는 세계에서 가장 권위 있는 백과사전 중 하나입니다(영어).

## 사전

대형 포털 사이트의 사전: 네이버와 다음 같은 국내 대형 인터넷 포털에서 운영하는 각종 어학 사전입니다(네이버 사전: dic.naver.com; 다음 사전: alldic.daum.net). 국어, 영어, 한자 사전뿐만이 아니라 기타 외국어 사전과 전문용어 사전도 포함합니다.

워드레퍼런스.com(www.wordreference.com): 영어, 프랑스어, 스페인어, 한국어 등 여러 언어 사이에서 단어를 쉽게 찾아볼 수 있게끔 도와주는 사이트입니다(영어 ↔ 프랑스어, 영어 ↔ 한국어, 프랑스어 ↔ 스페인어 등).

메리엄-웹스터(www.merriam-webster.com): 메리엄-웹스터의 대학생용 사전(Merriam-Webster's Collegiate Dictionary)을 무료로 사용할 수 있게 해주며, 수수료를 내면 완전판(unabridged)도 사용할 수 있습니다(unabridged.merriam-webster.com).

딕셔너리.com(www.dictionary.com): 한꺼번에 여러 개의 사전을 검색하는 영어 사전 사이트입니다.

### 연습 문제

다음 중 잘못된 내용은 무엇인가요?

- **a.** 인터넷에 있는 정보 사이트 중에서 사이트 전부를 보려면 돈을 내야 하는 것도 있다.
- **b.** 인터넷 검색 사이트는 수많은 링크를 보여줄 수 있지만, 필요한 내용을 포함하고 있는 사이트를 꼭 보여준다고 할 수는 없다.
- **d.** 인터넷 검색 사이트 말고도 인터넷에서 정보를 찾아볼 방법이 있다.
- **d.** 통계치를 조사해볼 수 있는 유일한 장소는 인터넷이다.

### 해답

정답은 **d**입니다. 통계치는 인터넷뿐만이 아니라 도서관에서 찾아볼 수도 있으며, 다른 장소에서 다른 방법으로도 찾아볼 수 있습니다. 정부기관이나 단체의 사무실에 전화하거나 편지를 보내 물어볼 수도 있고, 아니면 신문이나 뉴스에서 찾아볼 수도 있습니다.

## 7.2 양질의 자료 검색에 방해되는 것

정확하고 적절한 정보를 찾는 데 방해가 되는 것은 무엇일까요? 아마 가장 포괄적인 이유는 제대로 연구가 되지 않은 자료나 심지어 거짓 정보가 포함된 자료의 확산일 것입니다. 인터넷에서는 마치 사실인 것처럼 포장된 허구와 자기 멋대로 써놓은 글을 흔히 볼 수 있는데, 문제는 이런 자료가 타당하고 진짜인 것처럼 보일 수 있다는 것입니다. 왜냐하면, 이런 질 낮은 정보, 거짓 정보를 포함하고 있는 사이트도 정확한 내용만을 담고 있는 사이트와 나란히 존재하기 때문입니다. 특히 검색어와 관련된 정보를 모두 보여주는 검색 사이트의 검색 결과에서 이 두 가지를 분간하는 것은 쉽지 않습니다. 아마 컴퓨터나 스마트폰을 이용해 소위 말하는 '맛집'을 검색해 방문해본 사람이라면 식당 방문 후기와 같이 간단한 것에서도 거짓 정보와 올바른 정보를 분간하는 것이 여간 어려운 일이 아니라는 것을 알 것입니다. 자기 식당을 홍보하기 위해 거짓으로 리뷰를 쓰는 행위가 난무하지만, 어느 의견이 솔직한 것이고 어느 의견이 조작된 것인지 구분하기는 쉽지 않습니다.

엉터리 정보를 피할 수 있는 가장 좋은 방법은 바로 의심을 하는 것입니다. 인터넷에서 찾은 내용은 적어도 3개 이상의 다른 사이트에서 같은 내용을 찾아 상호 검증할 수 있을 때까지는 진실이라고 추정하지 마세요. 물론 조작된 정보를 퍼뜨리기 위해 이름만 다른 웹사이트나 블로그를 여러 개 만들어 같은 정보를 조금씩 바꿔 올리는 경우도 있으므로 이런 경우도 맹신해서는 안 됩니다. 특히 식당이나 제품의 평가, 연예인이나 정치인, 단체의 평판에 대해 여론을 호도하려고 할 때 이러한 행위가 자주 이루어지니 이런 정보를 찾고 있을 때는 더욱 비판적으로 정보를 받아들여야 합니다. 정보의 질을 평가하는 방법에 대해서는 다음 레슨인 레슨 8에서 자세히 다루어 보겠습니다.

**생각해보기**

여러분 주변의 어떤 사람이 특정한 생각을 하고 있다면, 그 사람과 비슷한 직업을 가지고 있는 다른 사람은 어떻게 생각하는지 비교해보세요. 그 사람의 생각이 비슷한 직종의 사람들이 주로 하는 생각과 다르다면, 그 사람의 생각을 좀 더 비판적으로 받아들여야 할 수도 있습니다.

## 연습 문제

은퇴한 후에 도시 외곽에서 한적한 생활을 꿈꾸고 있는 당신은 교외에 예전부터 눈여겨본 자리에 전원주택을 지으려 합니다. 그래서 이 집을 설계하던 중 난방을 어떻게 해야 할지를 결정해야 하는데, 시공업자는 도시가스, LPG, 기름, 전기, 펠렛, 지열 등을 사용할 수 있다고 합니다. 당신은 비용이 가장 적게 드는 난방을 선택하고 싶어 인터넷을 검색해 다음과 같은 웹사이트 다섯 개를 찾았습니다. 이 중에서 어느 웹사이트가 만족할 만한 결정을 내리는 데 필요한 정보를 제공해 줄 수 있을까요?

**a.** 환경단체의 난방비 절감 블로그
**b.** 에너지관리공단 정보교류센터(에너지 절약 기술에 대해 누구나 정보를 공유할 수 있는 사이트)
**c.** 새로운 난방 기술을 홍보하는 업체의 사이트
**d.** 가정용 전기 난방 기구를 판매하는 사이트의 제품 비교 페이지
**e.** 한 공과대학의 교수와 대학원생들이 운영하는 난방 기술 교육 사이트

### 해답

아마 **b**와 **e**가 가장 정확하고 객관적인 정보를 포함하고 있을 것입니다. 환경단체는 난방의 종류에 따른 환경 오염 같은 요인에 더 민감할 가능성이 크기 때문에, 비용을 제일 우선시한다면 이런 곳에서 운영하는 사이트의 정보는 더 비판적으로 받아들여야 합니다. 새로운 난방 기술을 홍보하는 업체나 전기 난방 기구 판매 업체와 같이 특정 선택에 이윤이 걸려 있는 사람들이 운영하는 사이트도 합리적인 결정을 내리는 데 큰 도움이 되지 못할 가능성이 큽니다. 그에 반해 에너지관리공단과 같이 에너지 소비에만 집중하는 단체에서 제공하는 정보나 대학에서 비영리적이고 교육을 목적으로 운영하는 사이트에서 제공하는 정보는 한쪽에 치우쳐져 있지 않을 가능성이 큽니다. 그래서 이런 사이트들은 올바른 정보를 제공해 당신이 원하는 기준(비용)에 맞는 결정을 내리는 데 도움을 줄 것입니다.

## 7.3 도서관 (인쇄물)

요즘 젊은 사람들은 세상의 모든 정보가 인터넷에 있을 것이라고 믿을지도 모르겠지만, 사실 인류의 지식, 특히 누군가가 공을 들여 글로 정리한 지식은 모두 인터넷에 올라와 있지 않습니다. 그래서 도서관은 시간을 들여 방문해 정보를 탐색하기 좋은 장소인데, 그 이유 다섯 가지에 대해 알아보겠습니다.

1. 도서관 사서. 도서관 사서는 문헌 및 정보에 대해 교육을 받은 전문가로서 여러분이 필요한 정보가 무엇이고 이를 어디서 찾을 수 있는지에 대해 도움을 줄 수 있는 사람입니다. 대부분 문헌정보학(library and information

science)을 전공하고 관련 자격증을 보유하고 있어 정보탐색에 익숙하지 않은 사람들에게 큰 도움을 줄 수 있습니다. 또한, 도서관 내의 정보뿐만 아니라 인터넷에서 자료를 찾는 일에도 일가견이 있으므로 도서관을 방문하면 도서관 소장 자료 검색뿐만이 아니라 도서관에 있는 컴퓨터를 이용해서 인터넷 검색을 할 때도 도움을 받을 수 있습니다.

2. **인터넷에서 검색할 수 없는 인쇄물.** 셀 수도 없이 많은 서적과 기타 인쇄물은 아직 인터넷에 스캔되어 올라와 있지 않습니다. 많은 업체와 도서관이 누구나 쉽게 정보탐색을 할 수 있도록 책과 잡지 등을 스캔하는 작업을 하고 있지만, 아직은 갈 길이 멀어 보입니다. 또한, 출판업계의 이해관계와 저작권 같은 문제 때문에 많은 책을 합법적으로 인터넷에서 찾아 읽을 수 없습니다. 지금 여러분이 읽고 있는 이 책도 도서관과 서점에만 존재할 뿐 인터넷에서 찾아 읽을 수 없는 것처럼 말이지요.

3. **정보의 신뢰성.** 앞에서 설명한 대로 인터넷에 있는 모든 정보가 정확하지는 않습니다. 웹사이트를 만들고 운영하는 데 들어가는 비용이 상대적으로 낮아 온라인에서는 누구나 글을 쓰고 '출판'할 수 있으며(특히 인터넷 커뮤니티의 게시판 같은 곳에는 시간만 있다면 누구나 글을 쓸 수 있지요), 신뢰할 수 있는 웹사이트와 그렇지 않은 웹사이트를 구별하기도 쉽지 않습니다. 거짓 정보를 싣고 있는 많은 사이트도 겉모습은 전문적으로 보이는 반면에, 유용하고 올바른 정보만을 담고 있는 사이트는 겉모습은 부실해 보이는 경우도 많습니다(웹사이트를 평가하는 방법에 대해서는 레슨 8에서 알아보겠습니다). 반면에 서적과 간행물은 교정 및 출판, 유통 등에 들어가는 비용이 상대적으로 크기 때문에 출판되어 서점에서 팔리기까지 여러 겹의 '안전망'을 통과하며, 특히 도서관에서 소장하고 있는 출판물이라면 도서관에서 시간과 비용을 들여 책을 알아보고 구매한 것이기 때문에 더 신뢰할 수 있습니다.

4. **아주 오래되지 않았거나 최신 자료가 아닌 것을 찾을 때.** 인터넷은 아주 오래되었거나 최신 자료를 찾아볼 때는 매우 유용합니다. 예를 들어, 마그나 카르타(Magna Carta)나 조선 시대의 법령, 혹은 최신 법 개정안 같은 것은 손쉽게 찾아볼 수 있습니다. 하지만 그 중간에 있었던 일에 대한 자료는 생각보다 찾기가 힘들고 그 정확성도 믿기 어려운 경우가 많습니다. 조선 시대

의 토지법이나 최근의 부동산 관련 법 개정령과 비교해 70~80년대의 부동산 관련 법에 대해서는 인터넷에서 검색하기 쉽지 않을 것입니다. 하지만 도서관에서는 이런 자료를 쉽게 찾아볼 수 있습니다.

5. 비용. 도서관을 이용하는 것은 무료입니다. 여기에는 도서관의 전자 서비스를 사용하는 것도 포함됩니다. 하지만 인터넷은 항상 무료가 아닙니다. 특히 유용한 정보를 포함하고 있는 사이트의 경우 일부 정보만 무료로 제공하고 나머지는 유료로 제공하는 경우가 많습니다. 해외 언론사의 경우 온라인으로 기사를 보려면 유료 회원 가입을 해야 하는 곳이 많고, 요즘은 국내 신문사 중에서도 유료 서비스를 시작하는 곳이 생겼습니다. 잡지와 전자책, 학술 논문 등은 대부분 유료로만 볼 수 있습니다. 하지만 도서관에서는 인쇄된 신문, 잡지, 학술 논문 등을 무료로 자유롭게 볼 수 있으며, 온라인 유료 서비스도 도서관이 이미 비용을 냈기 때문에 도서관 사용자가 무료로 사용할 수 있습니다. 물론 모든 도서관이 모든 인터넷 유료 서비스를 갖춰놓은 것은 아니지만, 집에서 자료를 검색할 때보다 도서관에서 자료를 검색할 때 훨씬 많은 자료를 무료로 접근할 수 있습니다.

## 연습 문제

인터넷보다 도서관에서 찾을 확률이 더 높은 다섯 가지 종류의 자료를 아래에 적어 보세요.

1. ______________________________
2. ______________________________
3. ______________________________
4. ______________________________
5. ______________________________

## 해답

지금까지 도서관에 대해 알아본 내용을 바탕으로 했을 때, 도서관에서 찾을 확률이 더 높은 자료는 다음과 같습니다. 지역 신문이나 지역 정기 간행물의 지난 호, 인터넷에서 유료로 봐야 하는 사전과 백과사전, 학술 논문, 전문 서적과 희귀 서적, 그리고 인터넷에서 찾기 어려운 몇십 년 전의 너무 크지 않았던 사건이나 인물, 현상 등에 대한 자료(책, 신문, 잡지 기사) 등이 있습니다.

## 7.4 전문가

당연한 이야기지만, 우리가 필요한 지식을 항상 웹사이트나 도서관에서 찾는 것은 아닙니다. 어떤 최신 사건에 대한 의견같이 아직 제대로 글로 쓰이거나 출판되지 않은 것도 있고, 주택담보대출(모기지론) 이자율같이 계속 변하는 것도 있으며, 충분히 알아보기에는 여러분의 시간이나 역량이 부족한 정보도 있습니다. 이럴 때는 여러분이 찾고 있는 정보를 가지고 있는 사람을 찾아가야 합니다.

전문가는 자신의 분야에 대해 잘 알고 있으며 올바른 정보만을 전달할 것이라고 믿을 수 있는 사람입니다. 전문가는 자신의 전문 분야에 대해 오랫동안 공부나 일을 했기 때문에 해당 분야를 안팎으로 매우 잘 알고 있습니다. 그리고 전문가에게서 정보를 얻는 것이 그다지 어렵지도 않습니다. 전화번호를 찾아 전화하거나 이메일 주소를 알아내 이메일을 쓸 수도 있습니다. 단지 누가 전문가인지 알아내 연락을 하면 됩니다. 누가 전문가인지를 알아내려면 사람들에게 물어보거나 도서관이나 인터넷을 활용할 수도 있습니다. 이름과 연락처를 확보하였으면 공손하게 부탁할 준비만 하면 됩니다.

신뢰할 수 있는 전문가의 가장 큰 장점은 정확한 정보를 빠르게 얻을 수 있다는 것입니다. 인터넷과 도서관에서 여러 자료를 검색해보고 어느 자료가 신뢰할 만한지를 판단하는 것은 많은 시간과 노력이 들지만, 믿을 만한 전문가를 알고 있다면 손쉽고 빠르게 원하는 정보를 얻을 수 있습니다. 예를 들어, 주택담보대출 이자율에 대해 알아내려면 거래하는 은행 직원에게 전화를 걸어 물어보는 것이 가장 빠를 것입니다. 또한, 은행 직원은 주택담보대출과 관련된 추가 정보나 주의사항 같은 것에 대해서도 얘기해줄 것입니다. 또 다른 예를 들어보자면, 특정 지역에서 집을 사거나 팔려고 할 때 주의할 점, 그리고 집값의 변동 추세와 미래 시세에 대한 예측 같은 것을 알아내려면 근처 부동산에 가 보면 가장 빠르게 가장 정확한 정보를 얻을 수 있을 것입니다. 굳이 인터넷과 도서관에서 시간을 보낼 필요 없이 말이죠.

**생각해보기**

자신이 모든 해답을 가지고 있지도 않으며 혼자 노력한다고 해서 가질 수도 없다는 것을 깨닫는 것이 첫 번째입니다. 그 뒤에는 누구에게 무엇을 어떻게 물어볼지를 결정하기만 하면 됩니다.

## 전문가의 자격 확인하기

전문가로부터 정보를 얻을 때도 주의해야 할 점이 있습니다. 소위 '전문가'라고 불리는 사람이 정말로 신뢰할 만한 전문가인지, 즉 전문가로 인정될 만한 자격이 있는지를 여러분 스스로 확인하기 전까지는 그 사람이 말한 내용을 다 믿으면 안 됩니다. 그 사람은 어디서 정보를 얻고 있으며 어떤 자료에 의존하고 있는가요? 그 사람은 여러분이 필요한 정보를 제공할 수 있는 어떤 자격이 있는가요? 한 예를 들어봅시다. 현아는 작년에 새로 당선된 시장이 큰 예산을 들여 만든 교외의 공원을 얼마나 많은 사람이 이용했는지 확인하려 합니다. 새 시장은 연간 방문객이 10만 명이 넘을 거라고 호언장담하며 막대한 시의 예산을 끌어다 썼는데, 현아는 공원 건설이 정말로 세금을 효율적으로 사용한 것인지 확인하고 싶었던 것입니다. 그래서 시청의 공원관리과에 전화를 해 지난 1년간 공원 방문객의 숫자에 대해 물어보았습니다. 현아가 원하는 정보와 관련된 전문가는 공원을 관리하고 운영하는 사람들일 테니까요. 전화를 받은 직원은 잠시 기다려 달라고 하더니 이내 사용자 숫자를 알려주었습니다. 현아는 이 수치를 있는 그대로 믿어야 할까요? 아닙니다. 현아는 이 직원이 왜 이 수치가 공원 방문객의 수치라고 생각하는지, 그리고 이 수치가 어디에서 나온 것인지를 꼭 물어보아야 합니다. 직원이 말해준 방문객 수가 실측치인지 아니면 예상치인지, 그리고 실측치라면 어떻게 측정되었는지를 알아야 이 직원의 말을 믿을 수 있습니다.

## 연습 문제

쌍식은 아이들에게 재활용의 중요성을 가르치고 싶어합니다. 그는 아이들에게 종이와 플라스틱, 캔과 유리병을 현관 옆에 있는 재활용 통에 넣으라고 자주 말했습니다. 그러던 어느 날 막내딸이 물었습니다. "이걸 재활용해서 뭘 해요?" 생각해보니 쌍식은 자신도 어떻게 재활용이 이루어지는지에 대해 잘 알지 못해 딸에게 대답할 수 없었습니다. 그래서 어떻게 재활용이 이루어지는지를 같이 알아보자고 말했습니다. 쌍식과 막내딸이 필요로 하는 정보를 얻을 수 있는 최고의 방법은 무엇일까요?

**a.** 시청에 편지를 써서 묻는다.
**b.** 지역 신문에 재활용에 대한 내용이 있는지 찾아본다.
**c.** 지역의 재활용 센터에 전화하거나 방문해본다.
**d.** 환경부 웹사이트에 들어가 본다.

### 해답

일반적인 정답은 **c**입니다. 재활용 센터에서 일하는 사람들이 재활용이 이루어지는 구체적인 과정에 대해 가장 잘 알고 있고, 또 가장 좋은 답변을 할 수 있을 것입니다. 시청이 재활용을 관장할 수는 있어도 시청 직원들이 재활용이 이루어지는 구체적인 과정에 대해서는 알지 못할 가능성이 큽니다. 지역 신문이나 환경부 사이트에도 어느 정도의 정보가 있겠지만, 개략적인 내용만 소개되어 있을 가능성이 크고 정보를 탐색하는 데 많은 시간이 필요할 것입니다.

## 7.5 레슨 요약

우리가 내린 결정이 얼마나 훌륭한 것인지는 이를 내리는 데 사용한 정보의 질에 달려 있습니다. 어떨 때는 이미 우리가 알고 있는 정보만을 고려하면 됩니다. 하지만 다른 때는 부족한 정보를 습득하기 위해 조사와 연구를 해야 합니다. 이때 우리가 사용할 수 있는 자료는 인터넷과 도서관, 그리고 다른 사람(전문가)의 머릿속에 있습니다. 각각의 자료를 언제 어떻게 사용할지를 안다면 잘 모르는 상태에서 불확실한 결정을 내릴 필요가 줄어들 것이고, 여러분이 내린 결정을 더 신뢰하고 자신감 있게 실천할 수 있습니다.

### 다음 레슨까지 연습해볼 것

- 이 책에서 소개한 인터넷 검색 엔진을 모두 사용해보셨나요? 그게 아니라면 자주 쓰던 검색 엔진과 많이 써보지 않았던 검색 엔진을 비교해보세요. 같은 검색어를 입력해 어떤 결과가 나오는지 비교해보세요. 특히 국내 검색 엔진에만 익숙하다면 구글(www.google.com)과 빙(www.bing.com)과 같은 해외 검색 엔진도 사용해보세요. 그리고 검색 창에 검색 엔진이라고 검색해 다른 검색 엔진에는 무엇이 있는지 한번 찾아보세요.
- 다음에 병원에 갈 일이 있을 때, 의사에게 평소 사람의 몸이나 건강에 대해 궁금했던 점을 물어보세요. 그리고 같은 내용을 인터넷에서 한번 검색해 비교해보세요.

LESSON

# 8 사실을 확인하기

사실을 알고 있지 않으면 사실에게 한 방 먹을 것이다. 그리고 사실을 알 때 엉터리로 알고 있으면 사실이 당신을 엉터리로 만들 것이다.
Get the facts, or the facts will get you. And when you get them, get them right, or they will get you wrong.

토마스 풀러(Thomas Fuller, 1654~1734)
영국의 의사, 작가

## 이번 레슨에서 공부할 내용

사실과 의견의 차이는 무엇일까요? 어떤 사람의 의견은 명백한 사실만큼 의미가 있을까요? 이번 레슨에서는 사실과 의견의 차이에 대해, 그리고 정확하고 객관적인 정보와 허위이거나 편파적인 정보를 구분하는 방법에 대해 공부해보겠습니다.

많은 사람은 신문을 사실적인 정보를 얻을 수 있는 믿을 만한 자료라고 생각합니다. 하지만 지하철역이나 길거리에 있는 간이매점에 전시된 스포츠 신문을 보신 적 있나요? 아마 연예인에 대한 터무니 없는 소문이나 매우 자극적인 성적·폭력적인 내용이 1면을 가득 채운 신문을 보신 적이 있을 것입니다. 외국에 가보면 슈퍼마켓 계산대 앞 진열대에 연예인, 정치인에 대한 루머뿐만이 아니라 지구의 종말에 대한 내용이나 외계인에게 유괴된 사람들의 이야기가 대문짝만하게 표지를 장식하고 있는 신문과 잡지를 어렵지 않게 볼 수 있습니다. 옐로 저널리즘(yellow journalism), 타블로이드 저널리즘(tabloid journalism), 아니면 속된말로 '찌라시'라고 불리는 선정적이고 자극적인 흥미만을 추구하는 이런 종류의 신문은 사실 오락에 더 가깝습니다. 그리고 우리 대부분은 이런 종류의 신문이 믿을 만하지 못하다는 것도 잘 알고 있습니다.

하지만 정보의 정확성과 객관성을 판단하는 행위는 진실만을 보도하려 노력하는 언론과 선정적인 추측만을 일삼는 언론을 구별하는 것보다 훨씬 더 어렵습니다. 왜냐하면, 의사결정을 내리기 위해 어떤 정보에 의존할 때, 이 정보가 정말로 믿을 만하고 공정한지, 아니면 그렇게 보이기만 한 것인지의 미세한 차이를 구별할 수 있는 비판적인 시각을 갖추어야 하기 때문입니다. 지난 레슨에서는 자료를 검색하는 방법이라는 중요한 주제에 대해 공부해보았는데, 이번 레슨에서는 검색한 자료의 신뢰성을 검증하는 방법이라는 더 중요한 주제에 대해 공부해보겠습니다.

## 8.1 사실 대 의견

사실이란 실제로 있었던 사건이나 현상으로서, 사실에 대한 진술은 진실하다는 것이 증명될 수 있어야 합니다. 예를 들어, "하와이는 1959년에 미국의 주가 되었다"라는 진술을 봅시다. 이 진술이 사실인 이유는 이 진술이 진실하다는 것은 하와이가 그 해에 미국에 주로서 편입되었다는 것을 확인해보아 간단히 증명되었기 때문입니다. 반면에 의견이란 개인적인 생각과 신념에 따른 주관적인 진술입니다. 그래서 의견은 모든 사람에게 진실하지 않을 수도 있습니다. 예를 들어, "하와이는 미국에서 가장 아름다운 주이다"라는 진술을 봅시다. 이 진술에는 '아름다운'이란 주관적인 단어가 사용되었을뿐더러 이 진술의 내용에 모든 사람이 동의하지 않을 수도 있습니다. 그래서 이 진술은 개인적 신념에 근거한 의견이라고 할 수 있습니다.

### 연습 문제

아래의 진술이 사실인지 의견인지 판단해보세요.

1. 신사임당은 우리나라 역사상 가장 중요한 여성이다.
2. 지구의 중력은 지구 가까이에 있는 모든 것을 지구의 중심으로 잡아당긴다.

3. 미국의 헌법은 1787년 9월 17일에 제정되었다.
4. 4년제 대학을 3년 만에 졸업하려고 하는 것이 좋은 생각만은 아니다.
5. 이명박은 대한민국의 17대 대통령이다.

### 해답

1. 의견
2. 사실
3. 사실
4. 의견
5. 사실

**생각해보기**

사실에 대한 진술은 항상 진실인지 확인될 수 있어야 합니다. 그리고 의견은 사실에 근거하더라도 사실에 대한 개인의 해석에 불과합니다. 다른 사람, 특히 전문가가 자신의 의견을 사실인 것처럼 진술하고 있지는 않은지 항상 염두에 두세요.

## 8.2 출처의 신뢰성을 감정하기

너무나 뻔하고 당연하다고 생각하겠지만, 여러분에게 정보를 제공하는 사람이 항상 진실만을 말하지는 않습니다. 인터넷의 한 블로그에서 어떤 사람이 외계인에게 유괴된 경험이 있다는 글을 아무리 자세히 쓰더라도 그것을 심각하게 받아들이는 사람은 거의 없을 것입니다. 하지만 한 방송사의 시사 프로그램이나 다큐멘터리 프로그램에서 같은 내용을 방송한다면 어떨까요? 공중파 채널에서 제대로 만들어진 것 같은 세트에 유명한 방송인이 해설자로 나와서 심각한 목소리로 이 내용에 대해 방송한다면, 웬만한 경우라면 믿지 않을 내용도 심각하게 고려하거나 덜컥 믿어버리지는 않을까요? 2008년에 미국 쇠고기 수입 협상의 문제점과 이로 인한 광우병의 위험성을 주장한 MBC의 유명 시사 프로그램 PD수첩의 경우를 한번 생각해보세요.

PD수첩의 제작진에 대해서 검찰 수사가 이루어져 전국을 떠들썩하게 했던 이 사건에서 대법원은 제작진에게 무죄 판결을 내렸지만, 앉은뱅이 소와 인간광우병에 대한 오/의역 보도, 그리고 한국인은 인간광우병 발병 가능성이 매우 크다는 보도가 허위라고 판단 내리고, 특히 두 번째 사안에 대해서는 정정 보도를 하라고 판결했습니다. 검찰의 수사와 대법원의 판결 없이 방송 내용만을 봤을 때, 그 내용을 믿어버리지 않는 사람이 얼마나 될까요?

정보의 신뢰 여부를 판단하기 위해서는 그 정보를 전파하고 있는 사람이나 단체의 의도가 무엇인지 생각해보아야 합니다. 이들이 단순히 사실을 전달하고 있는 것인지, 아니면 여러분의 생각을 바꾸거나 무엇을 믿게 하려는 것인지 따져보아야 합니다. 물론 여기에 대한 명쾌한 해답을 얻는 것은 결코 쉬운 일이 아닙니다. 하지만 다음과 같은 질문을 스스로 던져봄으로써 여러분이 정보를 전달받은 상황을 더 잘 이해하고, 이를 바탕으로 정보의 신뢰성을 감정할 수 있습니다.

- **해당 주제에 대해 어떤 자격을 갖추고 있는가?** 여러분에게 정보를 전달하고 있는 사람이 해당 주제와 관련해 어떤 배경이 있고 어떤 교육을 받았나요? 와인 품종의 특징이나 매장별 판매 가격같이 어떤 주제는 취미로 하는 사람이나 자칭 전문가 같은 사람에게 얻은 정보도 어느 정도 믿을 만합니다. 다른 출처에서 교차 확인이 가능하다면 더욱 믿을 수 있을 것입니다. 하지만 대부분의 사실과 관련된 정보는 평판이 좋은 출처에서 습득하여야 합니다. 와인을 좋아하는 사람이 운영하는 블로그를 돌아다니며 특정 와인이나 특정 지역의 와인에 대해 알아내는 것보다, 와인 스펙테이터(Wine Spectator) 같이 수십 년 동안 와인과 관련된 정보를 출판해온 잡지에서 정보를 습득하는 것이 더 양질의 정보를 습득하는 데 도움이 됩니다.
- **자료의 출처를 명확히 표시하고 있는가?** 여러분이 전달받은 정보에 명시된 사실이나 수치, 통계치는 어디서 온 것인가요? 누군가가 여러분에게 "남한의 인구는 약 5,140만 명이고 북한의 인구는 약 2,516만 명이어서 남한의 인구가 북한 인구의 2배가 넘는다"라고 말한다면, 여기에 나온 수치가 정확한지 어떻게 알 수 있을까요? 인쇄물은 각주나 참고문헌에 자료의 출처가 표시되어 있어야 합니다. 인터넷에서도 비슷한 방식으로 참고자료의 출처에 대한 표기가 되어 있어야 하고, 원출처에 대한 링크가 있으면 더욱 신뢰할 수 있습

니다. 방금 이야기한 남한과 북한 인구의 경우, '남한 인구는 행정자치부의 2015년 4월 주민등록 인구통계 수치이고, 북한 인구는 유엔사무국 경제사회국(UN Department of Economic and Social Affairs) 웹사이트에 나와 있는 2015년 예측이다'라고 명시하고, 이를 여러분 스스로 확인할 수 있을 때, 이 자료를 진정으로 신뢰할 수 있습니다. (행정자치부의 통계는 http://rcps.egov.go.kr:8081/ 에서, 유엔의 인구 예측은 http://esa.un.org/Wpp/unpp/panel_population.htm('Population'과 'Democratic People's Republic of Korea'를 선택)에서 확인할 수 있습니다.)

- **출처가 평판이 좋고 균형 잡혀 있는가?** 자료의 출처가 명시되어 있더라도 그 출처가 믿을 수 없는 것이라면 아무런 의미가 없습니다. 출처 모두를 직접 확인할 수 있으면 가장 좋겠지만, 그것이 현실적으로 어렵다면 적어도 몇몇 개의 출처는 꼭 직접 확인해보고 그 출처들이 편파적이지 않고 신뢰할 만한지 검토해보세요. 예를 들어, 국토 개발이 환경에 미치는 영향에 대한 신문 기사 중에서 일부 급진적인 환경단체가 제공하는 자료만 싣고 있는 기사는 환경단체뿐만이 아니라 여러 대학의 연구 결과와 정부의 견해 등을 모두 싣고 있는 기사보다 덜 믿을 만할 것입니다.
- **출처에 대해 다른 사람은 어떻게 생각하고 있는가?** 다른 사람의 생각을 확인해보는 가장 빠른 방법은 그 출처를 인터넷에서 검색해보고 검색 결과를 비판적인 시각으로 검토해보는 것입니다. 만약 논란거리가 될 만한 생각이나 자료를 가지고 있는 사람이나 집단에 대해 검색한다면 이들을 비난하고 비방하는 내용도 쉽게 발견할 수 있을 것입니다. 익명성이 보장되는 인터넷에서 이런 내용이 어느 정도 있는 것은 당연하겠지만, 부정적인 내용이 넘쳐난다면 그 사람이나 단체를 신뢰할 때 더 주의를 기울여야 합니다. 그리고 당연한 이야기지만, 사람은 비슷한 사람끼리 뭉치려는 경향이 있고, 이러한 현상은 인터넷에서도 마찬가지입니다. 특정 사이트에는 특정한 시각이나 의견을 가지고 있는 사람들이 많이 모여 있을 수 있어서 한곳에서만 사람들의 의견을 수렴한다면 실제로 모든 사람의 의견의 평균과 큰 차이가 있을 수도 있습니다. 또한, 우리나라 사람 모두가 인터넷을 사용하는 것은 아니며 특정 연령대의 사람들이 더 많이 사용하기 때문에 이 점도 염두에 두어야 다른 사람의 의견을 올바르게 수렴할 수 있습니다.

## 연습 문제

준권은 사회과학연구방법론 수업의 기말 과제로 연구 논문 한 편을 써야 합니다. 그는 국방비 지출과 그 효용성에 대해 논문을 쓰려고 하며 인터넷을 검색해 다음과 같은 출처를 찾았습니다. 다음 중 어느 출처가 이 주제에 대해 가장 객관적인 정보를 제공할까요?

**a.** 국회예산정책처
**b.** 국방과학연구소
**c.** 방위사업청
**d.** 평화와 통일을 여는 사람들(시민단체)

## 해답

국회예산정책처(**a**)가 객관적이고 깊이 있는 정보를 얻을 수 있는 장소일 것입니다. 국회예산정책처는 국방비를 포함한 예산을 연구분석 및 평가하는 기관입니다. 국방과학연구소(b)와 방위사업청(c)도 국방비 지출과 관련이 있는 단체이긴 하지만, 국방비 전체에 대한 세부적인 내용이나 통찰력 있는 내용을 얻기에는 무리가 있고, 국방 예산을 사용하는 단체로서 국방비 지출의 효용성에 다소 우호적일 수도 있습니다. 그에 반해 평화와 통일을 여는 사람들(d)이라는 시민단체는 국방비 삭감을 요구하는 단체로서 국방비 지출에 대해 공정한 시각을 가지고 있다고 보기 어렵습니다.

## 편향성을 알아보기

우리는 대부분 사실적인 정보를 전달하는 사람은 객관적이며 편향성이 없다고 여깁니다. 우리는 신문 기사나 뉴스가 사실만을 객관적으로 전달할 것이라고 기대하며, 기자의 사견이 보도 내용에 영향을 미치지 않으리라고 생각합니다. 하지만 기자도 사람인지라 자신만의 의견이 있기 마련이고, 때로는 이런 의견이 너무 강해서 자신도 모르는 사이에 보도 내용에 투영되기도 합니다. 어떤 언론사나 기자는 의도적으로 의견을 사실인 양 포장하기도 하며, 이러한 행동은 비슷한 의견을 가지고 있는 독자나 시청자의 공감, 혹은 언론사 임직원이나 정계·재계 사람들의 후원을 받음으로써 강화됩니다. 많은 사람이 언론사는 공평해야 한다고 생각하지만, 실제로는 언론사와 기자 대부분이 어느 정도 정치색을 띠고 있는 것도 이런 이유 때문일 것입니다. 언론사 대부분은 자신은 중립적이고 공평하다고 주장하지만, 조금만 언론계 현황에 대해 알고 있으면 어느 언론사가 좀 더 '좌파적'이고 어느 언론사가 좀 더 '우파적'인지 쉽게 알 수 있습니다. 또한, 우리는 언론사가 내보내는 기사나 뉴스에서 어떤 단어가 사용되고, 어떤 사진이나 장면이 보도되며, 기자의 몸짓이나 말투 따위가 어떠한지를 바탕으로 기자나 언론사의 성향(편향성)을 추측해볼 수 있습니다.

공정한 눈으로 세상에서 일어나는 일을 바라보고 객관적인 사실만을 받아들이는 비판적 사고력의 소유자가 되려면, 항상 여러 언론사를 확인하세요. 같은 사건에 대해 각각의 언론사가 어떤 내용을 어떤 방식으로 보도하고 있는지를 비교하세요. 또 각각의 언론사가 어떤 사건을 집중적으로 보도하는지, 아니면 어떤 사건을 거의 보도하지 않는지도 알아보세요. 충분히 확인되지 않은 사안을 의혹이라는 단어 아래에 너무 자주, 혹은 크게 보도하고 있지는 않나요? 아직 일어나지 않은 사건에 대해 너무 많이 가정하지는 않던가요? 언론사의 소유주나 소유 단체가 누구인지, 그로 인해서 어떤 편향성이 있을 수도 있는지 생각해보세요. 마지막으로 신문 구석이나 뉴스 끝에 짤막하게 나오는 정정보도도 눈여겨보세요.

## 8.3 인터넷 정보 감정하기

레슨 7에서 알아보았던 것처럼 누구나 인터넷에 글을 쓸 수 있습니다. 웹사이트를 만들고 운영하는 데는 돈이나 기술이 별로 필요하지 않기 때문에 어떤 사이트가 존재한다는 것 자체나 그 사이트의 외관만을 보고 그 사이트가 의미 있는 정보를 담고 있다고 말할 수는 없습니다. 각종 블로그는 아무런 비용과 기술 없이 만들 수 있으며, 웹사이트를 통째로 만들어 운영하는 것도 직접 하든 업체에 위탁하든 그렇게 큰 비용이 들지 않습니다. 물론 인터넷은 매우 중요한 정보의 보고이지만, 인터넷에서 보는 모든 것이 진실하고 중립적이라고 가정해서는 안 됩니다. 그래서 이번에는 인터넷에서 진짜 정보와 가짜 정보를 구별하는 방법에 대해 알아보겠습니다.

## 누가 썼는가?

인터넷에 있는 정보가 진실하고 공정한지 판단하는 방법의 첫 단계는 정보를 만들어낸 사람이나 집단의 권위를 평가해보는 것입니다. 다음과 같은 세 가지의 질문을 해보세요.

1. **"이 내용을 쓴 사람은 누구인가? 이 내용의 정확성을 책임지는 사람은 누구인가?"** 글쓴이의 이메일 주소뿐만이 아니라 이름과 주소, 전화번호 등도 찾아보세요. 글쓴이는 개인일 수도 있고 단체일 수도 있습니다. 만약 누가 이 글을 작성했는지 정확하게 나와 있지 않다면 어떻게 이 정보를 믿을 수 있을까요? 그리고 글쓴이나 웹사이트 운영자가 웹사이트에 게시된 내용에 대해 책임을 지고 왜 이 사이트가 존재하는지를 설명하던가요? 만약 그렇지 않다면 그 사이트의 권위를 판단할 수 없습니다.
2. **"이 웹사이트를 책임지고 있는 사람이나 집단은 어떤 자격을 가지고 있는가?"** (이 레슨의 앞부분에 있는 '출처의 신뢰성을 감정하기' 부분을 참고하세요). 인터넷에는 수많은 사람이 각종 블로그와 페이스북, 트위터에 매일같이 글을 쓰고 있지만, 자신이 다루고 있는 주제에 대해 아는 것이 전혀 없을 수도 있습니다.
3. **"내가 이 사람이나 집단의 정당성을 입증할 수 있는가?"** 온라인에 글을 쓰는 사람 중 널리 알려진 사람이나 알려진 집단에 소속된 사람이라면 상대적으로 그 사람의 정당성을 확인하는 것이 그렇게 어렵지 않습니다. 물론 잘 알려진 사람이더라도 인터넷상의 유명세를 이용하려는 사람이 아닌지 눈여겨보아야겠지요. 만약에 저자의 이메일 주소가 있다면 직접 연락해 어떤 자격이 있는지를 물어볼 수도 있습니다.

## 웹사이트 주소(URL)에 대해

- 회사나 기업처럼 물건을 팔거나 서비스를 제공하는(신문사 등도 포함) 웹사이트는 주로 .com으로 끝나며, 우리나라의 경우 국가 코드를 함께 사용해 .com을 .co로 줄이고 그 뒤에 국가 코드인 .kr을 붙여 .co.kr로 끝나는 경우가 많습니다. 'com'은 commercial의 줄임말로 '상업적인'이란 뜻입니다.
- 정부 기관, 군대, 그리고 고등교육기관(주로 대학)은 원래 미국을 기준으로 .gov, .mil, .edu가 쓰입니다. 'gov'는 정부를 뜻하는 government, 'mil'은 군대를 뜻하는 military, 그리고 'edu'는 교육을 뜻하는 education의 줄임말입니다. 하지만 이런 도메인은 미국에서만 쓰이며, 우리나라에서는 정부는 .go.kr, 군대는 .mil.kr, 대학은 .ac.kr('ac'는 학계를 뜻하는 academia의 줄임말)를 주로 사용합니다.
- 조직이나 단체를 뜻하는 organization을 줄여 쓰는 .org는 원래 비영리단체에 국한되었으나 지금은 영리추구 여부와 상관없이 여러 단체와 기관이 사용하고 있습니다. 우리나라에서는 .org와 더불어 .or.kr도 널리 쓰입니다.
- 마지막으로 개인적인 웹사이트가 있습니다. 이런 사이트는 신뢰성이 떨어지는 정보를 제공할 확률이 높아서 좀 더 주의를 기울여야 합니다. 개인적인 웹사이트는 개인이 처음부터 직접 만들어서 사용하는 경우, 온라인에 게재되는 정보에 거의 아무런 제약도 받지 않습니다. 개인 사이트를 운영하는 또 다른 방법은 바로 각종 블로그 서비스를 이용하는 것입니다. 이런 경우 블로그 서비스를 제공하는 업체로부터 통제받지만, 대부분 불법적인 내용만 통제하므로 정보의 정확성 여부는 거의 전적으로 사용자에게 달려 있습니다.
- 대표적인 국내 블로그 서비스로는 네이버 블로그(blog.naver.com/사용자이름)와 티스토리(사용자이름.tistory.com) 등이 있습니다. 그 이외에도 각종 포털과 웹사이트에서 제공하는 블로그 서비스는 매우 다양하며, 페이스북이나 트위터 같은 사이트의 계정을 블로그처럼 개인 웹페이지로 사용하는 경우도 많습니다. 그리고 공공기관이나 회사, 대학, 그리고 유명인이 공식적으로 위의 서비스를 사용해 자신을 온라인상에서 대표하는 경우도 많습니다. 또한, 각종 대학이나 기관에서 구성원에게 제공하는 웹사이트의 경우, 단체 웹사이트 주소 뒤에 슬래쉬(/)와 물결표(~), 그리고 사용자이름으로 구성된 경우가 많습니다(예: www.대학이름.ac.kr/~사용자이름). 이런 사이트는 단체의 웹사이트 운영 방침의 통제를 받으며 주로 아주 개인적인 용도보다는 공적인 용도로 단체를 대표하며 쓰이는 경우가 많아(대학 연구소, 동아리 등) 보통 개인 블로그보다 좀 더 신뢰할 수 있습니다.

## 연습 문제

다음 웹사이트 가운데 어느 것이 개인적인 웹사이트일 가능성이 클까요?

**a.** yooinone.tistory.com
**b.** www.nd.edu/~wshin1/
**c.** www.leeminsoo.co.kr
**d.** www.kemco.or.kr/iecenter/

## 해답

**a, b, c**가 개인적인 웹사이트일 가능성이 큽니다. a와 같이 블로그 사이트 주소(tistory.com) 앞에 사용자이름(yooinone)이 적혀 있으면 대부분 개인 사이트이며, 슬래쉬(/) 뒤에 물결표(~)와 사용자이름(wshin1)이 적혀 있는 경우도 마찬가지입니다. 다만 후자의 경우 대학 웹사이트(www.nd.edu) 산하 개인이 관리하는 웹페이지이기 때문에 신변잡기보다는 연구 소개와 같이 대학에서 공식적으로 이루어지는 일에 대한 내용이 담겨 있을 확률이 높습니다. c같이 사람의 이름으로 구성된 웹사이트 주소도 개인 사이트일 가능성이 큽니다. 그에 비해 d는 공공기관 도메인을 사용하고 있고(.or.kr) 그 뒤의 주소도 개인의 이름이나 사용자이름과 거리가 있어 보이기 때문에 개인 사이트일 가능성이 작습니다(d는 에너지관리공단의 정보교류센터 주소입니다).

## 내용의 정확성을 판단하세요

웹사이트의 부정확한 내용을 암시하는 일반적인 힌트가 몇 가지 있습니다. 그러므로 웹사이트에서 다음과 같은 사항을 자세히 살펴보세요.

1. 사실의 출처를 정확하게 명시해서 다른 사람도 다른 곳에서 같은 내용을 확인할 수 있어야 합니다. 기본적으로 어떤 정보를 세 개의 독립적인 장소에서 확인해볼 수 없다면 그 정보를 사실이라고 받아들여서는 안 됩니다.
2. 사실적 정보는 출처에서 바로 가져온 것이어야 합니다. 예를 들어, 세계보건기구(World Health Organization)가 발표한 통계치는 이 단체의 웹사이

트에서 얻었을 때 정확할 가능성이 가장 크며, 다른 곳에서 인용에 인용을 거친 것은 정확성이 떨어질 수 있습니다. 심지어 고의로 통계치나 사실관계를 왜곡하는 경우도 심심치 않게 일어납니다. 사실을 정확하게 확인하려면 항상 원출처의 웹사이트나 인쇄물을 찾아보세요.

3. 문법과 맞춤법에 오류가 없어야 합니다. 물론 틀린 맞춤법이 잘못된 정보를 뜻하지도 않고, 그 반대로 옳은 맞춤법이 정확한 정보를 뜻하지도 않습니다. 하지만 이런 오류는 정보가 만들어진 후 편집이 이루어지지 않았다는 것을 뜻하며, 문법 오류는 부정확한 정보 전달을 유도할 수도 있습니다.

## 날짜를 확인하세요

올바른 웹사이트라면 사이트를 개설한 날짜와 최근에 업데이트한 날짜(내용이 게시된 날짜)를 표시하고 있어야 합니다. 이러한 날짜 없이는 그 사이트에서 발견한 정보를 확신하고 사용하기 어렵습니다. 특히 통계적인 정보는 더욱 그렇습니다. 의도했든 의도하지 않았든 어디서 오래된 통계치를 가져와 실상이라고 주장하는 웹페이지도 심심치 않게 볼 수 있습니다. 웹사이트에서 날짜가 명시되어 있다면, 다음과 같은 질문을 해보세요.

- 이 정보는 내 필요를 충족시킬 만큼 충분히 최신의 것인가?
- 시간이나 시점에 민감한 정보가 필요하다면, 이 정보가 최신 자료라고 확신할 수 있는가? (예: 최근에 일어난 사건 직후의 대선후보 지지율)
- 내가 필요한 정보가 시간에 민감하지 않다면, 이 정보는 관련된 사건이 일어난 직후에 인터넷에 올라온 것인가, 아니면 한참 뒤에 올라온 것인가? 한참 뒤에 올라왔다면 그 이유는 무엇일까? (예: 2000년대 초반에 있었던 사건에 대한 정보)
- 이 웹사이트는 비교적 최근에 업데이트되었는가, 아니면 운영자가 더는 이 웹사이트를 관리하지 않는가?

## 링크를 사용해 웹사이트를 평가해보세요

많은 웹사이트는 자신의 사이트에서 다른 사이트로 이동할 수 있도록 링크를 제공하고 있습니다. 이런 링크는 출처를 증명해 보이기 위해서나 독자에게 추가 정보를 제공하기 위해 사용됩니다. 여러분이 보고 있는 웹사이트가 다른 사이트로 가는 링크를 제공하고 있다면 다음과 같은 질문을 해보세요.

- 링크가 제대로 작동하는가?
- 링크가 신뢰할 만한 출처로 연결되어 있는가, 아니면 같은 웹사이트의 다른 페이지로 연결되어 있는가?
- 만약에 어떤 주제에 대해 더 많은 정보를 얻을 수 있는 링크가 있다면, 이 링크들은 잘 선택되고 조직되어서 읽을 만한 가치가 있는 정보를 이해하기 쉽게끔 보여주고 있는가?
- 링크가 다른 의견이나 견해에 관한 것도 포함하고 있는가?
- 링크 목록이나 링크된 정보가 한쪽 견해만 집중적으로 서술하거나 편향성이 드러나 있지는 않은가?

만약 여러분이 중요한 출처라 생각하는 웹사이트로 다른 사이트가 링크를 제공하고 있다면, 이 출처를 평가해보기 위해 다음과 같은 질문을 해보세요.

- 누가 이 사이트로 링크하는가? (여러 견해를 가진 사이트가 이곳으로 링크하고 있다면 이 사이트들을 모두 읽어보세요)
- 얼마나 많은 사람이 이 사이트로 링크하는가? (보통 링크 수가 많을수록 믿을 만한 사이트라는 뜻입니다)
- 어떤 종류의 사이트가 여기로 링크하는가? (링크하는 사이트가 모두 비슷한 견해를 가진 개인 블로그인가요? 아니면 다양한 견해를 가진 다양한 종류의 웹사이트인가요?)

## 재생산된 정보를 확인하세요

만약 어떤 사이트가 다른 출처에서 가져온 글이나 인용구, 통계치 등을 포함하고 있다면 꼭 이 정보가 정확한지 확인해보세요. 단어나 숫자를 인용해 오면서 오류가 있었을 수 있고, 의도적으로 조작했을 수도 있으며, 없는 자료를 진짜인 것처럼 만들어냈을 수도 있습니다. 그래서 재생산된 정보는 꼭 다른 곳에도 존재하는지 확인해보아야 하며, 가능하다면 꼭 원출처에 가서 확인해보아야 합니다. 만약에 원출처로 링크가 있다면, 그 링크가 정말로 원출처로 향하는 것인지도 확인해보아야 합니다. 원출처가 더는 인터넷에 존재하지 않거나 찾을 수 없다는 이유로 제삼자가 원출처를 인용한 내용만 볼 수 있다면, 그 정보는 진실한지 확인할 방법이 없는 것입니다.

다솜은 지구 온난화가 인간 때문이 아니라고 주장하는 한 웹사이트에 올라온 글을 읽었습니다. 이 글은 사이언스(Science)지에 보고된 논문을 인용하고 있었습니다. 이 글이 사이언스지에 게재된 논문을 제대로 인용하고 있는지 어떻게 알 수 있을까요? 다솜이 이 웹사이트의 주장이 정확한지 판단하려면 도서관에 가서 이 학술지를 직접 찾아보아야 합니다. 개인이 학술지를 온라인으로 찾아보려면 돈을 내야 하는 경우가 많지만, 도서관에서는 보통 무료로 열람해볼 수 있기 때문이지요. 원서를 찾아 읽는 것이 결코 쉬운 일은 아니지만, 도서관 사서 같이 여러분을 도와줄 수 있는 사람은 많습니다. 사람들이 대부분 출처를 스스로 확인해보지 않고 남의 주장을 받아들이는 경우가 많다보니 이를 악용해 엉터리로 인용하거나 완전히 조작하는 일도 심심치 않게 볼 수 있습니다.

## 연습 문제

아래의 진술이 진실인지 거짓인지 판단해보세요.

_____ **1.** 온라인에는 누구나 글을 쓸 수 있으므로 내가 보고 있는 내용이 진실한 것인지 알기 어렵다.

_____ **2.** 인쇄물에서만 저자의 자격을 확인해보면 된다.

_____ **3.** 모든 TV와 신문 기자는 편파적이지 않다.

_____ **4.** 웹사이트의 링크는 인쇄물의 각주나 미주처럼 추가 정보를 제공해준다.

_____ **5.** 웹사이트에서 유명하고 믿을 수 있는 사람을 인용하고 있다면 그 정보는 사실일 것이다.

## 해답

**1.** 진실

2. 거짓
3. 거짓
4. 진실
5. 거짓

## 8.4 레슨 요약

비판적으로 사고할 때는 정확한 정보로 무장하는 것이 필수적입니다. 정보가 주관적인지 객관적인지, 사실인지 의견인지, 진실인지 거짓인지, 그리고 마지막으로 편파적인지 편파적이 아닌지 알아볼 수 있는 능력은 비판적 사고의 핵심입니다. 그래서 정보의 출처는 어디이고 이 정보를 만들어낸 사람은 누구인지 알아내야 합니다. 정보의 출처는 믿을 만한 곳인가요? 저자는 정보를 생산해내거나 응용할 만큼 자격이 있는 사람인가요? 비판적 사고를 하는 사람은 의견을 사실인 양 둔갑시키는 행위, 부정확한 연구와 출처 표시, 그리고 편파적인 접근이 존재하지는 않는지 항상 회의적인 눈으로 바라보아야 합니다.

인터넷은 정보를 쉽게 찾아볼 수도 있지만, 그만큼 잘못된 정보를 쉽게 접할 수 있는 곳이기도 합니다. 그래서 인터넷 검색 중 접하게 되는 모든 정보를 평가해보아야 합니다. 웹사이트에 게시되어 있는 내용의 정확성을 판단하는 것은 물론이고 저자는 누구이며 글이 작성된 날짜가 언제인지 찾아보는 것도 중요합니다. 그리고 웹사이트의 링크도 사용해 여러 사이트를 오가며 웹사이트를 평가해보세요. 받아들이는 정보를 평가하는 법을 익히면 여러분의 비판적 사고력은 크게 향상될 것입니다. 남의 생각과 말을 있는 그대로 듣지 말고 스스로 생각하세요. 어떤 정보라도 여러분 스스로 확인해보기 전에는 진실하다고 가정하지 말고, 어떤 견해라도 당연히 편파적이지 않을 것으로 생각하지 마세요.

### 생각해보기

어떤 말이라도 있는 그대로 받아들이지 마세요. 말에서 진실을 찾으려면 말의 내용을 주의 깊게 평가해야 합니다. 그럴싸한 말, 논리적으로 문제가 없는 말이라도 기초한 사실이 정확한지 확인해보아야 합니다.

### 다음 레슨까지 연습해볼 것

- 잡지나 신문에 투고한 글이나 논평, 사설 등을 찾아 읽어보고 글쓴이가 누구인지 확인해보세요. 잡지나 신문에서 글쓴이가 어떤 자격이 있어 그런 글을 쓰는지 명시하고 있나요? 인터넷에서 그 사람을 검색해 어떤 자격이 있는지, 그 자격이 충분한 것 같은지 여러분 스스로 판단해보세요.
- TV나 신문에서 여러분이 모르고 있었던 사실에 대해 보도를 한다면, 그 사실을 여러분 스스로 확인하고 입증할 수 있는지 알아보세요. 적어도 세 군데 이상의 믿을 만한 곳에서 같은 정보를 찾을 수 있는지 확인해보세요.

LESSON

# 9 설득의 기술

남을 설득하려면 지성보다 흥미를 자극해야 한다.
If you would persuade, you must appeal to interest rather than intellect.

벤저민 프랭클린(Benjamin Franklin, 1706~1790)
미국의 정치가, 저술가, 과학자

## 이번 레슨에서 공부할 내용

우리가 선택이나 결정을 내리려고 할 때 영향을 끼치려고 하는 사람이 꽤 많습니다. 예를 들어, '저에게 한 표를 던져 주십시오!'나 '저희 회사 제품을 애용해주세요' 같은 경우지요. 이 같은 설득은 공개적이고 뻔해서 누가 우리에게 어떠한 행동을 하도록 유도하는지 쉽게 알 수 있습니다. 하지만 은밀하고 교묘해 알아차리기 힘든 설득도 매우 흔합니다. 이번 레슨에서는 말과 글, 특히 광고 같은 것에서 널리 사용되는 노골적인 설득의 기술과 은밀한 설득의 기술에 대해 알아보겠습니다.

설득이란 다른 사람의 행동이나 생각을 바꾸기 위해 논증을 사용하는 것입니다. 여러분을 포함한 세상 모든 사람은 일상적으로 남을 설득하고 있지요. 우리 모두 어렸을 때 부모님께 친구랑 한 시간만 더 밖에서 놀면 안 되느냐고 부탁하거나 원하는 장난감을 사달라고 조른 적이 있을 것입니다. 그리고 지금 현재에도 이와 비슷한 행동을 합니다. 예를 들어, 당신은 자신이 지난 일 년간 많은 성과를 올렸다고 생각해 회사에 임금 인상을 요구하고 싶어합니다. 그래서 상사를 찾아가 당신이 회사를 위해 했던 일들을 설명하며 월급을 올려달라고 말했습니다. 즉, 당신은 상사가 특정한 방식으로 생각하도록(당신이 임금을 더 받아야 할 훌륭한 직원이라고) 만들려고 한 것이지요. 하지만 당신의 상사는 요즘 회사 사정이 별로 좋지 않아 임금 인상을 해주기 어렵다고 말했습니다. 요즘 회사 매출이 떨어졌다고 말하며 "우리 회사 최고의 직원인 당신이라면 지금 당장은 임금 인상이 어렵다는 것을 알고 너그러이 이해해줄 거라 믿네!" 라고 덧붙였습니다. 당신의 상사는 임금 인상을 바라는 당신의 마음을 바꾸기 위해 회사의 사정과 이를 뒷받침하는 매출 동향을 제시한 뒤 아첨하는 말도 더한 것입니다.

설득은 조직적인 방법으로도 사용됩니다. 정치 단체와 광고주는 우리가 투표를 하고 돈을 쓰는 데 영향을 미치려 하고 있습니다. 그리고 매우 체계적이고 조직적인 설득은 선전이라고 부르는데, 선전을 할 때는 집단 전체의 변화를 불러일으키기 위해 여러 가지 설득의 기술을 복합적으로 사용합니다.

## 9.1 설득 기술의 역사

기원전 4세기 그리스의 철학자이자 과학자인 아리스토텔레스는 대중 연설과 화술 같은 것에 대해서도 연구하고 가르쳤습니다. 그의 유명한 저술서 가운데 하나인 '수사학'(언어를 사용해 효과적으로 자기 생각을 전달하고 남을 설득하는 방법에 대한 학문)에서 그는 설득의 세 가지 요소에는 말하는 사람의 권위나 신뢰성에 호소하는 **에토스**, 듣는 사람의 감성에 호소하는 **파토스**, 그리고 설득하려는 내용의 논리적 호소를 뜻하는 **로고스**가 있다고 하였습니다. 실질적으로는 이 세 가지가 적절히 조합되었을 때 가장 효과적인 설득이 가능하겠지만, 아리스토텔레스가 생각하는 가장 이상적인 형태의 설득은 이성에 호소하는 로고스였습니다. 아래에서 이 세 가지 설득의 요소에 대해 좀 더 자세히 알아보겠습니다.

- **에토스**(ethos)는 말하는 사람의 성품이나 인격에 호소하는 것을 말합니다. 아리스토텔레스는 말하는 사람의 성품이나 인격 같은 것 때문에 그 사람이 가지는 권위나 신뢰성이 그를 가치 있는 사람으로 보이게끔 할 수 있어야 듣

는 사람을 설득할 수 있다고 생각했습니다. 쉽게 말하자면, 어떤 사람이 다른 사람을 성공적으로 설득하기 위해서는 다른 사람이 그를 정직하고 똑똑해 가치 있고 신뢰할 수 있는 사람으로 보아야만 한다는 것입니다. 예를 들어보면 다음과 같습니다. "김 후보님은 조국의 바다를 지키기 위해 지난 30년 동안 해군에서 명예롭게 복무하신 분입니다. 김 후보님께서는 복무 기간 중 상관과 조직으로부터 훌륭한 평가를 받아 여러 핵심 요직을 거쳤으며, 여러 훈장도 받으셨습니다. 그래서 김 후보님이 우리 군대를 더욱 강하고 효율적인 군대로 만들기에 가장 적합한 후보입니다."

- **파토스**(pathos)는 듣는 사람의 감성에 호소하는 것을 말합니다. 아리스토텔레스는 우리가 생각하고 행동하는 모든 것이 논리에만 기초하고 있지 않다는 것을 잘 알고 있었습니다. 우리는 모두 감성을 가지고 있으며 감성은 우리의 행동과 생각에 매우 큰 영향을 미치지요. 감성에 호소하는 설득 방법은 다음 세 가지입니다. 첫째로, 어떤 주제에 대해 자신의 느낌을 표현함으로써 다른 사람에게 영향을 미칠 수 있습니다. 둘째로, 다른 사람에게서부터 감정적인 반응을 이끌어냄으로써 그를 설득하려 할 수 있습니다. 마지막으로 자신의 감정을 표현하고 다른 사람의 감정도 유발함으로써 그를 설득하려고 할 수 있습니다. 예를 들어, 환경 단체들은 이런 방법을 사용해 다음과 같은 말을 하곤 하지요. "매년 수천 마리의 새끼 물개가 가죽 때문에 어미 물개 앞에서 잔인하게 죽임을 당하고 있습니다. 이제는 이 무고한 동물들을 구하기 위해 우리가 행동해야 할 때입니다."
- **로고스**(logos)는 듣는 사람의 이성에 호소하는 것을 뜻합니다. 인간은 이성적이고 논리적으로 사고할 수 있으므로 로고스를 통한 설득이 통하지요. 그래서 이성에 호소하는 것이 먹히는 이유 중 하나는 사람들이 대부분 자신은 합리적이고 논리적인 사람이라고 생각하는 것 때문입니다. 만약 어떤 사람이 '논리적이고 합리적인 사람은 모두 동의할 것이다'라는 추정에 근거해 논증한다면 다음과 같이 말할 것입니다: "당연한 말이지만, 지금 X를 하지 않으면 분명히 Y가 따른다는 것을 우리 모두 알고 있지 않나요?"

### 연습 문제

아래 예문에서 에토스, 파토스, 로고스 중 무엇이 사용되었나요?

______ **1.** 주주 여러분, 우리 이사회에 조세현 씨가 필요합니다. 그는 지난 오 년 동안 공항 공사에서 최고재무책임자로 일한 경험이 있어서 우리 회사가 국제 시장 진출을 도모할 때 안정적인 재정 관리를 해줄 수 있는 이상적인 사람입니다.

______ **2.** 장을 볼 때는 아무래도 창고형 대형 마트가 가장 좋은 것 같습니다. 한꺼번에 대량으로 물건을 사면 돈도 적게 들고 물건이 떨어져 자주 장을 볼 필요도 없습니다. 그러면 장을 보러 가는 횟수도 줄어들어 시간도 절약할 수 있지요.

______ **3.** 사랑스러운 애완동물을 입양하세요. 저희 동물 보호소에 오셔서 강아지나 고양이의 눈동자를 들여다보시면, 이 녀석들이 바라는 건 자기를 사랑해줄 주인과 따뜻한 보금자리뿐이라는 걸 금방 아시게 될 것입니다.

### 해답

1. 에토스. 조세현 씨의 배경은 그를 능력 있고 적합한 사람처럼 보이게 합니다. 그래서 듣는 사람은 그가 신뢰할 만한 사람이기 때문에 이사로 뽑아줄 만한 가치가 있다고 생각하게 될 것입니다.
2. 로고스. 왜 창고형 대형 마트에서 장을 보는 것이 좋은지를 논증을 사용해 듣는 사람의 이성에 호소하고 있습니다.
3. 파토스. 사랑스럽고 가여운 동물을 연상케 해 듣는 이의 감성을 자극하고 있습니다.

## 9.2 파토스

아리스토텔레스의 세 가지 설득 방법 가운데 아마 우리가 가장 자주 접하는 것은 감성에 호소해 영향을 미치려고 하는 파토스일 것입니다. 특히 파토스의 여러 기술 중 다음과 같은 것은 정치나 광고에서 매우 널리 쓰입니다.

## 두려움

남을 설득하려 할 때 두려움 유발 전술이 쓰이는 한 예를 들어봅시다. 영욱은 낯선 사람으로부터 전화 한 통을 받았습니다. 한 시민 단체에서 일하고 있다고 말한 그는 영욱이 자신이 사는 지역의 재난 대책 기관이 각종 천재지변과 전염병, 그리고 테러 공격에 얼마나 잘 대비하고 있는지 알고 있느냐고 물었습니다. 그다음에 그는 이러한 사건이 발생했을 때 인명과 재산에 미칠 수 있는 끔찍한 결과를 설명하면서 지역 정부와 의료 기관, 그리고 군 등이 적절한 조치를 재빨리 취할 준비가 되어 있지 않다고 말했습니다. 그리고 거기서 한 걸음 더 나아가 이런 사건이 조기에 진압되지 않는다면 지역 사회에 약탈과 폭동이 일어나고 심지어 무정부 상태에 빠질 수도 있다고 설명했습니다. 그런 다음, 그는 영욱이 자신들의 단체에 기부해준다면, 기부금이 지역의 재난 대책 단체의 자금으로 쓰일 것이라고 말했습니다. 혹시나 그런 끔찍한 일이 생길 수도 있다는 말에 덜컥 겁이 난 영욱은 이 단체에 5만 원을 기부하겠다고 약속했습니다. 이 예시에서 전화를 건 사람은 영욱이 한 번도 들어보지 못한 시민 단체에(이 단체가 실제로 존재하는지도 확실하지 않지요) 기부금을 내도록 설득하였습니다. 그의 두려움 유발 전술이 영욱에게 성공적으로 작동한 것이지요.

만약에 여러분이 누군가의 이야기를 듣거나, TV 광고를 보거나, 아니면 인터넷에서 무엇을 읽고 나서 두려움을 느꼈다면, 잠시만 이 감정을 옆으로 치워두고 논리적으로 생각해보세요. 여러분이 들은 정보가 여러분에게 특정한 감정적 반응을 끌어내려고 시도하진 않았나요? 이 정보를 제공한 사람이 여러분에게 어떤 물건을 사거나 특정 방향으로 행동이나 생각을 하도록 겁을 주려고 한 것 같지는 않나요? 자유나 안전, 건강 등을 해칠 것이라며 우리에게 겁을 줘 우리의 생각과 행동을 바꾸려고 하는 사람들은 생각보다 매우 많습니다.

## 동정심

동정심을 유발하는 것도 파토스를 이용한 설득의 기술 중 하나입니다. 다른 사람이 자신에게 동정심을 느끼게 하고, 그리하여 다른 사람이 자신에게 무엇을 해주거나, 돈을 주거나, 아니면 특정한 방향으로 생각하도록 유도하는 것이 동정심 유발 전술입니다. 예를 들어, 잡지에서 빈민국의 굶주린 아이들을 도와달라며 기운 없이 축 늘어진 채 파리에 둘러싸여 있는 아이의 모습을 보여주거나, 연말 TV 모금 프로그램에서 크리스마스에 아이들에게 장난감 하나 사줄 여유가 없는 부모의 이야기를 들려주는 것 등이 동정심을 유발해 설득하려는 기술이 사용된 것입니다.

## 아첨

아첨은 파토스의 또 다른 형태인데, 아첨은 다른 사람에게 그의 뛰어난 지능이나 성품, 감각 등 여러 가지 특징을 칭찬함으로써 기분이 좋아지도록 만들고, 이는 그를 자기 생각에 쉽게 동의하도록 만듭니다. 특히 이런 형태의 설득은 듣는 이에게 좀 더 개인적으로 다가가려고 할 때 중요합니다. 그래서 광고에서 이 기법이 자주 사용되지요. 예를 들어, "건강한 삶에 관심이 많은 스마트한 당신에게 어울리는 멀티비타민 VIP비타!" 같은 광고 문구는 듣는 이로 하여금 '그럼, 나는 똑똑한 사람이니까 건강하게 사는 데 관심이 많지'라고 동의하게끔 유도하며, 나아가 똑똑한 사람이라면 특정한 상표를 고르는 '현명한' 선택을 할 것이라고 유도합니다.

## 연습 문제

다음 중 설득 기술의 예가 아닌 것은 무엇인가요?

**a.** '아이들에게 선물을 재단'에 기부해주세요. 당신의 너그러운 기부로 전국 보육원의 아이들이 따뜻하고 배부른 식사와 특별한 생일 선물을 받게 됩니다.

**b.** 여러분같이 현명한 소비자는 KN마트의 특별 할인 기간을 놓칠 리가 없습니다! 이번 주말까지 KN마트에서 최고 70%의 세일을 즐기세요!

**c.** 요즘 경기가 좋지 않아 빈집털이범이 기승을 부리고 있습니다. 여러분의 집은 안전한가요? 사랑스러운 아이들이 집에서 혼자 있을 때 흉악한 도둑이 드는 것은 상상할 수 없을 정도로 끔찍한 일입니다. 최고의 보안 시스템인 '세이프 홈 24'로 여러분의 집과 아이들을 지키세요!

**d.** 시내 유일의 인디영화 전문 극장인 '인디 시네마 7'은 아침 6시부터 밤 12시까지 항상 열려 있습니다.

### 해답

정답은 **d**입니다. '인디 시네마 7'이 시내 유일의 인디영화 전문 극장이고 아침 6시부터 밤 12시까지 열려 있다는 말은 사실에 대한 진술일 뿐, 이 영화관을 선택하라고 설득하는 것은 아닙니다.

> **생각해보기**
>
> 다른 사람이 여러분의 생각에 영향을 미치려 할 때 어떤 단어를 사용하는지 잘 관찰해보세요. 광고에서 '날씬'이란 단어가 사용되나요, 아니면 '마른'이란 단어가 사용되나요? TV 뉴스나 신문에서 자동차 충돌이나 천재지변을 '사건, 사고'라고 부르나요, 아니면 '재앙'이라고 부르나요? 광고주나 언론사의 목적이나 성향에 따라 사용하는 단어가 다르지는 않던가요?

## 9.3 설득과 글

글쓴이는 독자를 설득하기 위해 여러 가지 기법을 사용합니다. 수사법, 혹은 수사적 장치라고 불리는 이런 기법은 글쓴이가 자신의 견해를 은연중에 독자에게 전달하여 독자를 설득시키기 위해 사용됩니다. 이 가운데 널리 사용되고 있는 6가지에 대해 간략히 알아보겠습니다.

1. 수사적 의문: 수사적 의문에 대한 대답은 매우 뻔하여서 굳이 대답할 필요가 없습니다. 그래서 논증할 필요 없이 설득하게 됩니다.
   보기: 정부가 교사에게 적정한 임금을 지급하지도 않고 교사들에게 높은 수준의 전문성과 프로의식을 기대할 수 있는가?
2. 과장법: 과장된 표현을 사용해 자신의 의견을 관철하는 기법입니다. 때로는

유머러스한 표현이 쓰이기도 합니다.

**보기:** 구청 민원실의 대기인 수가 좀처럼 줄어들 기미가 보이지 않는군. 연수원에서 제일 굼뜬 사람들만 골라다 여기서 일을 시키는 건가?

3. **비유법:** 한 항목을 다른 항목과 비교해 표현하는 방법입니다. 직접적으로 비교하는 직유법과 간접적으로 비교하는 은유법, 사람이 아닌 것을 사람처럼 표현하는 의인법 등이 여기에 속합니다.

   **보기:** 아버지의 어깨는 운동장 같다. 그의 마음은 바다다. 낡을 대로 낡아버린 학교 건물은 아이들과 선생님을 덮치기 위해 호시탐탐 기회만 엿보고 있습니다.

4. **라임(압운):** 특정한 소리가 규칙적으로 반복되게 만들어 독자의 이목을 집중시키고 내용을 더 잘 기억하도록 하는 기법의 하나로, 노래나 시에서 흔히 쓰이는 것처럼 일정한 위치에 같은 소리를 내는 단어를 사용하는 것입니다.

   **보기:** 저 불타는 이십 대의 청춘은 / 내일이면 이 사회의 첫 줄을 (리쌍의 '광대' 중)

5. **감정을 불러일으키는 표현:** 독자에게 특정한 감정을 불러일으키기 위해 시각적인 표현이나 형용사 등을 사용하는 방법입니다.

   **보기:** 악독한 경영진은 우리의 소중한 아이들이 굶주릴 때까지 이런 잔혹한 연봉 삭감을 멈추지 않을 것입니다! 그리고 그다음에는 우리 삶의 터전인 공장을 폐쇄하고 우리를 차가운 길거리로 내몰 것입니다!

6. **삼의 법칙:** 이 법칙은 경험적으로 사람들이 세 개씩 짝지은 것을 잘 기억한다는 것에 기초하고 있습니다. 이 기법은 같은 것을 세 번 반복할 때 쓰일 수도 있고, 같은 말을 세 가지 다른 방식으로 말할 때 쓰일 수도 있으며, 관련 있는 세 가지 항목을 엮을 때도 사용될 수 있습니다.

   **보기:** 횡단보도를 건너기 전에는 <u>멈추고, 보고, 들으세요</u>. 부동산을 거래할 때 가장 중요한 요소는 <u>위치와 위치, 그리고 위치</u>입니다. 자동차가 <u>낡았나요? 속 썩이나요? 바꿀 때가 아닌가요?</u>

## 연습 문제

아래의 예문의 <u>밑줄 친 부분에서 사용되고 있는 수사적 장치는 무엇인가요?</u>

마지막으로, 김승미 후보에게 주시는 표는 (1) 이상적인 세상을 위한 한 표라는 것을 말씀드리고 싶습니다. 김 후보는 (2) 똑똑하고 신중하며 현실적입니다. 그녀는 어떻게 해야 우리가 이 위기를 벗어날 수 있는지 잘 알고 있습니다. 다른 후보들은 지금처럼 (3) 경제가 불안해 아이들에게 미안한 시기를 벗어나기 위해서 무엇을 하고 있습니까? 정쟁만 계속된다면 우리 사회가 앞으로 나아가기는커녕 뒤로 돌아가게 될 것입니다. (4) 지금이 시계를 거꾸로 돌려야 할 때입니까?

### 해답

1. "이상적인 세상을 위한 한 표" - 과장법
2. "똑똑하고 신중하며 현실적입니다" - 삼의 법칙
3. "경제가 불안해 아이들에게 미안한" - 라임
4. "지금이 시계를 거꾸로 돌려야 할 때입니까?" - 수사적 의문

## 9.4 설득을 위해 누구나 할 수 있는 것

다른 사람의 생각이나 행동을 자신이 원하는 대로 바꾸기 위해서 항상 은밀한 설득의 기술을 사용해야 하는 것은 아닙니다. 우리가 이미 널리 사용하고 있는 일반적인 설득의 기술도 여러분의 삶에서 여러분이 원하는 것을 얻을 수 있도록 긍정적으로 사용되지요. 예컨대, 취업 인터뷰를 할 때 여러분이 원하는 것은 면접관이 여러분을 채용하도록 설득하는 것입니다. 하지만 이런 곳에서 면접관들에게 두려움이나 동정심을 유발하려고 하는 것은 그렇게 효과적이지 않을 것입니다. 하지만 여러분은 이력서에 쓴 글과 면접을 할 때 단어 선택을 신중히 함으로써, 그리고 여러분의 외모를 단정히 하고 행동을 적절히 조절함으로써(불안해서 다리를 떠는 행동을 의식적으로 멈추는 것 등) 면접관이 여러분을 채용하도록 설득할 수 있습니다.

그 밖에 또 여러분이 다른 사람을 설득하기 위하여 할 수 있는 것에 무엇이 있을까요? 아래에 제시된 방법은 우리 모두 익히 알고 있는 것이지만, 결정적인 순간에도 잘 떠올려 사용할 수 있도록 복습해보세요.

1. **주목을 끄세요.** 다른 사람이 여러분의 이야기를 듣게끔 행동하세요. 이는 소리를 치거나 허풍을 떠는 것이 아니라, 공손하고 겸손하며 외교적이지만 자신감이 있고 합리적으로 행동하는 것을 의미합니다. 사람들은 이렇게 자아가 완성된 사람에게 매력을 느끼고 자연스럽게 귀를 기울입니다.
2. **진심을 다하세요.** 여러분이 말하는 것의 내용이 설득력이 있어야 할 뿐 아니라 여러분이 그 내용을 전달하는 방법, 즉 말투와 행동에서도 여러분의 말이 믿을 수 있는 것이라는 확신을 심어주는 것이 매우 중요합니다. 특히 자기 스스로가 진심으로 믿는 내용을 말했을 때는 그 진심이 드러나기 마련이기 때문에, 항상 진심만을 말하세요.
3. **개인적으로 다가가세요.** 여러분이 설득하려고 하는 사람이 어떤 사람인지 잘 안다면 이 정보를 사용해 더 효과적으로 설득할 수 있습니다. 특히 다른 사람이 여러분의 생각을 따랐을 때 얻게 되는 것이 무엇인지 잘 설명해주세요. "그래서 이게 나랑 무슨 상관이지?"라는 질문을 상대편이 하기 전에 미리 대답해주세요.
4. **공감해주세요.** 여러분이 설득하려고 하는 사람이 걱정하는 것이 있나요? 다른 사람이 어떻게 생각하고 있는지를 여러분이 알고 있다는 것을 표현함으로써 여러분이 그 사람과 공감하고 있다는 것을 알려주세요. 여러분의 생각이 다른 사람의 생각과 다르다 하더라도 남에게 공감하는 모습을 보이면, 그만큼 남이 여러분의 생각에 공감할 확률도 늘어납니다.
5. **원하는 것을 요구하세요.** 원하는 결과에 대해 직접 말하세요. 공격적으로 느껴질 만큼 적극적일 필요는 없지만, 여러분이 원하는 것이 무엇인가를 분명히 하면 필요 없는 오해를 줄일 수 있습니다. 예를 들어, 불우한 이웃을 위해 길거리에서 모금하고 있다면 여러분이 원하는 것은 사람들이 기부하는 것임을 분명히 해야 최선의 결과를 얻을 수 있을 것입니다.

## 연습 문제

당신의 절친한 친구는 이번 겨울에 따뜻한 아열대 섬인 오키나와에 가고 싶어하지만 당신은 눈이 많이 내리는 섬인 삿포로에 가서 스키를 타고 싶습니다. 때마침 인터넷에서 삿포로 스키여행 패키지가 특가에 판매되고 있는 것을 발견했는데, 이 가격으로 여행을 가려면 2명 이상이 동시에 패키지를 사야 합니다. 당신이 친구를 효과적으로 설득하기 위해선 이와 같은 정보를 어떻게 제시해야 할까요?

______________________________________________

______________________________________________

______________________________________________

______________________________________________

______________________________________________

______________________________________________

### 해답

당신과 가장 친한 친구를 한번 떠올려보고, 당신이 작성한 답과 아래의 해답 중 어느 것이 그 친구에게 더 효과적일지 생각해보세요.

> "네가 따뜻한 날씨 때문에 오키나와에 가고 싶어하는 것은 잘 알고 있어. 하지만 오키나와는 매우 작은 섬이라 관광할 만한 것이 그리 많지 않고, 또 겨울에 해수욕할 수 있을 만큼 따뜻한 곳도 아니야. 하지만 겨울이 관광철인 삿포로에 가면 볼 것도 매우 많고 스키도 마음껏 탈 수 있어. 너 원래 스키 타는 거 엄청 좋아했었는데, 제대로 스키 타본 지도 꽤 되었잖아? 게다가 내가 찾아낸 여행 패키지는 보통 가격보다 30% 이상 저렴한 특가로 나와서 삿포로를 저렴하게 여행할 절호의 찬스야. 나랑 같이 이 패키지로 삿포로 갔다 오자!"

## 9.5 설득적 광고

광고에는 여러 가지 종류가 있습니다. 설명적 광고는 주로 새로운 제품이나 서비스를 소비자에게 소개하고 설명해주는 광고이고, 상기 광고는 기존의 제품이나 서비스에 대해 상기시켜주고 친근해지도록 만드는 광고입니다. 그에 비해 설득적 광고는 소비자의 지성과 감성에 호소함으로써 소비습관을 바꾸고 특정 제품이나 서비스를 구매하고 싶은 욕구가 생기게끔 합니다. 이러한 광고 기법에 대해 잘 알고 있으면 여러분 스스로 외부의 영향에 흔들리지 않고 비판적인 사고와 소비를 할 수 있으며 여러분이 남을 설득할 때도 도움이 될 수 있습니다. 흔히 사용되는 설득적 광고 기법은 다음과 같습니다.

- **감각적 호소**: 아름다울 정도로 완벽해 보이는 제품(자동차, 음식 등), 근사한 배경이나 풍경, 입에 착착 붙는 광고 문구나 광고 노래(CM송).
- **성적 호소**: 성이나 성행위와 관련 있거나 이를 연상시키는 그림이나 사진, 단어, 목소리, 혹은 매력적 모델.
- **집단적 호소**: 광고 속의 제품이나 서비스를 사용함으로써 여러분이 남보다 더 뛰어난 사람인 것처럼 느끼도록 유도하거나, 혹은 그 제품이나 서비스를 사용함으로써 여러분이 남들과 같은 집단에 소속감을 느끼도록 유도하는 경우입니다.
- **권위**: 유명인이나 전문가가 해당 제품이나 서비스를 사용하거나 보증한다고 광고해 광고 모델에 대한 긍정적인 이미지나 이름이 제품에 투영되도록 유도하는 방법입니다.
- **과학적 호소**: 실험장면, 그래프, 혹은 첨단처럼 들리는 재료나 기법 등을 그럴싸하게 보여주며 제품이 객관적으로 우수하다고 광고하는 방법. 하지만 광고는 물건을 팔기 위한 수단일 뿐 객관적이고 과학적인 실험이 아님을 명심하고 비판적 사고를 통해 광고 내용을 꼼꼼히 따져보아야 합니다.
- **아첨**: 여러분의 지적 능력이나 감각, 마음씨 등을 칭찬하여 좋은 기분이 들게 하여 자신들의 제품을 사도록 유도하는 방법입니다.
- **불완전한 주장**: 해당 제품이나 서비스만이 특별히 좋은 재료나 공법을 사용하는 것처럼 홍보하지만, 사실은 그 재료가 비슷한 제품에는 일반적으로 쓰이는 것일 수도 있습니다. 아니면 다른 제품이나 서비스보다 더 낫다고 주장하지만 어떤 제품과 어떤 부분에서 비교해 어떻게 더 나은지를 명시하지 않는 등 자신들에게 유리하도록 논리적으로 문제가 있는 불완전한 주장을 하는 방법입니다.

우리가 명심해야 할 것은 바로 광고는 우리가 저항하기도 전에 우리의 마음을 흔들어 조금이라도 설득하려고 한다는 것입니다. 일반적인 설득의 기법, 그리고 광고의 기법에 대해 조금만 익숙해지면 광고주가 여러분을 어떻게 설득시키려고 하는지 쉽게 알 수 있고, 그러면 광고의 효과에서 벗어나 여러분 스스로 비판적인 사고와 현명한 소비를 할 수 있습니다.

다음번에 인터넷이나 TV, 신문에서 광고를 보면 아래에 있는 설득적 광고 평가표를 사용하여 광고를 분석해보세요. 이런 방식으로 광고가 주장하는 것이 무엇이고 달성하려는 것이 무엇인지 따지는 방법에 익숙해지면 광고의 본질이 보이기 시작할 것입니다. 광고는 여러분의 생각과 행동을 특정 방향으로 조종하려는 시도일 뿐임을 잊지 마세요.

**설득적 광고 평가표**

제품: ____________________

설득 기법 1: ____________________

구체적인 내용: ____________________

설득 기법 2: ____________________

구체적인 내용: ____________________

위 기법이 어떻게 효과적인가?: ____________________

주장 1: ____________________

구체적인 내용: ____________________

주장 2: ____________________

구체적인 내용: ____________________

위 주장이 어떻게 효과적인가? ____________________

## 9.6 레슨 요약

사람들은 서로 달라서 다른 사람의 마음을 바꾸려고 하는 것은 어찌 보면 당연한 일입니다. 정치인, 경제인, 각종 이익 집단, 그리고 광고주 등 다양한 사람과 집단이 자신의 이익을 위해 설득의 기술을 사용해 특정 집단(유권자, 소비자 등)의 생각과 행동에 영향을 미치려고 시도합니다. 우리는 매일 수십, 수백 번씩 이런 기술에 노출되지요. 여러분이 이런 기법에 대해서 알고 있고 이를 발견할 수 있다면, 여러분의 생각과 행동을 조종하려는 남의 시도를 차단해 여러분 스스로 생각하고 행동하는, 더 현명하고 독립적인 사람이 될 수 있습니다.

### 생각해보기

'보통' 사람이나 '서민' 같아 보이는 사람이 모델로 나오는 광고를 항상 눈여겨보세요. 흔히 이런 광고에서는 우리 대부분같이 평범한 사람처럼 보이는 모델이 인상 좋은 친구나 이웃 같이 말하고 행동합니다. 하지만 광고주가 원하는 것은 우리가 이런 광고를 보고 '나와 비슷해 보이는 광고 모델이 이 제품을 좋아하니 나도 이 제품을 좋아할 것이다'라고 생각하는 것입니다. 광고 모델이 아무리 평범한 사람 같이 보이더라도 그들 대부분은 전문 배우이고 돈을 받고 광고 모델 역할을 하는 것임을 잊지 마세요.

### 다음 레슨까지 연습해볼 것

- 평소에 즐겨보는 잡지나 신문에서 광고를 찾아보세요. 여러분이 평소에 관심이 있었던 물건이나 서비스에 대한 광고 하나(예: 조만간 노트북을 사려고 했다면 노트북 광고), 그리고 평소에 관심이 있었던 것에 대한 광고는 아니지만 어떤 이유에서든지 여러분의 이목을 끄는 광고 하나(예: 여러분이 좋아하는 연예인이 나오거나 광고 기법이 독특한 광고), 이렇게 두 광고에 대해 위에서 알아본 설득적 광고 평가표를 작성해보세요.
- 인터넷 동영상 스트리밍 사이트(유튜브 같은 곳)에서 광고를 검색해보고 위와 같이 두 개의 광고를 골라 설득적 광고 평가표를 작성해보세요.

LESSON

# 10 숫자 게임

숫자는 거짓말하지 않는다. 하지만 거짓말쟁이는 숫자를 이용한다.
Figures don't lie, but liars do figure.

마크 트웨인(Mark Twain, 1835~1910)
미국의 작가

## 이번 레슨에서 공부할 내용

숫자는 사실이기 때문에 언제나 온전한 진실만을 말해줄 것 같지만, 실제로 항상 그런 것은 아닙니다. 사람들은 때때로 수치화된 정보를 부정확하고 부적절하게 사용합니다. 물론 이런 경우가 실수나 무지 때문일 때도 있지만, 남을 오도하려는 의도를 가지고 그런 경우도 많습니다. 이번 레슨에서는 수치(자료)가 오용되는 방법 몇 가지에 대해 알아보겠습니다. 여기에는 자료를 잘못 수집하는 것, 자료로부터 틀린 결론을 끌어내는 것, 그리고 자료를 잘못 표기하는 것 등이 포함되어 있습니다.

우리는 매일 수많은 숫자를 접하며 살고 있습니다. 특히 얼마나 많은 사람이 어떤 생각을 하고 있는지, 경제는 어떻게 돌아가고 있으며 선거에서 투표는 누구에게 해야 하는지, 그리고 무엇을 사야 하는지 등을 나타내는 수치는 과거와 현재에 대한 기록, 그리고 미래에 대한 예측을 있는 그대로 보여줍니다. 하지만 의도적인 거짓말이나 실수 때문에 수치가 항상 정확하지는 않으며, 더 큰 문제는 정확한 수치라 하더라도 항상 진실만을 말하지는 않는다는 것입니다. 하지만 '숫자는 거짓말하지 않는다'라는 말도 있지 않던가요? 물론 숫자는 거짓말을 하지 않습니다. 숫자를 사용하는 사람이 거짓말을 할 뿐이지요.

의도적인 오용이든, 부주의이든, 아니면 무지 때문이든 간에 수치가 조작되는 경우는 생각보다 매우 흔하므로 우리가 접하는 수치가 진실하지 않을 수도 있음을 항상 염두에 두어야 합니다. 만약 우리가 잘못된 통계치나 여론 조사 결과 따위를 바탕으로 하여 의견을 형성하고 의사결정을 내린다면 심각한 실수를 저지르고 있는 것일 수도 있습니다. 수치를 만들어내는 사람도, 이런 수치를 분석하고 해석하는 사람도 여느 사람과 마찬가지로 실수도 저지르고 부주의하게 일 처리하는 경우도 있는 인간입니다. 또한, 이런 사람들도 나름대로 생각과 의견을 가지고 있으며, 이가 의도하건 의도치 않건 자신이 조사하고 분석하는 수치에 영향을 미칠 수도 있습니다. 그래서 여러분이 수치의 최종 사용자로서 수치를 비판적으로 받아들일 필요가 있는 것입니다.

수치가 잘못되는 경우에는 두 가지가 있습니다. 첫째로, 수치는 누군가가 자료를 수집하는 데서 시작하기 때문에, 이 사람이 자료를 부정확하게 수집하거나 어떤 의도를 가지고 편파적으로 수집했다면 그 결과는 진실한 정보를 전달하지 못합니다. 둘째로, 수치는 수집한 자료를 분석하고 해석한 것이기 때문에, 이 과정에서 누군가가 실수를 하거나 편파적인 분석이나 해석을 한다면 수치는 거짓된 정보를 전달하게 될 것입니다. 그래서 이 두 영역에서 수치가 어떻게 처리되었는지 살펴보는 방법을 알게 되면, 수치를 제대로 평가하고 올바르게 사용할 수 있게 됩니다.

## 10.1 설문 조작하기

정치인과 언론인, 기업, 광고주 등 여러 개인과 단체는 설문 조사 결과 같은 것을 인용해 자신들의 주장이나 견해가 믿을 수 있고 중요한 것처럼 보이게 합니다. 하지만 수치를 오도하는 것은 말과 단어를 오도하는 것 못지않게 매우 쉽습니다. 그래서 수치가 얼마나 신뢰할 수 있는 것인가를 항상 따져보아야 합니다. 먼저, 신뢰할 수 있는 숫자와 수치는 정확하게 수집된 것이어야 합니다. 아래에서는 신뢰할 만한 수치는 어떻게 수집되어야 하며, 수치가 조작되는 몇 가지 방법에 대해서도 알아보겠습니다.

설문 조사는 대부분 현실적인 어려움 때문에 특정 집단의 모든 사람을 대상으로 할 수 없습니다(예: 대한민국의 모든 유권자, 미국의 모든 공립 고등학교 학생). 그래서 설문 조사는 소수의 사람(표본)에게 실시한 결과를 다수의 사람(모집단)에게 적용해 해석하는데, 그 결과가 정확하려면 설문은 다음과 같아야 합니다.

### 모집단과 표본

통계에서는 우리가 조사하고자 하는 집단 전체를 모집단이라고 부릅니다. 우리 회사의 모든 사원이나 전국 여자 고등학생, 서울시의 미취학 아동, 특정 브랜드의 스마트폰을 가지고 있는 사람 같은 집단이 모집단이 될 수 있습니다. 하지만 이런 집단에 포함되는 사람이 수 백, 수 천 명 이상인 경우 그 사람들을 다 조사하기에는 현실적인 어려움이 있습니다. 그래서 모집단에 포함되어 있는 사람들 중 일부분을 선택해 조사를 하게 되는데, 이렇게 선택된 사람을 표본이라고 부릅니다.

1. **적합한 표본을 사용해야 합니다.** 표본이 적합하려면 다음과 같아야 합니다.
   - **표본의 수가 충분해야 합니다.** 표본의 수가 너무 적으면 모집단을 제대로 대표할 수 없습니다. 만약 한 초등학교 학급에서 아이들이 좋아하는 아이스크림이 무엇인지 조사하려고 할 때, 두세 명에게만 좋아하는 아이스크림이 무엇인지 물어본다면 반 전체 아이들의 의견을 정확히 알기 어려울 것입니다. 마찬가지로, 전국 유권자가 어느 정당을 얼마나 지지하는지를 알아내려고 할 때, 유권자 몇십 명을 조사해서는 정확한 결과를 얻기 어려울 것입니다.
   - **표본이 모집단과 유사해야 합니다.** 표본은 모집단과 나이 분포나 성비 등 여러 측면에서 비슷해야 합니다. 우리나라 성인(만 18세 이상)이 선호하는 자동차 브랜드를 조사하려고 할 때, 대학 캠퍼스에서 대학생들을 상대로 설문 조사를 한다면 정확한 결과를 얻을 수 없을 것입니다. 마찬가지로, 대학 진학을 희망하는 고등학생이 전공하고 싶어하는 학과를 조사하려고 할 때, 남자나 여자 고등학교에서만 조사하거나, 혹은 학생의 수학

능력이 매우 우수한 특수목적고에서만 조사한다면 정확한 결과를 얻기 어려울 것입니다.

- **표본이 무작위로 선정되어야 합니다.** 표본이 모집단과 유사한지를 포함하여 표본이 특정 방향으로 기울지 않고 공정하게 선택됨을 보장하는 가장 좋은 방법은 바로 표본을 무작위로 선택하는 것입니다. 예를 들어, 여러분이 다니고 있는 대학의 학생들이 여가시간에 무엇을 하는지 조사하려고 할 때, 여러분과 친한 학생들만을 상대로 조사한다면 정확한 결과를 얻지 못할 수도 있습니다. 학교에 문의해 모든 학생의 전화번호를 알아낸 뒤 무작위로 몇 명에게 전화를 걸거나, 아니면 학생 대부분이 즐겨 찾는 학생회관이나 학생들이 자주 다니는 길목(학교 정문 등)에서 무작위로 설문 조사를 해야 전체 학생의 의견을 잘 반영할 수 있습니다. 중요한 것은 모집단의 어느 사람도 표본에서 배제되지 않고 모든 사람이 똑같은 확률로 표본에 포함될 수 있도록 하는 것입니다.

**2. 편파적이지 않아야 합니다.** 설문은 객관적인 질문을 해야 하고 위협적이거나 특정 의견을 유도하는 분위기를 조장해서는 안 됩니다. 다음 두 문장을 비교해 보세요. “귀하는 준법의식이 떨어지고 폭력적인 외국인 노동자와 이민자가 계속 입국하도록 내버려두어도 된다고 생각하십니까?”와 “귀하는 외국인 노동자와 이민자의 입국에 찬성하십니까, 아니면 반대하십니까?” 그리고 만약 이런 설문지를 나눠주는 사람이 “밤거리를 위험하게 만드는 외국인 노동자 OUT!”과 같은 문구가 쓰인 티셔츠를 입고 있다면 설문에 응답하는 사람이 자기 의견을 솔직하게 피력하는 데 영향을 미치지는 않을까요?

또 다른 예를 들어봅시다. 한 화장품 회사의 광고에 따르면 최근 설문 조사에서 응답자의 90%가 자사의 클렌저에 만족한다는 대답을 했다고 합니다. 이런 정보를 광고에 싣는 것은 응답자의 절대다수가 자사의 제품에 만족하니 광고를 보고 있는 여러분도 이 제품을 좋아할 것이니 한번 써보라는 의미지요. 하지만 90%란 수치가 어떻게 나온 것일까요? 만약 이 수치가 자신들이 운영하는 화장품 가게에서 클렌저를 구매한 고객을 상대로 한 조사라면, 이 수치가 공정한 것이라고 말할 수 있을까요? 이미 이 제품을 사기로 마음먹은 사람은 이 제품을 과거에 써보고 만족해서 재구매하는 등 이미 그 제품에 긍정적인 의견을 가지고 있을 확률이 높을 것입니다. 하지만 다른 제품을 사용하는 사람이나 아예 클렌저를 사용하지 않는 사람들까지 포함해서 설문 조사를 한다면 다른 결과가 나올 수도 있겠지요.

## 연습 문제

다음 설문에서 잘못된 것이 무엇인지 찾아 적어보세요.

어느 증권회사의 사장은 정부의 새로운 규제 움직임에 대해 자신의 의견을 피력하는 데 증거자료로 사용하려고 회사 직원들에게 짧은 설문지를 보냈습니다. 이 설문지는 첫 부분에서 직원들이 성실하고 열심히 일해 회사가 크게 성장하도록 도와준 데 대하여 감사의 말을 전했고, 설문의 목적이 정부 규제에 대한 직장인들의 의견을 알아보기 위한 것이라고 설명하였습니다. 그리고는 설문지의 질문은 다음과 같았습니다: "귀하는 정부가 열심히 일하고 있는 증권 중개인들이 받는 보너스의 상한을 정할 권리가 있다고 생각하십니까?"

## 해답

설문의 표본이 무작위로 선정되지 않았고 설문의 목적을 생각해볼 때 표본(증권회사 직원)이 모집단(직장인)을 잘 대변하지 못합니다. 또한, 자기 회사의 직원들이 열심히 일했다고 칭찬하면서 동시에 '열심히 일한 증권 중개인들이 받는 보너스'에 대해 물음으로써, 직원들이 정부의 조치에 따라 영향받을 수 있음을 강조하여 특정한 방향으로 대답을 유도하고 있습니다.

## 10.2 상관연구

자료를 수집하고 나면 이를 분석하고 해석해야 하는데, 이 단계에서도 진실을 왜곡할 기회가 많이 생깁니다. 우리가 접하게 되는 연구 가운데 가장 흔한 것 중 하나는 바로 두 변수 사이에 어떤 상관관계가 있는지를 알아보기 위한 상관연구입니다. 그래서 상관연구에서 수치가 조작되는 방법에 대해 알아보겠습니다. 상관연구로 조사할 수 있는 질문에는 다음과 같은 것이 있습니다.

- 보름달과 출산율 사이에 어떤 관계가 있는가?
- IQ와 소득 수준 사이에 어떤 관계가 있는가?

간단해 보이는 질문이긴 하지만 이런 질문에 대해서도 어떤 대답과 해석을 하는지는 매우 조심스럽게 따져보아야 합니다. 예를 들어, 첫 번째 질문에 대한 대답을 얻기 위해 한 병원에서 실시한 연구에 따르면 보름달일 때가 그렇지 않을 때보다 신생아 출산이 평균 4% 더 많다고 나타났습니다. 그렇다면 우리는 보름달과 출산율 사이에는 작지만 긍정적인 상관관계가 있다고 말할 수 있을까요? 만약에 다른 다섯 개 병원에서 같은 연구를 했을 때 보름달과 출산율 사이에 아무런 관계가 없다는 결과가 나왔다면 이 병원의 연구 결과는 어떻게 해석해야 할까요? 더군다나 달의 모양 변화가 인간의 생리와 행동에 영향을 미친다는 이론을 뒷받침할 수 있는 다른 증거가 없다면 어떨까요? 이런 경우, 두 변수 사이에 실제로 어떠한 관계가 존재한다기보다는 운에 의해서 한 병원에서만 눈에 띄는 결과가 나온 것일 수 있습니다. 그래서 어떠한 두 변수 사이에 특정한 관계가 존재한다는 주장을 할 때, 단순히 관계가 존재함을 밝혀내는 것뿐만 아니라 왜 그러한 관계가 존재하는지를 이론적으로 설명하는 것도 중요합니다.

두 번째의 질문의 경우로 예를 들어봅시다. 한 연구에 따르면 IQ가 10점 높으면 연평균 소득이 15% 더 많다고 합니다. 즉, IQ가 100인 사람들의 평균 소득은 IQ가 90인 사람들보다 15% 더 많으며, IQ가 110인 사람들은 100인 사람들보다 15% 더 많다는 것이지요. 우리는 이런 연구 결과를 보고 'IQ가 높아지면 더 많은 돈을 버는구나!'라고 생각할 수도 있습니다. 하지만 이는 상관관계를 인과관계로 오인한 오류입니다. 인과관계란 '~때문에 ~하다'와 같이 한 변수가 다른 변수의 원인이 되는 관계를 말하지요.

부유한 집안의 아이들 IQ가 그렇지 못한 집안보다 더 높고, 또 부유한 집안의 아이들이 그렇지 못한 집안의 아이들보다 성인이 되었을 때 더 높은 소득을 올리는 것을 생각해보면, IQ가 소득에 미치는 영향이(그리고 소득이 IQ에 미치는 영향이) 상당히 복잡함을 알 수 있습니다. 이런 경우에는 인과관계를 도출하는 것은 매우 어렵지요. 물론 IQ가 높을수록 똑똑하다는 의미이고, 똑똑한 사람이 아무래도 돈도 더 많이 벌지 않을까 하고 생각해볼 수도 있습니다. 하지만 위의 상관관계 연구만으로는 이러한 결론을 내릴 수 없습니다. 여러 분야의 과학자들은 '상관은 인과를 나타내지 않는다'라는 말을 자주 하며 상관관계 연구에서 인과관계를 도출하거나 암시하는 것을 경계합니다. 하지만 전문적으로 과학을 하는 사람이 아닌 기자나 정치인, 그리고 보통 사람은 이러한 실수를 저지르는 경우가 매우 잦습니다. 그래서 이런 종류의 잘못된 결론은 상관연구가 가지고 있는 가장 큰 위험 가운데 하나입니다.

상관연구를 접했을 때 연구에 나온 수치뿐만이 아니라 결론이 항상 옳을 것이라고 가정하면 안 됩니다. 연구가 설명하려고 하는 현상과 연구 자체에 대해 항상 비판적인 질문을 던져보고 스스로 자료를 검토하세요. 이름있는 신문과 잡지, 방송국에서도 상관연구의 결과를 소개할 때 크고 작은 오류(의도적이든 의도적이지 않든)를 저지르는 것을 어렵지 않게 발견할 수 있습니다. 특히 정치인과 이익단체, 기자와 언론사, 광고주와 기업 등에서 발표하는 자료의 경우, 그 결과가 발표자에게 너무나 편리하고 유리한 것이 아닌지 한번 생각해보세요. 그리고 여러분 스스로 타당하고 진실한 것이라고 결론 내릴 수 있기 전까지 이를 너무 신뢰하지 마세요.

### 오차범위에 대해

TV 뉴스나 신문에서 소개되는 설문 조사에서 '오차범위는 몇%입니다'라는 말을 본 적이 있을 것입니다. 그런데 이게 과연 무슨 뜻인지 생각해본 적이 있나요? 쉽게 설명하자면 오차범위는 연구 결과가 현실을 얼마나 정확하게 표현하고 있는가를 나타내는 범위입니다. 신뢰 수준과 더불어 연구 결과의 정확도를 나타내는 숫자인데, 많은 설문에서 신뢰 수준은 대부분 95%로 고정되어 있지만, 오차범위는 다양하게 나타나기 때문에 오차범위를 이해하면 설문 결과를 이해하는 데 많은 도움이 됩니다.

오차범위는 흔히 ±몇%로 표시되어 있습니다. 이는 설문 결과에 나온 각각의 수치에 오차범위 숫자만큼 더하고 뺀 것을 생각해보아야 한다는 뜻입니다. 예를 들어, 한 대선 여론조사에서 A 후보가 53%, B 후보가 47%의 지지를 받는 것으로 나타났는데 오차범위가 ±5%라면 A 후보의 실제 지지율은 48~58%, B 후보의 실제 지지율은 42~52%일 수도 있다는 뜻입니다. 즉, A 후보의 지지율이 더 높은 것으로 보여도 실제로는 B 후보의 지지율이 더 높을 수도 있다는 뜻이지요. '오차범위 내에서'라는 말이 바로 이럴 때 쓰이는 것입니다. 그래서 이렇게 오차범위가 겹치는 경우는 이 수치를 가지고 결정이나 판단을 내릴 때 특히 조심해야 합니다.

신뢰 수준이 95%란 말은 같은 설문을 100번 했을 때 95번은 명시된 결과가 나올 것이라는 뜻입니다. 즉, A 후보가 53%, B 후보가 47%의 지지를 받는 설문 조사에서 신뢰 수준이 95%, 오차범위가 ±5%라면, 같은 설문을 100번 반복했을 때 95번은 A 후보가 48~58%, B 후보가 42~52%를 획득할 것이라는 뜻입니다. 물론 5,000만 국민 모두에게 조사를 한다면 정확하게 A 후보는 몇%, B 후보는 몇%라는 결과를 얻을 수 있습니다. 하지만 현실적으로 모두를 조사할 수 없으니, 무작위로 표본(보통 1,000~2,000명 정도)을 뽑아 조사하는 것이고, 이런 조사를 100번 반복하면 95번(95%)은 위와 같은 결과가 나온다는 뜻입니다. 그렇다면 나머지 5번(5%)은 어떻게 된다는 뜻일까요? 통계적으로 나머지 5번은 명시된 결과와 다른 결과가 나올 수도 있다는 뜻입니다. 즉, 모든 사람을 조사하지 않는 이상, 항상 그 결과가 정확하지 않을 수도 있음을 어느 정도 내포하고 있다는 뜻이지요.

## 연습 문제

다음 상관연구에서 도출할 수 있는 적합한 결론은 어느 것인가요?

> 한 기관에서 어린이의 TV 시청이 독서 습관에 어떠한 영향을 미치는지를 알아보려고 연구를 하였습니다. 그 결과, 6살 이하의 어린이가 있는 가정의 33%가 낮과 저녁 시간 대부분 동안 TV를 켜놓고 있음을 알아냈습니다. 그리고 이와 같은 가정의 어린이는 그렇지 않은 가정의 어린이보다 더 많이 TV를 보고 독서를 더 적게 하는 것도 밝혀냈습니다.

**a.** 여러분이 집에 TV를 설치하면 여러분의 4살배기 딸은 책을 읽고 싶어하지 않을 것이다.

**b.** TV가 없는 가정의 어린이는 TV가 있는 가정의 어린이보다 독서능력이 더

뛰어나다.

**c.** 하루 중 대부분 시간에 TV를 켜놓는 이웃집의 6살짜리 민수는 다른 어린이보다 독서를 적게 할 가능성이 크다.

**d.** 교육적 프로그램만 보는 어린이는 다른 프로그램만 보는 어린이보다 책을 더 많이 읽는다.

### 해답

이 연구를 토대로 내릴 수 있는 유일한 결론은 **c**입니다. 이 연구에서는 교육적 프로그램에 대한 내용이나(**d**), TV가 없는 가정에 대한 내용은(**b**) 없으므로 이에 대한 결론은 내릴 수 없습니다. 또한, 여러분이 집에 TV를 가져다 놓더라도 이 TV가 온종일 켜져 있을지, 만약 그렇다 하더라도 이것이 딸의 독서 습관을 바꿀지는 확실치 않습니다(**a**).

## 10.3 통계에 대해

상관관계 연구를 포함하여 모집단에 대해 의미 있는 해석을 할 수 있도록 수학적인 기법을 사용하는 것이 통계입니다. 하지만 통계는 생각보다 복잡한 학문이어서 통계를 사용하는 사람의 무지에 의해서나, 혹은 통계를 듣는 사람의 무지를 이용해 의도적으로 거짓된 통계 결과나 해석이 전달되기도 합니다. 아래에서는 일반적으로 통계가 오용되는(의도적이든 아니든) 세 가지 방법에 대해 알아보겠습니다.

### 의미 있는 통계인가?

많은 젊은 부모들은 아기가 평균적으로 생후 13개월이 지나면 걷는다는 말을 합니다. 이런 말을 들은 한 아기 엄마는 자신의 18개월 된 아기가 여전히 걷지 않는 것을 보고 무언가 잘못된 것이라고 결론 내렸습니다. 하지만 많은 연구는 생후 24개월이 지나면 일찍 걷기 시작한 아기와 늦게 걷기 시작한 아기 사이에 차이가 없다는 것을 보여주고 있습니다. 그래서 평균적으로 생후 13개월이 지나면 걷는다는 통계치는 별로 의미가 없을 수도 있습니다. 18개월이 된 아기가 여전히 기어 다녀도 그 자체로는 아기에게 무언가 비정상적인 것이 있다고 말하기는 어렵기 때문이지요.

또 다른 예를 들어봅시다. 한 전국 학력 검사를 분석해보니 부유한 지역 학생들의 점수가 가난한 지역 학생들의 점수보다 더 높았습니다. 이를 가지고 부유한 지역 학생들이 더 똑똑하다는 결론을 내릴 수 있을까요? 이 결과만을 두고 봤을 때는 다른 변수들을 고려하지 않았기 때문에 의미 있고 정확한 결론이라고 할 수 없습니다. 학력 검사 점수의 차이는 학생들의 내재적인 지적 능력뿐만이 아니라 학교와 교사의 질, 검사 준비의 정도, 검사 전날에 충분히 잤는지, 그리고 그날 아침에 식사하였는지 여부 등 다양한 변수의 영향을 받을 수도 있기 때문입니다. 이러한 예를 통해서 알 수 있는 것은 통계 결과에 따른 수치의 차이가 과연 실질적으로 의미 있는 것인가를 비판적으로 생각해보아야 한다는 것입니다.

### 통계적으로 의미 있는가?

통계학에서는 '통계적으로 의미가 있는가(유의미한가)'라는 개념이 있습니다. 쉽게 설명하자면, 통계치에서 나타난 차이가 실제로 존재하는 차이인지를 검증해보는 것인데, 예를 들어보면 다음과 같습니다. 대구와 인천에 사는 성인 남성들을 각각 100명씩 모집해 키를 재 보니 대구는 171cm, 인천은 170cm로 나타났습니다. 이를 가지고 대구에 사는 성인 남성의 평균 신장이 1cm 더 크다고 말할 수 있을까요? 이는 이 통계치가 '통계적으로 의미 있을 때'만 가능합니다. 이는 엑셀 같은 스프레드시트 프로그램이나 SPSS 같은 통계분석 프로그램을 통해 $p$값(유의 확률)을 구해 보아야만 알 수 있습니다. 만약에 위의 수치가 통계적으로 의미 있는 것이라면 대구에 사는 성인 남성이 인천에 사는 성인 남성보다 더 키가 크다고 할 수 있겠지만, 그렇지 않다면 평균값에 차이가 있더라도 이런 주장을 할 수는 없습니다. 대구와 인천에 사는 모든 성인 남성의 키를 재서 비교하지 않는 이상, 일부 표본만 추출했을 때는 항상 부정확한 결과가 나올 수도 있기 때문이지요.

## 연습 문제

최근 경찰청에서 공개한 한 통계 자료에 따르면 눈이나 비가 온 날에 평균적으로 일어난 교통사고 수가 맑은 날의 교통사고 수보다 더 적다고 합니다. 그렇다면 우리는 눈이나 비가 오는 날에 운전하는 것이 맑은 날에 운전하는 것보다 더 안전하다고 결론 내릴 수 있을까요? 왜 그런지, 아니면 왜 그렇지 않은지에 대한 이유도 함께 적어보세요.

## 해답

그렇게 결론 내릴 수 없습니다. 교통사고가 일어난 숫자가 의미가 있으려면 이의 근간이 되는 교통량의 차이가 동등해야 합니다. 즉, 교통량 대비 교통사고 발생 건수를 알아야 어떤 날씨에 얼마나 사고가 일어나는지를 알 수 있지요. 눈이나 비가 온 날의 교통사고 수가 맑은 날보다 10% 더 적지만, 만약에 교통량 자체는 30% 더 적다면 오히려 눈이나 비가 오는 날에 교통사고가 더 자주 일어난다고 결론지을 수 있습니다. 우리가 맑은 날과 비 오는 날에 운전을 한다면 비 오는 날에 사고가 일어날 확률이 더 높다는 것이지요. 그리고 자동차가 눈에 미끄러지거나 바로 앞이 보이지 않을 정도로 비가 퍼붓는 날에 운전해본 사람이라면, 아니면 눈이나 비가 내릴 때 운전하는 것이 더 위험하다고 익히 들어온 사람이라면 위와 같은 결론이 경험과 상식에 어긋남을 알 수 있습니다. 이처럼 우리의 경험과 상식에 반대되는 결론은 주의해서 살펴보아야 합니다.

## 통계가 현실을 올바르게 대표하고 있는가?

통계치를 볼 때 다음과 같은 질문을 던져보세요. 통계치가 현실을 올바르게 대표하고 표현하고 있는 것일까요? 통계치를 제시하면서 현실을 왜곡해 실제보다 더 좋게, 또는 더 나쁘게 보이게끔 하고 있지는 않을까요? 예를 들어, 한 신생 국가에서 얼마나 많은 국민이 국제 빈곤선(하루 수입 $1.25, 혹은 약 1,000~1,500원) 이하에서 살고 있는지를 조사했습니다. 그리고 그 결과를 국영방송 뉴스 프로그램에서 다음과 같이 발표하였습니다: "우리나라 국민의 90%가 국제 빈곤선을 웃도는 삶을 살고 있다." 90%라는 숫자는 굉장히 높은 숫자 같아 보이지만, 이를 뒤집어서 생각해 보면 국민의 10%가 빈곤선 아래에서 생활하고 있다는 뜻이 됩니다. 나라의 인구수에 따라 국민의 10%는 수십, 수백만 이상이 될 수도 있고, 이는 결코 작은 문제가 아닙니다. 참고로 우리나라를 포함해 대부분의 북미와 유럽 국가들, 일본, 호주, 칠레 같은 나라는 국제 빈곤선 아래에서 생활하는 국민이 2% 미만입니다.

## 연습 문제

한 종교단체의 설문조사 결과에 따르면 심각한 범죄를 저질러 소년원에 수용된 청소년의 95%가 폭력적인 TV 프로그램을 1주일에 3회 이상 시청한다고 합니다. 이를 바탕으로 이 종교단체는 폭력적인 TV 프로그램이 청소년 범죄자를 양산한다고 결론 내리고 폭력적인 TV 프로그램에 대한 규제를 강화해야 한다고 주장했습니다. 이 주장이 과연 올바른 결론에 바탕한 주장일까요? 왜 그런지, 아니면 왜 그렇지 않은지에 대한 이유도 함께 적어보세요.

## 해답

얼핏 보면 절대다수의 청소년 범죄자가 폭력적인 TV 프로그램을 자주 시청하기 때문에 이 단체의 결론에는 아무런 문제가 없어 보입니다. 하지만 이를 가지고 폭력적인 TV 프로그램이 청소년 범죄자를 만들어낸다고 결론 내리는 것은 섣부른 판단입니다. 그럴싸해 보이는 주장이지만, 이 통계가 간과하고 있는 것은 바로 얼마나 많은 보통 청소년이 폭력적인 TV 프로그램을 시청하고 있느냐는 것입니다. 만약 범죄를 저지르지 않은 보통 청소년의 94%가 이미 1주일에 3회 이상 폭력적인 TV 프로그램을 시청하고 있다면 위의 통계는 별다른 의미가 없는 것이 되어버립니다. 또한, 만약에 청소년 범죄자가 다른 청소년보다 폭력적인 TV 프로그램을 더 많이 본다고 밝혀지더라도, 과연 이를 가지고 단순히 폭력적인 TV 프로그램과 청소년 범죄 사이에 인과관계가 존재한다고 말하기는 어렵습니다.

## 통계가 모든 사실을 포함하고 있는가?

통계치를 조작하는 또 하나의 흔한 방법은 바로 통계 결과에서 핵심 정보를 빼버리려 올바른 비교를 어렵게 하는 것입니다. 예를 들어, 한 자전거 회사가 경쟁사들보다 이번 달 판매 실적이 월등해 시장을 장악해가고 있다고 주장하고 하고 있습니다. 이 회사는 자신들의 판매는 지난달 대비 100% 증가했는 데 비해 경쟁사는 겨우 10%밖에 증가하지 못했다고 합니다. 그렇다면 이 회사는 정말로 경쟁사를 압도해 시장을 장악해가고 있는 것일까요? 이런 결론을 내리기 전에 우리는 더 많은 정보가 필요합니다. 만약에 경쟁사가 지난달에 자전거 2,000대, 그리고 이번 달에는 2,200대를 판매했고, 이 회사는 지난달에 50대, 그리고 이번 달에 100대를 팔았다면, 과연 이를 시장을 장악해가고 있다고 표현할 수 있을까요? 세일이나 재고떨이를 통해 반짝 판매량이 증가한 것을 가지고 억지스럽게 마케팅에 사용하고 있는 것일지도 모릅니다.

이처럼 각종 정치인과 이익단체, 기업, 그리고 언론사가 발표하는 통계 결과를 들었을 때, 그것이 진실한 것이 아닐 수도 있음을 명심하세요. 그리고 위에서 알아본 세 가지를 각 통계치에 조심스럽게 적용해보세요. 이 통계치가 실제로 무슨 의미가 있는가? 이 통계치가 현실을 왜곡하려고 시도하고 있지는 않은가? 그리고 통계치를 올바르게 해석하는 데 필요한 정보를 모두 제공하고 있는가? 통계치에 대해 비판적으로 사고하면 통계치를 바탕으로 잘못된 결론이나 판단을 내리거나 예방할 수 있습니다.

### 생각해보기

주장에 대한 근거로 수치만을 받아들이지 마세요. 스스로 왜 이 수치를 신뢰해야 하는지에 대해 질문을 던져보세요. 그리고 수치 이외에 다른 근거가 무엇이 있을 수 있는지 곰곰이 생각해보세요.

## 10.4 레슨 요약

말로 남을 기만하는 것과 마찬가지로 숫자로 남을 기만하는 것도 그리 어렵지 않습니다. 각종 연구와 조사를 통해 얻은 통계치는 연구자의 부주의나 무지, 혹은 편견이나 의도 때문에 현실을 올바르게 나타내고 있지 않을 수도 있습니다. 그래서 수치를 온전히 진실한 것으로 받아들이기 전에 이를 스스로 평가해보는 것이 매우 중요합니다. 이 수치의 근간이 되는 정보는 어떻게 수집되었고, 오차 범위는 얼마나 되며, 이 수치가 얼마나 의미 있는 것인지에 대해 질문하세요. 결론이 그럴듯해 보여도 실상은 그렇지 않을 수도 있습니다. 여러분이 접하게 되는 여러 가지 수치에 대해 비판적으로 사고하기 시작하면 객관적이고 정확한 정보만 받아들이는 데 큰 도움이 될 것입니다.

**다음 레슨까지 연습해볼 것**

- 신문과 비교하면 TV 뉴스는 통계치를 간략하게 소개하는 경우가 많습니다. 시간적인 제약 때문에 화면에 모든 정보를 띄우고 이를 설명할 수 없기 때문이겠지요. 다음에 TV 뉴스에서 통계치나 이를 바탕으로 한 그래프나 표가 소개될 때, 이번 레슨에서 배운 내용을 바탕으로 필요한 정보가 모두 공개되었는지 따져보세요. 특히 통계치를 바탕으로 무언가가 크게 상승했거나 하락했다고 주장한다면('사고율이 크게 늘었다'와 같은), 과연 그 주장이 합당한 것인지 비판적으로 생각해보세요.
- 주변에서 통계가 쓰인 광고를 한번 찾아보세요(예: 취업률이 적힌 대학 광고). 광고에 나온 통계라면 분명 광고 내용을 긍정적으로 뒷받침하는 것이겠지요. 이 통계가 정보를 부분적으로 보여줌으로써 현실을 왜곡하고 있을 가능성이 있지는 않은지 따져보세요.

LESSON

# 11 감정을 확인하고 통제하기

지적인 사람의 특징은 이성을 통해 감정을 통제하는 능력이 있다는 것이다.
The sign of an intelligent people is their ability to control emotions by the application of reason.

마야 맨스(Marya Mannes, 1904~1990)
미국의 작가, 비평가

## 이번 레슨에서 공부할 내용

의사결정 과정에서 감정은 어떤 역할을 할까요? 이번 레슨에서는 의사결정 과정에서 감정이 어떤 역할을 하는지 알아보고, 감정이 의사결정에 도움이 되도록 조종하는 방법에 대해서 알아보겠습니다. 만약 감정적인 반응을 받아들이고 이를 적절히 사용할 수 있으면 이는 비판적 사고를 할 때 유용한 요소가 될 수 있습니다. 하지만 감정을 부적절하게 사용하면 일을 망치게 될 수도 있겠지요.

많은 사람은 객관적인 사고와 의사결정에는 '두뇌'만이 관여해야 한다고 믿습니다. 아마도 이는 '객관적'이란 단어의 뜻이 '개인감정의 영향을 받지 않는다'는 것으로 생각하여서일 것입니다. 하지만 과연 우리가 의사결정을 내릴 때 감정을 완전히 억누르거나 무시할 수 있을까요? 그리고 더 중요한 것은, 감정은 억누르고 무시해야만 하는 것일까요? 이번 레슨에서는 많은 사람이 일반적으로 생각하는 것과는 다르게, 이런 질문에 대한 대답이 '아니요'이고, 그 이유가 왜인지에 대해 알아볼 것입니다.

기분이나 감정은 논리와 이성처럼 비판적 사고에서 중요한 부분을 차지하고 있습니다. 물론 우리가 일반적으로 알고 있는 것처럼 감정만을 기초로 하여 의사결정을 내리는 것은 현명하지 않으며, 어떤 감정은 의사결정 과정에서 아예 제외하는 편이 좋을 수도 있습니다. 하지만 비판적으로 사고하는 사람은 자신이 가지고 있는 감정을 인정할 줄 알고 그것이 의사결정에 어떠한 영향을 미칠 수 있는지를 이해합니다. 또한, 이러한 감정이 언제 어디에서 의사결정의 한 부분이 되어야 하는지를 통제할 줄 압니다.

## 11.1 의사결정 과정과 감정

비판적이고 이성적인 사고에 대해 공부를 하다보면 의사결정이란 감정을 배제해야 하는 체계적이고 의식적인 과정이어야 한다고 생각하기 쉽습니다. 어쩌면 이는 단순하게 양분하기를 좋아하는 우리의 특징일지도 모릅니다(좋음과 나쁨, 이성과 감정 등). 하지만 여러분이 최근 내린 결정 가운데 강한 감정이 결정에 영향을 미쳤던 경우가 있었을 것입니다. 예를 들어, 식당에서 저녁 식사를 하고 디저트를 주문할지 말지를 결정해야 했다던가, 아니면 마트에서 장을 보다가 과자 코너에서 과자를 살지 말지를 결정해야 했던 것 같은 경우를 떠올려보세요. 이때 여러분은 요즘 다이어트를 위해 달고 기름진 것을 멀리하려고 노력하고 있었음에도 치즈 케익을 주문하거나 초코 과자를 장바구니에 담았을 수도 있습니다. 왜냐하면, 여러분은 이런 음식을 좋아하기 때문이지요. 아니면 학교나 회사에서 중요한 시험이나 프로젝트가 있었음에도 응원하는 야구팀이나 축구팀의 경기를 보러 친구들과 외출을 했을 수도 있습니다.

자동차나 집을 사는 것 같은 큰 결정이든, 아니면 어떤 햄버거 세트 메뉴를 시킬까 같은 작은 결정이든, 결국 의사결정 과정은 비슷합니다. 지금까지의 레슨에서 우리는 의사결정의 각 과정에 대해 알아보았습니다. 여기서 이들을 한번 짚고 넘어가 봅시다.

1. 문제를 인식한다.
2. 문제를 정의한다.
3. 문제에 대하여 더 많이 알아내기 위해 주의 깊게 관찰한다.
4. 가능한 해결책을 브레인스토밍한다.
5. 해결책을 선택하고 목표를 설정한다.
6. 목표 달성에 방해될 수 있는 문제를 예측하고 트러블슈팅한다.
7. 해결책을 시도해보고 그 결과를 점검한다.
8. 해결책을 그대로 사용하거나, 수정해 사용하거나, 아니면 다른 해결책을 선택한다.

지금까지 공부한 의사결정의 과정을 되짚어보면 감정에 대해서는 어떻게 하라는 명확한 내용이 없다는 것을 알 수 있습니다. 그렇다면 감정은 의사결정에서 어떤 역할을 맡아야 할까요? 정답은 바로 '균형 잡힌 역할'입니다. 감정이 의사결정을 지배해서도 안 되지만, 그렇다고 이를 무시해서도 안 된다는 것입니다. 여러분이 어떤 문제를 인식하고 이를 정의하려고 할 때, 여러분 마음속에 생기는 감정에도 주의를 기울여보고 이를 정의하려고 해보세요. 예를 들어, 여러분은 특정 상황을 '이 상황은 나를 굉장히 불안하게 만들어서 생각조차 하고 싶지 않게 만드는군'이라고 생각할 수도 있고, 아니면 그 반대로 '이 상황은 정말 기대가 돼! 얼른 한번 해보고 싶다!' 같이 생각할 수도 있을 것입니다. 그리고 이런 감정이 드는 것을 인정하고 받아들이세요. 물론 그렇다고 이 감정 때문에 충동적으로 행동해서는 안 됩니다.

감정이 의사결정을 지배할 때 어떤 결정을 내릴 수도 있는지에 대한 예를 들어봅시다. 아라는 대학에서 디자인을 공부하고 싶어하지만 부모님께 너무 큰 학비 부담을 지워드리고 싶어하지 않습니다. 그래서 그녀의 목표는 학비가 지나치게 비싸지 않으면서도 높은 수준의 교육을 제공하는 대학으로 진학하는 것입니다. 그래서 그녀는 열심히 공부해 대학교 세 군데에서 합격 통지서를 받았습니다. 첫 번째 대학은 세 학교 중에서 디자인 과가 가장 강하고 학비도 가장 쌌습니다. 두 번째 대학은 디자인 과의 수준은 조금 낮았지만, 아라에게 전액 장학금을 준다고 약속하였습니다. 그리고 마지막으로 세 번째 대학은 첫 번째 대학보다 디자인 과가 약하고 학비도 더 비쌌지만, 고등학교 때 같이 미대 입시를 준비하던 친한 친구가 이 학교로 진학한다고 했습니다. 아라는 어느 대학으로 진학해야 할까요? 우리가 객관적이고 이

성적으로 생각해보면 처음 두 개의 대학으로 진학하는 것이 합리적일 것입니다. 첫 번째 대학에서는 합리적인 학비로 가장 높은 수준의 교육을 기대할 수 있고, 두 번째 대학에서는 학비를 내지 않고 좋은 수준의 교육을 기대할 수 있습니다. 그에 반해 세 번째 대학의 유일한 매력은 친한 친구와 함께 다닐 수 있다는 것이지요. 만약 아라가 세 번째 대학을 선택한다면, 이는 이성보다 감정의 지배를 받은 결정을 내린 것이 됩니다.

물론 대학에 진학해 새로운 환경에서 새로운 사람들을 만나며 적응하는 것이 결코 쉬운 일은 아닙니다. 그래서 익숙하고 친한 사람의 존재는 마음에 큰 위안이 될 수 있습니다. 하지만 젊은이 대부분은 아는 사람이 하나도 없는 대학에 새내기로 입학해 새로운 친구를 사귀고 크고 작은 문제를 겪고 해결해 나가며 성인으로서 사회에 나갈 준비를 해 갑니다. 간혹 새로운 환경에 적응하기 어려워하는 대학생도 있지만, 대부분은 잘 적응해 나가고 대학과 학교 사람들도 새내기들이 잘 적응할 수 있도록 도와줍니다. 오히려 친한 친구의 존재는 대학에 적응하고 새로운 사람을 사귀는 데 방해가 될 수도 있습니다. 아라가 이런 부분까지 미리 고려해 친한 친구의 존재가 대학에 적응하는 데 꼭 필요할 것이라고 생각한다면, 아라는 감정을 인지하고 인정해 의사결정에 효과적으로 사용한 것이 됩니다. 스스로가 대학이라는 새로운 환경에 적응하는 데 두려움을 느끼는 것, 그리고 친한 친구에 대한 편안한 감정이 자신에게 중요한 요소임을 인정하고 이를 의사결정에 반영한 것이지요. 하지만 그것이 아니라 막연한 불안감이나 친구에 대한 감정을 바탕으로 결정을 내린다면, 이는 현명한 결정이라고 보기 어려울 것입니다.

### 생각해보기

문제를 해결해가는 과정에서 자꾸 강한 감정이 들어(너무 불안하거나 흥분이 되거나 하는 등) 효율적인 문제 해결에 방해된다는 생각이 든다면, 그 감정에 대해 곰곰이 생각해보고 이를 통해 무엇을 배울 수 있는지 생각해보세요. 무엇이 자꾸 그 감정이 들게끔 하나요? 어떻게 하면 이를 안정적으로 다스릴 수 있을까요? 무턱대고 감정을 억누르려고 하는 것은 효과적인 해결책이 아닙니다. 감정의 원인(물체나 장소, 사건 등)을 찾아내 이를 잠시 옆으로 치워둘 수 있는 자신만의 방법을 찾는 것이 필요합니다.

## 연습 문제

다음 중 감정만 가지고 결정된 것이 무엇인가요?

**a.** 초롱은 어제 저녁 식사를 준비하고 남은 재료를 사용해 점심때 먹을 도시락을 만들었다.

**b.** 은지는 카메라로 사진을 찍은 뒤 바로 이메일에 첨부해 보낼 수 있는 기능이 필요해 더 좋은 카메라를 샀다.

**c.** 민우는 7년 동안 잘 사용한 컴퓨터가 고장 나 새 컴퓨터를 사야 했다. 그래서 컴퓨터에 대한 제품 평을 찾아본 다음 지금까지 사용하고 있던 것과 같은 회사의 신형 컴퓨터를 샀다.

**d.** 승식은 새로 구한 자그마한 자취방에 가져다 놓을 TV가 필요했다. 그래서 대형마트에 가서 55인치짜리 대형 TV를 샀다.

## 해답

**d**가 감정만 가지고 내린 결정일 가능성이 가장 큽니다. 작은 자취방에 그렇게 큰 TV를 가져다 놓는 것은 합리적인 결정이 아닙니다. TV와 소파나 침대가 너무 가까워서 화면 전체를 보기 어렵거나 눈이 피로할 수도 있습니다. 승식이 대형 TV를 산 이유는 아마도 그가 이 TV를 보고 들은 긍정적인 감정 때문일 것입니다.

# 11.2 편견과 고정관념

편견이란 우리를 공평하고 공정하지 못하게 만드는 생각이나 믿음을 말합니다. 그리고 고정관념이란 주로 특정 집단의 사람에 대해 과도하게 일반화된 생각과 태도를 뜻합니다. 이 둘은 대부분 감정적인 반응 때문에 생성되며, 한번 생겨나면 또 감정적인 반응을 불러일으킵니다. 그리고 편견이나 고정관념은 우리가 마음을 열고 세상을 있는 그대로 보지 못하게 만들며, 문제 해결을 할 때도 이성적이고 논리적인 결정을 내리는 걸 방해합니다. 그래서 우리는 감정을 적절히 통제해 편견이나 고정관념이 생기는 것을 막아야 합니다. 그리고 만약 이미 편견이나 고정관념이 있다면, 이들이 현명한 판단을 방해하지 않도록 조절해야 하고, 궁극적으로 해소해야만 합니다. 아래에서 편견과 고정관념의 예시를 들어 좀 더 자세히 공부해봅시다.

## 편견

동민은 학교발전위원회의 위원입니다. 이번 달 회의에서 그는 앞으로 학교 도서관 운영 방향을 좌지우지할 안건에 투표해야 합니다. 이 안건은 학교가 도서관을 인터넷과 컴퓨터를 중심으로 운영할지, 아니면 전통적인 방식으로 책과 조용히 읽을 수 있는 환경을 지향하며 운영할지를 결정합니다. 동민은 자신이 인터넷과 컴퓨터에 별로 능숙하지 못하여 즐겨 사용하지 않아서 학생들이 인터넷과 컴퓨터를 사용하는 데 거부감이 들었습니다. 또한, 동민의 아내는 학교 근처에서 개인 서점을 운영하고 있어서 동민은 책에 익숙하고 독서의 가치를 매우 높게 사고 있었습니다.

동민이 위와 같은 이유로 두 번째 안건에 표를 던진다면 이는 편견에 영향을 많이 받은 결정이라고 할 수 있습니다. 자신의 미숙함 때문에 거부감이 드는 쪽보다 익숙하고 친근한 쪽에 표를 던진 셈이니까요. 하지만 학교발전위원회의 위원으로서 동민이 고려해야 하는 것은 학교와 학생들에게 가장 도움이 되는 것이 무엇이냐는 것입니다. 책과 독서를 통한 학습도 물론 매우 중요하지만, '컴퓨터 중심' 도서관과 '독서 중심' 도서관의 득과 실을 냉정하게 따져본 뒤에 결정을 내려야 공정하고 공평한 결정이라고 할 수 있습니다.

## 고정관념

한 대학의 연구팀이 특정 대학 병원의 진통제 처방 현황을 조사하였습니다. 이 병원의 의사들은 전체 진통제 처방의 70%를 남성에게 하였습니다. 하지만 통증을 호소하며 이 병원을 방문하는 사람의 성비는 50대 50이었습니다. 그래서 연구팀이 의사들에게 이러한 차이에 대하여 물었더니 한 의사는 이렇게 대답하였습니다. "여성들은 남성들보다 나약해서 쉽게 통증을 호소하기 때문에 쉽게 약물 처방을 해주지 않습니다. 통증 완화를 너무 약물에 의존하면 좋지 않기 때문이지요."

물론 실제로 여성이 남성보다 더 쉽게 통증을 느끼고 이를 견디는 능력도 낮다는 연구결과가 많이 있습니다. 하지만 동물 실험에서의 결과는 뚜렷하지 않고, 인간 사회가 기대하는 성 역할이 남성과 여성이 통증을 느끼고 호소하는 것에 영향을 미친다는 연구결과도 많은 것을 고려할 때, 이 의사의 생각이 과학적 증거를 바탕으로 생성된 것인지, 아니면 고정관념에 의한 것인지는 분명하지 않습니다. 하지만 통증 때문에 이 병원을 방문하는 사람의 성비가 50대 50임을 고려하면 이 의사의 여성에 대한 고정관념이 처방전을 작성할 때 영향을 미치지 않았다고 말하기는 어려울 것입니다.

## 연습 문제

다음 중 편견이나 고정관념의 보기를 모두 고르세요.

**a.** 나는 어려운 사람을 도와주고 싶다. 그래서 교회에서 하는 불우이웃돕기 행사에서 판매할 쿠키를 구워와야겠다.

**b.** 초대는 감사하지만, 우리 아이들을 교회에 보낼 수는 없어요. 교회에 다니는 사람들은 다른 사람들을 배척하기 때문에 아이들 교육에 좋지 않아요.

**c.** 나는 개나리가 피는 3월에 태어났기 때문에 초록색 신발보다는 노란색 신발이 더 좋아.

**d.** 걔가 사람은 괜찮은 것 같더라. 근데 걔랑 사귀는 일은 없을 거야. 대학을 중퇴한 애잖아.

**e.** 아, 오늘 우리 팀이 정말 실수 하나 없이 너무나 완벽한 플레이를 보여줬는데, 참으로 아쉽네요. 저쪽 팀이 경기 내내 계속 운이 너무 좋았어요. 운 좋은 팀에게는 이길 수가 없어요. 노력하는 자 위에 즐기는 자, 즐기는 자 위에 운 좋은 자라고 하잖아요?

## 해답

정답은 **b**, **d**, **e**입니다. **b**와 **d**는 특정 집단의 사람(교회 다니는 사람, 대학을 중퇴한 사람)에 대한 고정관념을 드러내고 있고, **e**는 다른 팀이 성취한 것을 낮추어 자신이 응원하는 팀에 편파적인 모습을 보여주고 있습니다. **a**는 개인의 신념에 의해 행동하는 것이고 **c**는 편견보다는 단순한 선호입니다.

### 생각해보기

쉽지 않은 질문이지만, 가끔 스스로 이런 질문을 던져보세요: "내 관점이나 믿음이 내 생각에 영향을 끼치지 않는다면, 내가 이 주제에 대해 어떻게 생각하게 될까? 그리고 어떻게 느끼게 될까?"

## 11.3 스트레스 속에서 결정 내리기

스트레스는 육체와 정신 모두에 영향을 미칠 수 있으며, 비판적으로 사고해 문제를 해결하고 현명한 결정을 내리는 능력에 영향을 미칩니다. 하지만 우리가 마주치게 되는 모든 스트레스 상황을 통제할 수는 없습니다. 우리가 좋든 싫든 시간의 압박이나 부족한 정보, 혹은 예민한 사람 같은 것을 다루어야만 할 때가 있습니다. 하지만 우리는 스트레스를 통제할 수 있으며, 스트레스가 우리에게 어떠한 영향을 미칠지도 결정할 수 있습니다.

우리가 너무 많은 스트레스를 받고 있거나, 아니면 우리에게 영향을 미치는 스트레스 요인들을 제대로 처리할 수 없다면, 스트레스는 우리가 결정을 내리는 방식에 영향을 미칠 것입니다. 문제 해결 과정에 스트레스가 미치는 가장 일반적인 효과는 다음과 같습니다.

- **문제를 인식하거나 이해하는 능력이 줄어듭니다.** 과도한 스트레스를 받으면 일반적인 인지 능력, 즉, 집중력과 기억력 등이 떨어진다고 알려져 있습니다. 이는 문제를 정확하게 인식하고 올바르게 이해하는 것을 방해할 수 있습니다.
- **브레인스토밍과 합리적인 목표 설정이 어려워집니다.** 우리가 문제를 정확하게 인식하지 못하고 정신 집중에도 어려움을 겪는다면, 근본적인 해결책보다 쉽고 빠른 해결책이나 합리적이지 않은 해결책만 떠올릴 수 있습니다. 또한, 먼 미래를 생각하기 어려워지기 때문에 합리적인 목표를 세우기 어려워집니다.

- 해결책을 점검하는 능력이 떨어집니다. 단기적인 효과에만 신경을 쓰게 되면 해결책이 장기적으로 어떠한 효과를 내게 될지 생각해보는 것이 어려워집니다. 이는 우리가 합리적이지 않은 해결책을 선택하도록 만들 수 있습니다.

스트레스 속에서 내리는 의사결정의 예시 중 하나는 경매입니다. 한 골동품 경매에서 두 수집가가 100년 된 도자기에 관심이 있다고 가정해보세요. 비슷한 종류의 도자기가 얼마 전 다른 경매에서 200만 원에 팔렸고, 한 골동품 상점에서 250만 원에 팔리고 있는 것을 이 둘은 잘 알고 있습니다. 그래서 두 수집가는 이 도자기에 최대 얼마까지 낼 것인지 마음속으로 결정했습니다. 그리고 입찰이 시작되었습니다. 예상보다 많은 사람이 이 도자기에 입찰하자 경매장이 달아오르기 시작했습니다. 많은 사람이 물건에 관심을 보이자 사람들은 조금씩 흥분하기 시작했고, 이러한 감정은 몇몇 입찰자를 집어삼키기에 충분했습니다. 그래서 두 수집가가 마지막까지 물건의 가격을 올려 결국 한 사람이 이 도자기를 400만 원에 낙찰받았습니다. 이는 경매에 참가한 사람들이 처음에 생각했던 것보다 거의 두 배 높은 가격이었습니다. 이처럼 실제로 경매장에서 생각 이상으로 낙찰 가격이 올라가는 것을 어렵지 않게 볼 수 있습니다. 경매라는 스트레스 환경이 이성과 논리보다는 순간적인 감정이 의사결정에 영향을 미치도록 하기 때문입니다.

그렇다면 어떻게 하면 이 두 사람은 스트레스를 줄이고 합리적인 입찰을 할 수 있을까요? 이들이 할 수 있는 간단한 일은 바로 자신이 통제할 수 있는 것이 무엇인지 알아내 그것만 통제하는 것입니다. 자신이 통제할 수 없는 일에 신경을 쓴다면 이는 스트레스를 주는 요인이 될 뿐, 현실은 바뀌지 않습니다. 위와 같은 상황에서 입찰자들이 해야 할 일은 경매가 시작되기 전에 자신이 특정 물건에 낼 최고 금액을 냉정하게 정하고(너무 낮거나 높지 않도록) 이를 철저하게 지키는 것입니다.

또 다른 예를 들어봅시다. 예경은 부동산 대출 금액을 상환하기 위해 은행에 들렀습니다. 은행 직원은 변동 금리로 대출한 금액의 금리가 올라서 상환해야 할 금액이 더 많아졌다고 말했습니다. 예상치 못했던 상황에 예경은 매우 당황했습니다. 예경과 같이 뜻밖의 지출 때문에 당황한 경험은 누구나 있을 것입니다. 그리고 이렇게 스트레스받는 상황에서도 예경은 결정을 내려야 합니다. 스트레스 때문에 어쩔 줄 몰라 한다면 은행 직원의 말대로 더 많은 금액을 상환하는 방법밖에는 보이지 않을 것입니다. 하지만 자신이 통제할 수 있는 것이 무엇인지 인식한다면 스트레스받기보다 자신이 할 수 있는 일에 집중하게 될 것입니다.

이럴 때 상황을 통제한다는 것은 필요한 정보를 얻는 것에서 시작합니다. 그래서 예경은 새 금리에서 상환해야 할 금액이 어떻게 바뀌는지 물어볼 수 있을 것이며, 혹시나 금리를 당분간이라도 이전처럼 낮춰서 받을 수는 없는지, 이자 부담을 줄이기 위해 수수료 등을 면제해줄 수는 없는지, 아니면 원금과 이자를 좀 더 빨리 낼 수는 없는지 등을 물어보고, 이를 바탕으로 변화한 현실에 대한 대책을 세울 수 있을 것입니다.

상황을 가능한 한 최대로 이해하기 전까지는 이를 받아들이고 행동할 필요는 없습니다. 스트레스를 받게 되면 상황 파악이 어려워지고 감정 때문에 심사숙고하기 어려워질 수 있습니다. 하지만 비판적 사고를 하는 사람은 스트레스 상황에서도 이를 이해하고 통제하는 데 필요한 정보를 탐색합니다. 그리고 자신이 통제할 수 없는 것은 있는 그대로 받아들이되, 자신의 통제하에 있는 것을 통해 최선의 해결책에 도달하도록 노력합니다.

## 연습 문제

의사결정 과정에 방해되는 스트레스의 효과에 무엇이 있는지 적어보세요.

________________________________________

________________________________________

________________________________________

________________________________________

________________________________________

## 해답

스트레스의 부정적인 효과는 다음과 같습니다. 집중력이 떨어지고, 기억력(기억을 저장하고 끄집어내는 것 모두)이 약해지는 등 전반적인 인지 능력이 감퇴합니다. 먼 미래보다는 가까운 미래나 현재에만 과도하게 초점을 맞추어 근시안적이고 즉흥적인 결정을 내리기도 합니다.

## 11.4 자아(자존심)를 경계하세요

대학교 친구들 몇몇이 유명한 산에 등산가기로 하였습니다. 이들은 모두 등산에 별다른 경험이 없었지만, 등산이 뭐가 어려우냐며 상대적으로 험난한 코스로 등산을 시작했습니다. 하지만 산 중턱쯤에 이르렀을 때, 하늘이 어두워지고 번개가 치면서 비가 쏟아지기 시작했습니다. 다른 친구들은 대부분 하산하기로 했지만, 두 친구만은 군대에서 행군할 때에 비하면 이 정도는 아무것도 아니라며 정상까지 오르기로 마음먹었습니다. 이 둘은 '하산자'들이 끈기가 없다고 비웃으며 비를 헤치고 정상으로 향했습니다. 이와 같은 행동은 젊은이들, 특히 젊은 남성들에게서 어렵지 않게 찾아볼 수 있는 행동입니다. 합리적으로 사고하는 대신에 이들은 자신이 강하고 두려움이 없어 자신만만한 것처럼 보이도록 자존심을 바탕으로 결정을 내렸습니다. 하지만 이러한 결정은 자기 자신뿐만이 아니라 자신의 가족과 친구, 그리고 자신을 구조하러 와야 할 소방대원에게도 피해를 주는 결정이 될 수도 있습니다.

현명한 사람은 자신의 능력과 강점 및 약점에 대해 균형 잡힌 시각을 유지해야 합니다. 왜냐하면, 자기 스스로 자신에 대한 평가를 너무 후하게 한다면 의사결정을 할 때 문제가 될 수도 있기 때문입니다. 위 상황에서처럼 등산을 계속한 것은 자신의 능력을 과대평가한 자아에 기초한 것입니다.

개인 사업을 하는 사람도 남이 자신을 어떻게 보는지에 너무 많이 신경을 써 문제를 유발할 수도 있습니다. 많은 기업인이나 자영업자는 자신이 운영하는 회사나 가게가 소위 말하는 '잘나가고 있음'을 증명해 보이기 위해 무리해서 고급 승용차를 몰기도 하고 중요한 손님이나 사업 파트너를 과도하게 대접하기도 합니다. 하지만 화려한 이면에는 과도한 빚이나 현금흐름의 문제 같은 것이 있는 경우도 많습니다. 부풀려진 자아는 남에게 잘 보이기 위해서나 자기 스스로 성공하고 있다는 느낌을 받기 위해, 실제로는 자신에게 해가 되는 행동을 유발할 수도 있음을 명심해야 합니다.

자아는 우리가 어떤 행동을 하는 것을 방해할 수도 있습니다. 대한의 직장 동료는 대한이 상사에게 결재받아야 하는 서류에 맞춤법 오류를 너무 많이 범한다고 말했습니다. 스스로 명문대를 나온 인재라고 생각하고 있던 대한은 동료의 지적에 방어적으로 대응해 이를 무시해버렸습니다. 하지만 동료의 지적은 타당한 것일 뿐만 아니라 만약 대한이 서류를 작성할 때 맞춤법 검사를 하는 시간만 가진다면 쉽게 해결할 수 있는 문제였습니다. 그런데도 자존심 때문에 자신에 대한 지적을 무시함으로써 대한은 간단한 변화를 통해 직장 내에서 자신의 이미지를 개선할 기회를 잃어버리게 되었습니다. 비판적 사고를 하는 사람은 자신에 대한 지적이나 비판을 개인적인 공격이나 비난으로 받아들이지 않고 객관적으로 받아들여 이에 대해 어떤 행위를 취할 필요가 있는지를 생각할 수 있어야 합니다.

### 연습 문제

아래 지문에서 자아가 합리적인 의사결정을 어떻게 방해하고 있나요?

> 정민은 전공 필수과목인 영화제작 수업을 듣고 있습니다. 이 수업에서 성적의 75%는 기말 과제에 의해서 결정되었는데, 이 과제는 수강생이 감독의 역할을 맡아 만드는 10분짜리 단편영화였습니다. 수강생 대부분은 교수님이 예시로 든 주제와 소재를 사용해 영화를 만들었습니다. 하지만 정민은 예시로 든 것보다 자신이 좋아하는 단편소설을 바탕으로 영화를 제작하기로 마음먹었습니다. 그리고는 친한 친구 네 명을 섭외해 소설의 줄거리와 잘 어울리는 야외에서 촬영을 시작하였습니다. 그러나 친구들은 대사를 소화하는 데 어려움을 겪었고 야외 촬영은 생각보다 훨씬 까다로웠습니다. 그래서 정민은 마감일까지 영화를 제대로 완성할 수 없었고 결국 D 학점을 받게 되었습니다.

### 해답

한 번도 영화를 만들어본 적이 없음에도, 정민은 자신의 능력을 과신해 자신이 감당하기 어려운 결과물을 추구함으로써 과제를 완성해야 하는 기한을 지키지 못하였습니다. 다른 학생들처럼 교수님이 든 예시를 활용해 무난히 수업을 마치는 것이 성에 차지 않았다면, 자신이 이루고자 했던 바를 교수님과 토의해 충분히 감당할 수 있는 수준으로 줄였어야 했습니다. 아니면 단편소설을 각색하여 영화로 만드는 것은 수업이 끝난 후 자율적으로 해보았을 수도 있었을 것입니다.

## 11.5 레슨 요약

의사결정을 할 때 여러분이 느끼는 감정을 무시하지 마세요. 선택을 내려야 하는 상황에서 어떠한 감정이 들 때는 이를 인정하고 이해한 다음, 이것을 의사결정의 과정에 포함해야 하는지 판단하세요. 또한, 스스로 편견이나 고정관념을 가지고 있지는 않은지 냉정하게 따져보세요. 자신의 편견과 고정관념을 인지하고 이해해야 이를 의식적으로 배제할 수 있습니다. 감정이 의사결정을 지배하게 하면 안 되지만, 그렇다고 감정을 완전히 무시하려고 하기보다 감정을 인정하게 되면 여러분의 비판적 사고 능력을 향상시키는 데 큰 도움이 될 것입니다.

### 다음 레슨까지 연습해볼 것

- 좋아하는 팀의 경기를 볼 때 심판의 판정을 보고 어떤 생각과 감정이 들던가요? 심판이 정말로 공정한 것 같은가요, 아니면 편향된 것 같나요? 상대편 팀을 응원하는 사람들은 어떻게 생각할까요? 다음에 응원하는 팀의 경기를 볼 때는 심판이 완전하게 공정한 사람이라고 가정해보고 스스로 얼마나 판정에 승복할 수 있는지 곰곰이 생각해보세요.
- 여러분을 화나게 하는 상황을 떠올려보세요. 여러분이 지지하는 정당과 반대되는 정당의 대변인이 인터뷰할 때나, 여러분이 싫어하는 연예인이 TV에 나올 때나, 아니면 몇 주 전에 제값을 주고 산 물건이 큰 폭으로 할인해 팔리고 있는 것을 발견했을 때 같은 경우를 떠올려보세요. 어떻게 하면 이럴 때 여러분 마음속에 있는 감정을 생산적으로 사용할 수 있을까요?

LESSON

# 12 연역추리

우리는 지식을 습득할 때, 이해의 두 가지 작동방식인 직관과 연역에만 의존해야 한다.
The two operations of our understanding, intuition and deduction, on which alone we have said we must rely in the acquisition of knowledge.

르네 데카르트(René Descartes, 1596~1650)
프랑스의 철학자, 수학자, 과학자

### 이번 레슨에서 공부할 내용

연역추리라는 게 무엇일까요? 연역추리란 사실 혹은 '전제'에 기초해 논증하는 것을 말합니다. 만약 전제가 모두 진실하면 논증의 결론도 항상 진실하다는 것이 연역추리의 중요한 특징이지요. 이번 레슨에서는 연역추리를 사용한 논증이 어떻게 작동하는지를 알아보겠습니다. 또한, 여러분의 논증을 강력하게 만들기 위해 연역추리를 사용하는 방법에 대해서도 알아볼 것입니다.

우리는 매일같이 수많은 연역적 논증을 들으며 살고 있습니다. 이 가운데는 올바른 논증도 많지만, 엉터리도 셀 수 없을 정도로 많지요. "밥 다 안 먹으면 집에 갈 때 장난감은 없을 줄 알아!"같이 식당에서 부모가 흔히 하는 말도 연역적 논증의 예입니다. TV 뉴스에서 흔히 들리는 정치인의 인터뷰도 연역적 논증이지요: "세율을 올리면 직장이 사라질 수도 있습니다. 그래서 감세가 필요합니다. 세금을 줄이면 일자리가 늘어날 수밖에 없습니다."

이러한 논증이 어떻게 작동하는지, 그리고 어떨 때 작동하지 않는지를 이해하면 여러분 스스로 효과적이고 강한 논증을 할 수 있습니다. 이는 여러분의 주장을 잘 전달할 수 있도록 만들지요. 또한, 다른 사람이 합당한 논증을 할 때, 이를 알아차리고 귀를 기울일 수도 있습니다. 물론 그 반대로 다른 사람의 논증이 약하거나 오류가 있을 때도 그것을 알 수 있게 되어 잘못된 추리에 속지 않게 될 것입니다.

## 12.1 연역추리란 무엇인가?

연역 혹은 연역추리란 우리가 사실이나 원리라고 알고 있는 것, 즉, 일반적인 전제에서 특정한 결론을 도출해 내는 과정을 말합니다. 전형적인 연역추리는 보통 다음과 같이 세 부분으로 이루어져 있습니다.

대전제
소전제
결론

누구나 한 번쯤 들어봤을 법한 연역추리의 대표적인 예는 다음과 같습니다.

- 모든 사람은 죽는다. (대전제)
- 소크라테스는 사람이다. (소전제)
- 그러므로 소크라테스는 죽는다. (결론)

이 예시에서 알 수 있듯이, 일반적인 연역추리의 대전제는 특정 집단에 공통으로 적용되는 원리나 원칙(모든 사람은 죽는다), 그리고 소전제는 그 집단에 소속된 사례(소크라테스는 사람이다)를 말하고 있습니다. 이처럼 **전제**는 우리가 이미 알고 있는 사실을 진술하는 것입니다. 그리고 **결론**은 이러한 전제를 논리적으로 조합하여 새로운 사실을 도출하는 것을 말합니다(그러므로 소크라테스는 죽는다).

연역추리의 또 다른 예를 들어봅시다. 우리는 경험을 통해 보통 '돼지는 다리가

4개 있다'(대전제)는 것을 알고 있으며, 또한, 옆집에서 키우는 애완동물인 '베이브는 돼지이다'(소전제)라는 것도 알고 있습니다. 그러므로 우리는 베이브를 한 번도 본 적이 없더라도, 연역추리를 통해 '베이브는 다리가 4개 있다'(결론)라는 새로운 사실을 알 수 있게 됩니다.

## 연역적 논증의 형태

위에서 알아본 것처럼 대전제, 소전제, 그리고 결론으로 구성된 연역적 논증은 **삼단논법**입니다. 하지만 연역적 논증이 항상 이렇게 세 부분으로 이루어져 있지는 않습니다. 즉, 외형의 모습이 연역적 논증을 정의하지 못합니다. 연역적 논증을 정의하는 특징은 바로 전제가 진실하고 결론이 논리적으로 전제를 따른다면 이 역시 필연적으로 진실하다는 것입니다. 그래서 다음과 같은 논증도 연역적 논증입니다.

- 대한민국에 사는 영도 하 씨는 하일, 하재선, 하재욱, 하재익뿐이다.
- 하일은 남성이다.
- 하재선은 남성이다.
- 하재욱은 남성이다.
- 하재익도 남성이다.
- 그러므로 대한민국에 사는 영도 하 씨는 모두 남성이다.

하지만 이 책에서는 연역추리의 논리를 좀 더 간단하게 설명하기 위해 주로 삼단논법의 형태를 사용할 것입니다. 하지만 삼단논법이 연역추리의 전부가 아님을 명심하세요!

## 연역적 논증의 특징

전제가 결론을 완벽하게 뒷받침하기 때문에, 전제가 진실하다면 결론 역시 진실한 것이 됩니다. 이와 같은 연역적 논증의 진실함 여부를 '건전성'이라고 부릅니다. 건전하지 않은 논증은 거짓된 전제 때문에 거짓된 결론이 도출되는 논증입니다. 예를 들면 다음과 같습니다: 모든 사람은 죽지 않는다. 아리스토텔레스는 사람이다. 그러므로 아리스토텔레스는 죽지 않는다.

연역적 논증은 규칙이나 법칙, 원리 등을 바탕으로 하고 있어 결론의 진실 여부가 절대적입니다. 이는 관찰이나 경험에 기초해 결론의 진실 여부가 확률적인 귀납적 논증(레슨 14)과 대비되는 점입니다.

건전성 이외에 논증의 형태가 올바른지를 따지는 '타당성'이라는 개념이 있습니다. 결론이 전제를 논리적으로 올바르게 따르고 있다면 그 논증은 타당한 것이 되지만, 그렇지 않다면 그 논증은 타당하지 않은 것이 됩니다. 예를 들어, 위의 연역추리에서 '베이브는 다리가 4개 있지 않을 수도 있다'나 '베이브는 죽는다'라는 결론을 내린다면, 그 논증은 타당하지 않은 것이 됩니다. 이 같은 경우에는 결론이 아무리 진실한 것이어도 논증은 타당하지 않은 것이 됩니다. 이와 반대로, 전제가 진실하지 않아 결론도 진실하지 않은 건전하지 못한 논증이라 하더라도, 그 형태가 올바르다면 타당하다고 말할 수 있습니다. 하지만 아무리 타당한 논증이라 하더라도 거짓이라면 아무런 의미가 없지요!

## 연습 문제

다음 중 타당한 연역적 논증은 무엇인가요?

**a.** 내 책장 맨 위 서랍에는 CD가 25개 있고, 중간 서랍에는 14개가 있다. 내 책상 서랍 다른 곳에는 CD가 없다. 그러므로 내 책장 서랍에는 CD가 39개 있다.

**b.** 어제 있었던 심리학 시험에서 A를 받은 사람은 아무도 없었다. 지민은 몸이 아파서 어제 학교에 가지 못해서 오늘 심리학 시험을 따로 볼 것인데, A를 받지 못할 것이다.

**c.** 티파니는 토피카(Topeka)라는 미국의 한마을에 살고 있다. 미국에 토피카는 캔자스 주와 인디애나 주에만 있다. 캔자스 주에 있는 토피카는 도시이고 인디애나 주에 있는 토피카는 작은 마을이다. 그러므로 티파니는 캔자스에 살고 있다.

**d.** 모든 인간은 세계 평화를 바란다. 테러리스트는 세계 평화를 바라지 않는다. 그러므로 모든 테러리스트는 테러와 살인을 일삼는다.

## 해답

정답은 **a**입니다. **a**의 결론은 전제를 논리적으로 따르기 때문이지요. **c**와 **d**의 결론은 전제를 논리적으로 따르지 않기 때문에 타당하지 않습니다. **b**는 과거에 일어났던 일을 바탕으로 미래를 확률적으로 예측하는 귀납적 논증입니다.

### 연습 문제

위의 연습 문제에서 보기 **c**와 **d**의 결론은 전제를 논리적으로 따르지 않습니다. 어떻게 이 두 결론을 고쳐서 타당한 연역적 논증으로 만들 수 있을까요?

___________________________________________

___________________________________________

___________________________________________

___________________________________________

___________________________________________

### 해답

**c**의 결론은 '티파니는 인디애나에 살고 있다'이고 **d**의 결론은 '테러리스트는 인간이 아니다'입니다. 물론 이 결론은 전제의 진실 여부에 따라 거짓일 수도 있습니다. 미국 일리노이 주에도 토피카라는 마을이 있으므로 **c**의 두 번째 전제는 진실하지 않습니다. 또한, **d**에서도 모든 인간이 세계 평화를 바라는 것과 테러리스트가 세계 평화를 바라지 않는 것 중 하나 이상은 진실이 아닐 것입니다.

연역적 논증을 알아보고 이것이 타당한지를 판단하기 위해서는 어떤 것이 전제이고 어떤 것이 결론인지 알아볼 수 있어야 합니다. 그래서 연역적 논증을 이루고 있는 각 부분에 대해 좀 더 자세히 살펴봅시다.

## 12.2 전제

위에서 이미 알아보았듯이 연역적 논증에서 전제는 우리가 알고 있는 규칙이나 원리, 사실에 대한 진술입니다. 또한, 전제는 논증의 결론이 얼마나 신뢰할 만한지를 결정합니다. 왜냐하면, 결론은 전제를 논리적으로 따르므로, 전제 중 하나 이상이 거짓이면 결론은 거짓이 될 수 있기 때문입니다. 그래서 전제는 항상 진실해야 합니다. 여기서 주의할 점 한 가지는 바로 '모든'이라는 단어 하나가 전제를 진실에서 거짓으로 바꿀 수 있다는 것입니다. 다음과 같은 보기를 생각해보세요.

- 모든 개는 갈색 털을 가지고 있다.
- 베토벤은 개다.
- 베토벤은 갈색 털을 가지고 있다.

하지만 진실은 '모든' 개가 갈색 털을 가지고 있는 것이 아니라, '어떤' 개는 갈색 털을 가지고 있다는 것입니다. 그래서 첫째 전제는 거짓입니다(그리고 베토벤이 실제로 갈색 털을 가진 개일 수도 있지만, 이 결론이 진실인 것은 논증이 건전해서 그런 것이 아닙니다). 이와 반대로, '어떤' 사람은 죽는다라는 전제도 진실이 아닙니다. 이처럼 전제의 진실함은 단어 하나 때문에 바뀔 수도 있음을 명심해야 합니다.

## 대전제

삼단논법에서 대전제는 특정 집단 전체에 대한 일반화된 진실을 말합니다. 그래서 주로 다음과 같이 'X 집단은 Y하다' 같은 형태를 가지고 있습니다.

특정 집단의 일원은 무엇무엇하다.

- 모든 할머니는 한때 소녀였다.
- 시합에 참가할 양 팀 선수들은 몸 상태가 좋다.
- 우리 학교의 모든 교수님은 박사 학위가 있다.

## 소전제

소전제는 대전제의 구체적인 사례에 관한 것입니다.

누구누구는 특정 집단의 일원이다.

- 구멍가게 주인은 할머니이다.

- 조 몬태나는 시합에 참가하는 팀의 선수이다.
- 이만기는 우리 학교 교수님이다.

소전제는 대전제를 긍정할 수도 있고 부정할 수도 있습니다. 여기서 중요한 것이 한 가지 있습니다. 소전제가 대전제를 긍정할 때, 소전제는 대전제의 주어(특정 집단의 일원)를 긍정해야 하고, 대전제를 부정할 때는 대전제의 동사나 형용사(무엇무엇하다)를 부정해야만 타당한 연역적 논증이라고 할 수 있다는 것입니다. 예를 들어 이 점을 좀 더 자세히 알아봅시다.

**대전제를 긍정할 때:**

- 청소년들은 TV 음악 순위 프로그램에 나오는 노래를 좋아한다.
- 민규는 청소년이다.
- 그러므로 민규는 TV 음악 순위 프로그램에 나오는 노래를 좋아한다.

**대전제를 부정할 때:**

- 청소년들은 음악 순위 프로그램에 나오는 노래를 좋아한다.
- 준규는 음악 순위 프로그램에 나오는 노래를 좋아하지 않는다.
- 그러므로 준규는 청소년이 아니다.

대전제를 긍정할 때와 부정할 때, 위와 같은 형태를 띠지 않는다면 타당하지 못한 연역적 논증이 되어버립니다. 아래의 예시는 모두 타당하지 않은 연역적 논증입니다. 아래의 논증이 왜 타당하지 않은지 잘 생각해보며 읽어보세요.

**대전제를 긍정할 때:**

- 청소년들은 음악 순위 프로그램에 나오는 노래를 좋아한다.
- 민규는 음악 순위 프로그램에 나오는 노래를 좋아한다.
- *그러므로 민규는 청소년이다.

**대전제를 부정할 때:**

- 청소년들은 음악 순위 프로그램에 나오는 노래를 좋아한다.

- 준규는 청소년이 아니다.
- *그러므로 준규는 음악 순위 프로그램에 나오는 노래를 좋아하지 않는다.

첫 번째 예시의 경우, 민규가 청소년이 아니더라도 음악 순위 프로그램에 나오는 노래를 좋아할 수도 있어서 타당한 논증이 아닙니다. 두 번째 예시의 경우도 마찬가지로, 청소년이 아닌 준규도 음악 순위 프로그램에 나오는 노래를 좋아할 수도 있습니다.

### 연습 문제

다음 중 대전제로서 가장 알맞은 것은 무엇인가요?

**a.** 소행성이 지구와 충돌할지는 아무도 모른다.
**b.** 태양계에 지구를 위협하는 소행성은 없다.
**c.** 소행성이 지구와 충돌할 것이라 믿는 사람들은 상상력이 지나치다.
**d.** 과학자들은 소행성이 지구와 충돌하지 않는다는 것을 증명하였다.

### 해답

가장 알맞은 대전제는 바로 **c**입니다. **c**는 '소행성이 지구와 충동할 것이라 믿는 사람들'이라는 특정 집단의 일원들이 '상상력이 지나치다'라는 특징이 있다는 일반적인 서술을 하고 있습니다. **d**의 경우는 '과학자들'이라는 특정 집단이 힘을 모아 이루어낸 업적을 서술하고 있으므로 그 집단의 일반화된 진실을 말하고 있다고 하기 어렵습니다. 이를 따르는 소전제가 '우장춘 박사는 과학자이다'라고 했을 때, '우장춘 박사는 소행성이 지구와 충돌하지 않는다는 것을 증명하였다'라는 결론이 올바르지 않은 것을 보면 **d** 전제의 문제점을 이해할 수 있을 것입니다.

## 12.3 결론

타당한 연역적 논증에서는 전제가 진실하다면 결론의 진실은 완벽하게 보증됩니다. 진실일 가능성이 매우 큰 것이 아니라 100% 항상 진실이라는 것이지요. 그래서 타당한 연역적 논증에서 결론의 진실은 전제의 진실 속에 포함되어 있다고 할 수 있습니다. 그리고 이때 중요한 것은 결론이 전제를 논리적으로 따라야 한다는 것입니다. 전제에 명확하게 포함되어 있지 않은 내용에 대해 결론을 내리거나 전제에 대해 어떤 가정을 하는 결론을 내리면 안 된다는 것이지요.

다음은 전제를 논리적으로 따르는 결론의 예입니다.

- 은행은 이자를 부과해 돈을 번다.
- 내 거래 은행은 나에게 이자를 부과했다.
- 그러므로 내 거래 은행은 돈을 벌었다.

이 예문에서 내린 결론에는 전제에 포함된 정보의 범위를 넘지 않으며 전제에 대하여 가정을 하지도 않습니다. 그래서 이 논증은 타당한 논증이라고 할 수 있습니다. 하지만 다음 예문을 한번 보세요.

- 헤밍웨이가 쓴 책 중 몇몇은 이 시대의 명작이다.
- 헤밍웨이는 '누구를 위하여 종은 울리나'를 썼다.
- 그러므로 '누구를 위하여 종을 울리나'는 이 시대의 명작이다.

이 논증에서 대전제는 헤밍웨이의 책들 가운데 몇몇만이 이 시대의 명작이라고 말했지만, 결론은 '누구를 위하여 종은 울리나'가 이 시대의 명작에 포함된다고 가정하고 있습니다. 하지만 이 논증 내에서 이 가정을 진실하다고 받쳐줄 증거가 없으므로 결론은 타당하지 않은 것이 되어버립니다.

## 연습 문제

다음 지문의 논증은 타당하지 않습니다. 결론을 바꾸어 논증을 타당하게 만들어보세요.

> 자동차 운전면허증을 취득하려면 만 18세가 넘어야 한다. 철수는 오늘 생일을 맞이해 만 18세가 되었다. 그러므로 철수는 오늘부터 자동차를 취득할 수 있다.

### 해답

타당한 결론은 다음과 같습니다: "그러므로 철수는 오늘부터 자동차 운전면허증을 취득할 수 있다." 이 논증에서는 자동차를 사는 것에 대해 어떠한 내용도 들어 있지 않습니다. 그래서 설령 이 결론이 진실한 것이라고 하더라도 이 논증에서 타당하다고 할 수는 없습니다.

> **생각해보기**
>
> 중고등학교 수학 시간에 증명하던 것을 기억하시나요? 이등변삼각형의 두 밑각이 왜 같은지 같이 도형의 논리적 증명을 해본 적이 있을 것입니다. 이런 증명을 할 때 연역적 논증이 사용되었다는 것을 알고 계셨나요?

## 12.4 연역적 논증의 두 가지 형태

연역적 논증의 가장 흔한 두 가지 형태인 삼단논법과 조건명제에 대해서 알아봅시다.

### 삼단논법

위에서 이미 알아보았듯이 삼단논법은 두 개의 전제와 하나의 결론으로 이루어져 있습니다. 첫 번째 전제(대전제)는 어떤 집단 A의 특징인 B에 대해 서술합니다. 예를 들어, "모든 채식주의자는 고기를 먹지 않는다"나 "인간은 태양에 갈 수 없다" 같은 것이지요. 두 번째 전제(소전제)는 어떤 개별 대상 C가 (1) A 집단에 포함되거나, 혹은 (2) B 특징을 가지고 있지 않다고 서술합니다. 예를 들어, "광수는 채식주의자다"나 "도우너는 태양에 갈 수 있다"같은 것입니다. 그리고 결론은 (1) C는 B

다 (“광수는 고기를 먹지 않는다”), 혹은 (2) C는 A가 아니다 (“도우너는 인간이 아니다”) 라고 내리게 됩니다.

이러한 삼단논법의 예를 몇 가지 더 들어보겠습니다.

- 똑똑한 사람은 귀신의 존재를 믿지 않는다.
- 보영은 귀신의 존재를 믿는다.
- 그러므로 보영은 똑똑한 사람이 아니다.

- 위대한 재즈 음악가는 모두 즉흥 연주가이다.
- 마일스 데이비스(Miles Davis)는 위대한 재즈 음악가이다.
- 그러므로 마일스 데이비스는 즉흥 연주가이다.

## 조건명제

조건명제는 위와 같은 방식의 연역추리를 가정적으로 표현합니다. 첫 번째 전제는 어떠한 진실에 대해 만약 A하다면 B할 것이라고 표현합니다. “만약에 오렌지 주스를 책상에 엎지르면 책상은 끈적거릴 것이다”같은 것이죠. 두 번째 전제는 삼단논법에서와 마찬가지로 (1) A가 일어났거나, 혹은 (2) B하지 않다고 서술합니다. (1) “다은이는 오렌지 주스를 책상에 엎질렀다”나 (2) “지훈이의 책상은 끈적거리지 않는다” 같은 것입니다. 마지막으로, 결론 역시 삼단논법과 마찬가지로 (1) B하다, 또는 (2) A가 일어나지 않았다고 합니다. 그래서 (1) “다은이의 책상은 끈적거린다”, 혹은 (2) “지훈이는 오렌지 주스를 책상에 쏟지 않았다” 같은 결론을 내릴 수 있습니다.

조건명제의 예를 몇 개 더 들어봅시다.

- 만약 당신이 수영 레슨을 받는다면 당신은 살을 뺄 수 있을 것이다.
- 당신은 다음 달부터 수영 레슨을 받기로 하였다.
- 그러므로 당신은 다음 달부터 살을 뺄 수 있을 것이다.

- 만약에 동화가 교수님과 상담하기 위해 수업 후에 남는다면, 그는 집으로 가는 버스를 놓칠 것이다.

- 동화는 집으로 가는 버스를 놓치지 않았다.
- 그러므로 동화는 교수님과 상담하기 위해 수업 후에 남지 않았다.

- 만약에 정수가 연회비를 내지 않는다면 정수의 회원 할인 혜택은 사라질 것이다.
- 정수의 회원 할인 혜택은 사라지지 않았다.
- 그러므로 정수는 연회비를 냈다.

## 연습 문제

아래의 상황을 삼단논법과 조건명제의 형태로 바꾸어 적어보세요.

감독님은 우리 팀이 승리할 때마다 집에서 파티를 연다. 그래서 오늘 밤에 그는 집에서 파티를 열 것이다.

삼단논법:

____________________

____________________

____________________

조건명제:

____________________

____________________

____________________

## 해답

삼단논법:

- 감독님은 우리 팀이 승리할 때마다 집에서 파티를 연다.
- 오늘 우리 팀이 승리했다.
- 그래서 감독님은 오늘 밤 집에서 파티를 열 것이다.

조건명제:

- 만약에 우리 팀이 승리하면 감독님은 집에서 파티를 연다.
- 오늘 우리 팀이 승리했다.
- 그래서 감독님은 오늘 밤 집에서 파티를 열 것이다.

## 12.5 연역의 오용

사람들은 가끔 연역적 논증을 올바르지 않게 사용합니다. 이는 의도적일 때도 있고, 실수일 때도 있지요. 그리고 연역적 논증이 어떻게 오용되는지를 알아볼 수 있으면 남의 잘못된 주장을 논리적으로 거부할 수 있게 됩니다. 연역적 논증에서는 결론이 전제를 올바르게 따르지 않아서 전제가 아무리 진실하더라도 결론이 타당하지 않을 수도 있고, 아니면 결론이 전제를 올바르게 따랐다 하더라도 전제가 진실하지 않아 결론이 거짓일 수도 있음을 명심하세요. 우리는 이번 레슨에서 배운 내용을 바탕으로 연역적 논증이 어떻게 잘못 사용될 수 있는지, 즉 연역적 논증에서 논리적 오류가 어떻게 생길 수 있는지에 대해 다음 레슨에서 자세히 공부해보겠습니다.

## 12.6 레슨 요약

연역추리를 사용하는 논증에서는 규칙이나 법칙, 원리 등을 포함한 전제가 있습니다. 그리고 이러한 전제를 바탕으로 결론이 도출됩니다. 타당하고 건전한 연역적 논증에서는 전제가 모두 진실해야 하고 결론은 전제에 포함된 내용을 바탕으로 논리적으로 도출되어야 합니다. 이러한 추리법을 이해한다면 여러분은 스스로 강한 논증을 만들어 여러분의 생각을 효과적으로 전달할 수 있으며, 또한 다른 사람의 잘못된 논증을 간파할 수 있게 될 것입니다.

### 다음 레슨까지 연습해볼 것

- 신문 논설을 찾아서 주의 깊게 읽어보세요. 논설에서 연역추리가 사용되었나요? 만약 그렇다면 그 추리를 이번 레슨에서 공부해본 것을 바탕으로 간략하게 정리해보세요. 그 추리는 형식적으로 타당한가요? 전제가 진실해서 건전하다고 말할 수 있나요?
- 일상생활에서 여러분이 원하는 바를 주장하려고 할 때, 연역추리를 사용해 논증해보세요. 왜 특정한 식당에 가야 하는지, 아니면 왜 특정한 제품을 사야 하는지에서부터 왜 특정한 사안이나 정당을 지지나 반대해야 하는지 등, 여러분이 토론하기 편한 사람과 논리적인 대화를 나누어보세요.

LESSON

# 13 연역추리의 오류

많은 사람이 생각하는 것보다 논리적 오류는 실질적으로 훨씬 더 중요하다. 왜냐하면, 논리적 오류는 이를 저지르는 사람들이 제멋대로 생각하고 주장하는 것을 가능케 하기 때문이다.
Logical errors are, I think, of greater practical importance than many people believe; they enable their perpetrators to hold the comfortable opinion on every subject in turn.

버트런드 러셀(Bertrand Russell, 1872~1970)
영국의 철학자, 수학자, 역사가

### 이번 레슨에서 공부할 내용

잘못된 추리로 결론을 내리는 것을 논리적 오류라고 부릅니다. 당연히 이런 경우에는 결론을 신뢰할 수 없겠지요. 이번 레슨에서는 연역추리가 잘못 사용되어 발생하는 일반적인 논리적 오류 4가지에 대해 알아보겠습니다. 이러한 논리적 오류는 그럴싸하게 보이는 경우가 많으므로 주의 깊게 살펴보아야 합니다.

우리는 지난 레슨에서 건전하고 타당한 연역적 논증의 조건에 대해 알아보았습니다. 이런 연역적 논증의 전제는 진실해야 하고 결론은 전제에 포함된 내용 안에서 논리적으로 도출되어야 하지요. 여기서 전제가 진실한지 아닌지를 쉽게 판단하는 방법은 없습니다. 다만 여러분이 이 책을 통해서 습득한 비판적 사고력을 총동원하고 경험과 상식, 그리고 자신만의 연구를 통해 따져볼 수 있습니다. 하지만 결론이 전제로부터 논리적으로 잘 도출되었는지를 알아보는 눈은 학습과 연습을 통해서 기를 수 있습니다. 결론을 내릴 때 잘못된 논리를 사용하는 것을 논리적 오류라고 부르는데, 이번 레슨에서는 연역추리의 논리적 오류에 대해 알아보겠습니다.

연역적 논증에서 발생할 수 있는 논리적 오류는 꽤 많습니다. 그리고 이런 오류를 포함하고 있는 논증은 생각보다 그럴싸해 보여서 알아차리기가 쉽지 않을 때가 많습니다. 하지만 다른 사람의 잘못된 논리에 영향을 받거나 설득이 되지 않으려면 논증의 타당성에 대해 따져볼 수 있어야 합니다. 그래서 이번 레슨에서는 다음과 같이 흔히 발생하는 논리적 오류 4가지를 통해 논증의 타당성을 따져보는 연습을 해보겠습니다.

**1.** 미끄러운 경사면의 오류
**2.** 잘못된 딜레마의 오류
**3.** 순환 추리의 오류
**4.** 애매한 말의 오류

## 13.1 미끄러운 경사면의 오류

지난 레슨에서 보았듯 조건명제는 '만약에 ~하다면 ~할 것이다'와 같이 조건부 결론을 내고 있습니다. 예를 들어, '만약에 여러분이 2시간 늦잠을 자면 회사(학교)에 지각할 것입니다' 같은 것이 조건명제입니다. 미끄러운 경사면의 오류는 이와 같은 조건명제에 논리적 오류가 있는 경우입니다. 이 오류의 특징은 왜 조건부 결론이 나는지를 제대로 설명하고 있지 않다는 것이지요. 예를 들어 보면 다음과 같은 경우입니다.

"만약 카드 연체를 하면 자동차 대출을 받지 못할 것입니다."

미끄러운 경사면의 오류는 흔히 상황이 실제보다 더 심각한 것 같이 보이게 만들고 듣는 이에게 겁을 주는 효과가 있습니다. 이 오류는 무언가 하나가 잘못되면 다른 것도 계속 이어서 잘못될 것이라고 가정합니다. 즉, 경사면에서 한번 미끄러지면 아래까지 계속 미끄러져 내려갈 것이라고 가정하는 것이지요. 하지만 왜 그렇게 일이 꼬리를 물 수 있는지가 불분명하며, 그 사이에 필연적으로 일어나야 하는 일에 대해서도 설명해주지 않습니다. 위의 예문을 생각해보면 사건 1(카드 연체를 하는 것)과 사건 2(자동차 대출을 받지 못하는 것) 사이에 중간 단계가 있다는 것을 알 수 있습니다. 카드 연체를 하면 연체 내용이 신용 정보에 반영되어 신용이 나빠질 수 있지만, 그렇다고 해서 자동차 대출을 받지 못하게 될 만큼 나빠지지는 않을 수도 있습니다. 이처럼 생길 수도 있고 영향을 미칠 수도 있는 확실치 않은 상황을 필연적인 것으로 과장하는 것이 미끄러운 경사면의 오류입니다.

아래의 예문을 보고 첫 번째 사건과 두 번째 사건 사이에 어떤 중간 단계가 있는지 생각해보세요. 두 번째 사건이 첫 번째 사건의 필연적인 결과인가요?

- 그 정도 일 때문에 준하의 도움을 받지는 마. 그러면 언제부턴가 엄청 생색내면서 감 내놔라 배 내놔라 할 거야.
- 나는 부하 직원에게 빈틈을 보일 수 없다. 만약 조금이라도 빈틈을 보인다면 나를 업신여기고 맞먹으려 들 테니까!
- 너희 남편이 자정이 지나서 집에 들어오기 시작하면 어느새 외박하는 걸 당연하게 여기게 될 거야!

**생각해보기**

항상 논증 속 사건 사이의 연결고리를 확인해보세요. 만약 누군가가 '~하다면 ~할 것이다' 라는 식으로 이야기한다면, 그 두 사건의 연결고리가 얼마나 그럴싸한지 따져보아야 합니다. 두 사건의 인과관계가 얼마나 직접적인가요?

## 연습 문제

다음 논증이 미끄러운 경사면의 오류를 범하지 않도록 고쳐보세요.

> 절대로 다른 나라에 파병하지 말아야 합니다. 그러기 시작하면 어느새 우리 군인 수백 명이 매년 해외에서 죽어 나가게 될 것입니다.

## 해답

다른 나라에 파병하지 말아야 한다고 주장하려면 이에 대해 더 논리적이고 직접적인 이유가 필요합니다. 아직 일어나지도 않았고, 그리고 앞으로 어떻게 일어날지에 대한 청사진도 불분명한 상황에 대해 과도한 가정을 하는 것은 합리적이지 않습니다.

여기서 논리적이고 직접적인 이유는 다음과 같습니다. "국력을 낭비해서는 안 된다", "각국의 상황은 각국이 알아서 해결하도록 내버려둬야지 개입을 해서는 안 된다", "국군의 창설 목표에 어긋난다." 이러한 이유 이외에도 더 많은 이유가 있을 수 있습니다. 여러분이 작성한 이유가 얼마나 합리적인지 평가해보세요.

## 13.2 잘못된 딜레마의 오류

잘못된 딜레마의 오류란 실제로는 여러 개의 대안이 있는데도 불구하고 한정된 수(주로 두 개)의 대안만 제시하는 논리적 오류를 말합니다. 즉, 선택할 수 있는 것이 더 많음에도 불구하고 이것 아니면 저것뿐인 것처럼 상황을 포장하고 있는 것이지요. 우리 주변에서 쉽게 찾아볼 수 있는 흑백논리가 잘못된 딜레마의 오류의 대표적인 예입니다. 이는 주로 극단적인 선택안만을 제시해 특정 대안을 강요하는 방식으로 나타납니다. 아래의 예문을 한번 읽어보세요.

> "이 음악 가게에서 도대체 몇 시간째 고민하는 거야? 지금까지 모은 용돈을 탈탈 털어서 이 헤드폰을 사든가, 아니면 아예 음악을 듣지 말든가!"

이 예문은 극단적인 대안, 즉, 값비싼 헤드폰을 사는 것과 아예 헤드폰을 사지 않는 것 이외에도 다른 대안이 있을 수 있다는 것을 인지하지 않아서 잘못된 딜레마의 오류를 저지르고 있습니다. 하지만 실제로는 이 두 대안 말고도 다른 대안을 떠올리는 것은 어렵지 않지요. 덜 비싸면서도 성능이 비슷하게 좋은 헤드폰을 검색해본다거나, 아니면 이어폰을 살 수도 있을 것입니다. 이처럼 이것 아니면 저것으로 두 가지 대안만 제시하고 있는 논증도 잘 살펴보면 더 많은 대안이 있음을 어렵지 않게 알 수 있습니다.

우리 주변에서 흔히 찾아볼 수 있는 잘못된 딜레마의 오류는 다음과 같습니다.

- 우리나라를 사랑할 게 아니라면 우리나라를 떠나라.
- 우리 편이 아니면 우리의 적이다.
- 학교에서 좋은 성적을 받지 못하면 절대로 좋은 대학에 갈 수 없다.

이런 논리적 오류는 정치판에서도 흔히 볼 수 있습니다. 많은 정치인은 자기 자신과 자기가 소속된 정당만이 올바른 해답을 가지고 있으며, 상대 후보나 정당은 나쁜 의도를 가지고 나라를 망칠 것처럼 이야기합니다. 그러면서 모두 좋은 것(자신)과 모두 나쁜 것(상대편) 사이에서의 선택을 요구하지요. 이를 염두에 두고 다음 논증에서 무엇이 잘못되었는지 생각해보세요.

> "농수산물의 정부 수매를 통한 가격 유지는 사회주의적인 정책입니다. 그리고 이번 국회에서 상대 당은 곡물과 유제품에 대한 정부 수매 정책에 적극적으로 찬성한다는 의견을 피력했습니다. 하지만 우리나라같이 자유로운 시장경제 사회에서 정부가 시장을 통제한다는 것이 말이나 되는 일인가요? 이는 우리나라 농업의 경쟁력을 크게 떨어뜨리는 행위입니다. 자유로운 시장경제의 논리만이 우리나라 농업의 경쟁력을 키울 수 있습니다."

정치인들이 이와 비슷한 얘기를 하는 걸 들어본 적이 있는 것 같지 않나요? 여러 정치적인 쟁점에서 대부분의 정당이 극단적인 대안 사이에서 선택을 강요합니다. 물론 자신들의 대안이 더 우수하다고 주장하면서 말이지요. 하지만 가장 효율적인 대안이 중간에 있을 가능성도 큽니다. 정치적인 쟁점에서 최선의 대안은 정치권에서 제시한 극단적인 대안들 사이에 있을 수도 있음을 명심하세요.

### 연습 문제

다음 중 잘못된 딜레마가 <u>아닌</u> 것은 무엇인가요?

- **a.** 네가 어젯밤 하늘에서 본건 별똥별이거나 아니면 UFO다.
- **b.** 우리 지역 국회의원이 국방예산 증액에 반대했다는 것을 믿을 수 없다. 그는 법안을 제대로 이해하지 못했거나, 아니면 국가 안보에 아무런 관심이 없는 사람이다.
- **c.** 오늘은 대종상 영화제가 열리는 날이다. 명랑은 최우수작품상을 수상하거나, 아니면 수상하지 못할 것이다.
- **d.** 지금 당장 원유 증산을 위해 시추를 더 해야 합니다. 그렇지 않으면 기름값이 너무 비싸져서 아무도 길에 차를 가지고 나오지 못하게 될 것입니다.

### 해답

이 중에서 **c**가 잘못된 딜레마의 오류를 저지르지 않고 있습니다. 왜냐하면, 최우수작품상을 수상하거나 수상하지 못하는 것, 이렇게 두 개의 결과만 가능하기 때문이지요. 만약 **c**가 "최우수작품상을 수상하거나, 아니면 아무 상도 타지 못할 것이다"였다면 잘못된 딜레마의 오류를 저지른 것이 될 것입니다. 감독상이나 남우주연상 등 다른 상을 탔을 수도 있으니까요.

## 13.3 순환 추리의 오류

타당한 연역적 논증의 결론은 전제에서 논리적으로 도출되어야 하며, 전제에 포함된 정보에만 의존해야 합니다. 하지만 순환 추리가 사용된 논증은 전제를 통해 증명해야 하는 결론을 마치 전제인 것처럼 사용해 결론을 뒷받침하는 것으로 포장함으로써 논점을 교묘하게 회피합니다. 이는 많은 경우, 결론을 뒷받침해야 하는 전제를 말만 살짝 바꿔 전제인 것처럼 사용해 이루어집니다. 그래서 순환 추리가 사용된 논증에는 사실 아무런 근거가 없습니다.

순환 추리의 예:

- "네 방은 네가 청소하라고 내가 말하지 않았니?"
- "왜요?"
- "내가 그렇게 말했으니까!"

- "왜 선생님은 뉴욕 양키즈가 최고의 야구팀이라 생각하시죠?"
- "왜냐하면, 그들은 정말 최고니까요."

그렇다면 어떻게 해야 위의 타당하지 않은 논증을 타당하게 만들 수 있을까요? 그 방법은 매우 간단합니다. 위 결론을 뒷받침할 수 있는 이유를 하나 제시하기만 하면 되지요. 첫 번째 보기에서는 다음과 같은 이유를 추가할 수 있을 것입니다. "네 방이 너무 더러워서 방구석에 쥐똥이 다 있더라!" 두 번째 보기에는 다음과 같은 이유를 제시할 수 있겠죠. "그들은 월드 시리즈를 27번이나 우승했기 때문입니다."

## 연습 문제

다음 중 순환 추리가 사용되지 <u>않은</u> 예문은 무엇인가요?

**a.** 나는 한화 이글스를 제일 좋아한다. 왜냐하면, 이글스는 내 맘에 쏙 드는 팀이기 때문이다.

**b.** 나는 귀신이 존재한다고 믿는다. 몇 달 전 밤에 산행할 때, 아무리 생각해봐도 귀신일 수밖에 없는 것을 보았기 때문이다.

**c.** 바다마을은 우리 동네에서 손님이 제일 많아서 가장 장사가 잘되는 해산물 요리 전문점이다.

**d.** 스팅(Sting)은 콘서트의 색소폰 연주자로 브랜포드 마살리스(Branford Marsalis)를 초대했는데, 그 이유는 그의 연주 스타일이 콘서트의 테마와 잘 맞아떨어졌기 때문이다.

## 해답

**d**는 순환 추리를 사용하지 않고 있습니다. 이 논증은 왜 스팅이 브랜포드 마살리스

를 연주자로 초대했는지에 대한 이유를 한 가지 제시하고 있습니다. 나머지 셋은 아무런 이유를 제시하지 않고 같은 말을 조금 다르게 해 반복하고 있습니다.

**생각해보기**

논증에서 중의적인 단어나 표현이 쓰이지는 않았는지 잘 살펴보세요. 특정 집단에게 특정한 반응을 이끌어내기 위해 교묘하게 이중적이거나 모호하진 않나요?

## 13.4 애매한 말의 오류

애매한 말의 오류는 동음이의어(예: 겨울에 내리는 눈, 사람의 눈)나 다의어(예: 책상다리, 돼지 뒷다리)를 사용해 논증의 의미를 모호하게 만드는 논리적 오류입니다. 특정 단어가 여러 번 사용될 때, 매번 그 의미가 다르거나, 혹은 한 번 사용되더라도 그 의미가 정확하게 무엇인지 분명하지 않을 때 애매한 말의 오류가 발생합니다. 아래의 예시를 읽어보세요.

> 모든 죄인은 감옥에 가야 한다. 성경에서는 모든 인간이 죄인이라고 한다. 그러므로 모든 인간은 감옥에 가야 한다.

위 보기에서는 '죄인'이라는 단어를 두 번 사용하였는데, 그때마다 의미가 조금 다릅니다. 첫 문장에서는 죄가 일상적이나 법률적인 의미에서 죄를 뜻하지만, 둘째 문장에서는 하느님의 뜻을 거역한 아담과 하와의 자손이 태어날 때부터 가지고 있는 원죄를 뜻합니다. 그래서 두 문장에서 '죄인'의 뜻이 다르므로 위 논증은 논리적으로 성립될 수 없습니다. 또 다른 예시를 살펴봅시다.

> 속이 불편할 때는 가벼운 음식을 먹어야 한다. 생크림 케이크 한 조각은 밥 한 공기보다 가볍다. 그러므로 속이 불편할 때는 밥 한 공기보다 생크림 케이크 한 조각을 먹는 것이 낫다.

이 예시에서 두 전제는 진실해 보이지만 결론은 무언가 비상식적으로 보입니다. 그 이유는 바로 '가볍다'라는 단어가 다른 의미로 두 번 쓰였기 때문입니다. 첫 번째 전제에서 '가볍다'는 '부담이 없다'라는 의미에서 쓰였고, 이를 음식에 적용하면 소화가 잘되는 음식이라는 뜻입니다. 하지만 두 번째의 전제에서 '가볍다'는 '무게가 적다'라는 의미로 쓰였지요. 생크림 케이크 한 조각이 밥 한 공기보다 무게는 적어도 소화는 더 안 되는 음식이므로 위의 결론은 타당하지 않은 것입니다. 이처럼 결정적인 단어를 두 개 이상의 다른 의미로 사용하면 논증은 타당하지 않은 것이 되어버립니다.

이런 애매한 말의 오류는 농담이나 정치 풍자를 할 때도 자주 사용됩니다. 우리가 흔히 알고 있는 다음과 같은 농담도 이런 경우지요.

> 늦은 밤, 술에 취한 한 승객이 버스 정류장에 서 있던 낡은 버스를 탔습니다. 버스가 승객을 기다리며 출발하지 않자 이 승객은 운전기사에게 '왜 똥차가 출발하지 않느냐'라고 물었습니다. 그러자 운전기사는 백미러로 승객을 쳐다보며 이렇게 응수했습니다. "똥이 차야 출발을 하지요."

의도적으로 애매한 말의 오류를 일으키는 경우는 누구나 쉽게 동의할 수 있는 진실이나 합리적인 전제에서 시작하여 잘못된 결론에 도달하기 때문에 듣는 사람을 헷갈리게 합니다. 특히 전문적인 단어나 표현이 사용되는 경우, 듣는 사람이 이를 완벽하게 이해하고 있지 못하면 논리적 오류를 발견하기 쉽지 않습니다. 그리고 만약 이러한 논증의 오류를 알아채지 못한다면 전제가 진실하고 결론이 논리적으로 전제를 따르는 것으로 보여서 잘못된 결론을 받아들이게 될 수도 있습니다.

이러한 오류를 방지하는 방법은 바로 정보를 수집하는 것입니다. 여러 의미로 사용될 수 있는 용어나 잘 모르는 용어가 있다면 정확하게 어떤 의미로 사용되었는지 물어보세요. 누구나 특정한 단어나 표현을 들어본 적이 없거나, 이런 단어나 표현이 어떠한 의미를 가졌는지 다 알지 못할 수 있습니다. 일반적으로 한 언어에는 수십만의 단어가 존재하지만, 성인이 알고 있는 단어는 보통 수만이 채 되지 않습니다. 또한, 인터넷에서는 매일같이 새로운 단어가 태어나고 있으며 단어가 사용되는 방식도 매일 조금씩 바뀝니다. 그러니 단어나 표현의 정확한 뜻을 모르는 것은 전혀 부끄러운 것이 아닙니다. 비판적인 사고를 할 때는 필요한 정보를 정확하게 알고 있어야 함을 잊지 마세요!

### 연습 문제

다음 중 애매한 말의 오류를 범하고 있는 것 두 개를 골라보세요.

**a.** 깃털은 가볍다. 가벼운 것은 소화가 잘된다. 그러므로 깃털은 소화가 잘된다.
**b.** 인간은 자연을 보존해야 한다. 왜냐하면, 인간도 자연의 일부이기 때문이다.
**c.** 아무리 불구대천의 원수라 하더라도 용서해야 한다. 김 대통령은 우리나라의 원수이다. 그러므로 김 대통령을 용서해야 한다.
**d.** 건조한 가을철에는 방화 장비를 점검해야 한다. 소화기는 방화 장비이다. 그러므로 건조한 가을철에는 소화기를 점검해야 한다.

### 해답

정답은 **a**와 **c**입니다. **a**는 이번 레슨에서 본 바와 같이 '가볍다'의 두 가지 의미를 섞어서 사용하고 있습니다. **c**는 '원한이 맺힌 사람'이라는 뜻과 '나라를 다스리는 사람'이란 뜻의 '원수'를 혼용하고 있습니다.

#### 생각해보기

논리적 오류를 의도적으로 사용하는 사람들은 우리가 자신들의 속임수를 알아채지 못할 것으로 생각합니다. 이런 사람들의 코를 납작하게 만들어주고 더는 속임수가 통하지 않음을 보여주세요. 이 책에 소개된 것 이외에도 논리적 오류의 종류는 매우 많습니다. 논리적 오류에 대한 책이나 인터넷 사이트를 찾아 더 공부해보세요. 그리고 남의 주장이나 논증이 조금이라도 이상하게 들린다면 이를 조심스레 분석하고 따져보세요.

## 13.5 레슨 요약

우리가 마주치는 연역적 논증이 잘못된 경우는 꽤 많습니다. 전제가 진실하지 않아서 논증의 일부나 전체가 잘못되었을 수도 있지만, 추리에 논리적인 결함이 있어 오류를 포함하고 있을 수도 있습니다. 그래서 논리적 오류를 인식하고 이것이 여러분을 오도하지 않도록 막는 것이 중요합니다. 이러한 논리적 오류의 대표적인 예는 미끄러운 경사면의 오류, 잘못된 딜레마의 오류, 순환 추리의 오류, 그리고 애매한 말의 오류입니다.

### 다음 레슨까지 연습해볼 것

- 신문이나 잡지에서 기업이나 정치인이 논리적 오류를 포함하는 논증을 하고 있는지 찾아보세요. 어떤 오류를 사용하고 있나요? 이 오류가 의도적인 것 같나요, 아니면 실수인 것 같나요?
- 광고나 코미디 프로그램에서 논리적 오류가 유머로서 사용된 경우를 찾아보세요. 그리고 이러한 오류가 왜 재미있게 느껴지는 것 같은지 생각해보세요.

LESSON

# 14 귀납추리

연역적 방법은 지식을 활용하는 방식이고, 귀납적 방법은 지식을 습득하는 방식이다.
The deductive method is the mode of using knowledge, and the inductive method the mode of acquiring it.

헨리 메이휴(Henry Mayhew, 1812~1887)
영국의 언론인, 극작가

## 이번 레슨에서 공부할 내용

앞에서 살펴본 연역추리는 일반적인 법칙이나 원리에서 시작해 구체적인 사례에 적용합니다. 이번 레슨에서 살펴볼 귀납추리는 연역추리와 반대로 구체적인 사례에 대한 과거 경험과 상식 등을 바탕으로 일반적인 결론을 이끌어냅니다. 그래서 우리는 이번 레슨에서 귀납추리를 사용하는 논증에 대해 알아보고, 이를 사용하는 방법에 대해 공부해볼 것입니다.

귀납은 구체적인 사실이나 사건에서 일반적인 원리나 이론, 법칙 등을 추리해 내는 과정입니다. 특히 귀납적 사고는 과학에서 가설을 세우고 검증할 때 쓰이는 방식인데, 이는 주로 다음과 같은 형태를 가지고 있습니다: 만약 A가 진실하고 B도 진실하다면, C도 진실할 가능성이 클 것이다. 이처럼 조건적 전제를 사용하여 항상 진실하지는 않지만, 진실할 가능성이 큰 결론을 도출해 내는 것이 귀납추리의 특징입니다.

귀납추리에서는 다음 두 가지를 사용하여 결론의 개연성을 판단합니다.

**1.** 과거 경험
**2.** 상식

먼저, 우리는 과거 경험을 바탕으로 미래에 비슷한 상황이 벌어졌을 때 무엇이 일어날지를 예측할 수 있습니다. 예를 들어, 지난 2주 동안 명수가 매일같이 지각하였다면, 오늘도 아마 명수가 지각할 것으로 예측할 수 있겠지요.

또한, 우리는 널리 알려진 상식을 바탕으로 추론할 수도 있습니다. 예를 들어, 7명의 동호회원 중에서 경기에 나갈 5명을 뽑아야 하는데, 지성은 7명의 회원 중에서 실력이 좋은 편에 속하니 아마 경기에 나가게 될 것이라고 추론할 수 있을 것입니다.

지난 레슨에서 알아보았던 연역추리에서는 전제가 진실하면 결론은 반드시 진실했습니다. 하지만 귀납추리에서는 전제가 진실하다고 해도 결론이 진실할 가능성이 클 뿐, 결론이 거짓일 가능성이 항상 존재합니다. 이는 전제와 결론 사이에 자동적, 논리적인 연결은 존재하지 않는다는 것을 의미합니다. 그래서 귀납추리에서는 연역추리에서보다 '성급한 일반화' 같은 논리적 오류가 발생할 가능성이 더 큽니다(귀납추리의 오류에 대해서는 다음 레슨에서 자세히 알아보겠습니다).

하지만 이러한 결점이 있음에도 귀납추리는 우리가 가장 자주 사용하는 유형의 추리입니다. 우리가 경험을 통해 습득하는 예절에서부터 현대 생물학의 기초가 되는 세포설(세포 이론) 등이 귀납추리의 소산입니다. 우리는 어렸을 때부터 연장자에게 허리를 굽혀 인사하는 것을 보아왔으므로, 나중에 커서도 연장자에게 허리를 굽혀 인사를 해야 한다고 생각합니다. 마찬가지로, 세포설에서도 지금까지 관찰된 모든 유기체는 세포로 이루어져 있으므로, 모든 살아 있는 생물은 세포로 이루어져 있다고 결론 내립니다. 하지만 이러한 결론은 절대적인 것이 아니며, 어떻게 거짓으로 판명날 수 있는지 떠올리는 것은 그리 어렵지 않습니다. 예절 같은 경우, 다른 예절을 가지고 있는 문화권으로 가면 그 예절이 더는 적절한 것이 아님을 알 수 있고, 세포설 같은 이론도 세포가 아닌 다른 무언가로 구성된 생물이 있다는 것이 발견되면 거짓으로 판명날 수 있습니다.

귀납적 논증은 주로 비교와 대조를 통해서 할 수 있습니다. 여기에는 크게 두 가지 형태가 있습니다. 비교/대조 논증은 하나의 사물이나 사건, 또는 생각을 다른 것과 비교/대조해 이들이 비슷해 일반화할 수 있는지를 알아봅니다. 그리고 인과 논증은 비교와 대조를 통해 무엇이 원인이고 무엇이 효과인지를 판단합니다.

**생각해보기**

과학에서는 논리적으로 가설과 이론을 세우고 검증할 때 귀납추리가 필수적입니다. 여러분이 알고 있는 과학적 이론, 예를 들어 만유인력의 법칙이나 진화론 같은 것을 떠올려보고, 이런 이론이 어떻게 발견되었고 검증되었는지 생각해보세요. 그리고 인간이 새로운 지식을 습득할 수 있는 방법에는 무엇이 있을지 생각해보세요. 철학에서는 인식론이라고 하여 지식이라는 것이 무엇이고, 또 어떻게 지식이 습득될 수 있는지에 대해 연구하기도 합니다.

## 연습 문제

다음 문장을 올바른 귀납적 논증으로 완성할 수 있는 보기를 모두 골라보세요.

"내가 새로 이사 온 하숙집에 사는 다른 사람들은 …"

**a.** 태국 음식을 좋아한다. 그러므로 나도 태국 음식을 좋아하게 될 것이다.
**b.** 주말에 세탁한다. 그러므로 나도 주말에 세탁해야 한다.
**c.** 집주인과 매우 친하게 지낸다. 그러므로 나도 집주인과 친하게 지내게 될 것이다.
**d.** 매월 첫째 날에 하숙비를 낸다. 그러므로 나도 매월 첫째 날에 하숙비를 낼 것이다.

## 해답

정답은 **b**와 **d**입니다. 과거 다른 하숙집에 살아본 경험이나 하숙집이 어떻게 운영되는지에 대한 상식으로 미루어볼 때, 주말에 빨래하고 매월 첫째 날에 하숙비를 내는 것이 하숙집 규칙일 가능성이 큽니다. 그에 비해 하숙집에 사는 다른 사람들이 베트남 음식을 좋아하는 것이나 집주인과 친하게 지내는 것은 여러분에게도 해당할 가능성이 크다고 말하기는 어렵습니다. 물론 여러분이 남들이 즐기는 것을 쉽게 같이 즐기는 사람이거나 보통 다른 사람과 쉽게 친하게 지내는 사람이라면 **a**와 **c**도 합리적인 귀납적 논증이 될 수도 있을 것입니다.

## 14.1 비교/대조 논증

귀납적 논증 중 가장 일반적인 종류는 사물이나 사건, 또는 생각을 다른 것과 비교하고 대조해 이들 사이의 유사점을 찾아 이를 일반화시킬 수 있는지 따져보는 논증입니다. 이러한 논증에서 중요한 것은 비교 대상 사이에 다방면적으로 공통점이 많아야 하고, 차이점은 적어야 한다는 것입니다. 아래의 예시를 한번 읽어보세요.

> 요리하기를 좋아하는 지현은 집에서 피자를 만들어보기 위해 피자 굽는 법을 인터넷에 검색해보았습니다. 지현이 찾아본 세 개의 사이트 모두 피자 반죽을 만들 때 강력분과 이스트를 사용해 24시간 숙성을 시켜야 피자를 구웠을 때 크러스트가 맛있게 나온다고 하였습니다. 그래서 지현은 자신도 강력분과 이스트를 사용해 피자 반죽을 만들어 24시간 숙성을 시키면 피자 크러스트를 맛있게 만들 수 있다고 생각했습니다.

여기서 지현은 세 건의 정보를(인터넷 사이트에 올라온 피자 만드는 법) 비교했습니다. 이들 사이의 공통점은 바로 피자 반죽을 만들 때 강력분과 이스트를 사용하고 24시간 숙성을 시킨다는 것이었지요. 그래서 지현은 귀납적 논증을 통해 자신도 이러한 절차를 거치면 피자 크러스트를 맛있게 만들 수 있다고 일반화하였습니다.

이러한 비교/대조 논증의 힘은 비교 대상이 서로 얼마나 다양한 방면에서 유사한지에 따라 달라집니다. 위의 경우, 세 사이트에서 모두 다른 회사의 밀가루를 사용했고 각자 다른 온도에서 피자 반죽을 숙성시켰다면 지현이 어떤 회사의 밀가루를 사용하거나 어떠한 온도에서나 피자 반죽을 숙성시켜도 피자 크러스트가 맛있게 나올 확률이 높아집니다. 왜냐하면, 위의 두 요인이 의미 있는 영향을 미치지 않을 가능성이 크기 때문이지요. 이와 반대로 세 사이트에서 모두 한 회사의 밀가루를 사용했고 모두 똑같은 온도에서 반죽을 숙성시켰다면, 지현도 이 조건을 따라야 좋은 결과를 얻을 확률이 높아질 것입니다.

또한, 이러한 논증에서는 관찰 가능한 모든 공통점과 차이점을 인지하고 있어야 논증이 강력해집니다. 만약 논증이 약해서 그 결론이 틀린 것으로 밝혀진다면, 이는 비교 대상과 자신의 일반화 사이에서 중요한 차이점을 인지하지 못해서였을 가능성이 큽니다. 예를 들어, 인터넷 사이트에서는 모두 강력분과 함께 신선한 이스트를 사용했지만, 지현은 이 점을 인지하지 못해서 개봉한 지 시간이 꽤 지난 묵은 이스트를 사용한다면, 인터넷에서처럼 맛있는 피자 크러스트를 만들지 못할 수도 있습니다. 그래서 강력한 비교/대조 논증은 주의 깊은 관찰을 통해 여러 사건이나 사물 사이에 의미 있는 차이가 없다고 말할 수 있어야 합니다. 즉, 지현이 '블로그에서 피자를 만드는 방법과 내 방법 사이에 중요한 차이가 없다'라고 덧붙일 수 있다면, 그녀의 논증은 훨씬 더 강력한 것이 되고, 그만큼 그녀의 결론이 진실로 판명날 가능성은 올라갈 것입니다.

## 연습 문제

다음 귀납적 논증에서 우리가 내릴 수 있는 합리적인 결론은 무엇일까요?

> 우리는 한 신진 작가의 200쪽짜리 시집 원고를 절반 읽어 보았다. 이 시집에 포함된 시는 모두 자연에 관한 것, 아니면 사랑에 관한 것이었다. 지금까지 읽어 본 바로는, 그의 시 중에서 자연에 관한 것은 매우 시각적으로 강렬해 기억에 남았지만, 사랑에 관한 것은 엉성하고 깊이가 없었다. 그러므로 이 시집 원고 나머지 절반에서 우리가 기대할 수 있는 것은 무엇일까?

## 해답

그의 시집 원고 나머지 절반에서도 자연에 관한 시는 매우 시각적으로 강렬해 기억에 남겠지만, 사랑에 관한 시는 엉성하고 깊이가 없을 것이라고 결론 내릴 수 있습니다. 간혹 뒷부분이 앞부분과 반대 패턴을 보여 앞부분을 보완할 것이라는 생각이 들 수도 있지만, 앞부분에서 일관적으로 보인 모습이 지속할 것으로 예측하는 것이 더 합리적입니다. 시를 쓰는 실력이나 감성이 쉽게 변하리라고 생각하기는 어렵고, 또 시가 갑자기 변할 것을 암시하는 어떤 증거도 없기 때문입니다.

## 연습 문제

다음 중 가장 약한 비교/대조 논증은 무엇인가요?

**a.** 나는 지난 한 달 동안 토요일마다 옷을 세탁하였고, 일주일 내내 입을 옷이 충분했다. 이번 주에는 일요일에 옷을 세탁할 예정인데, 이번 주에도 일주일 내내 입을 옷이 충분할 것이다.

**b.** 지난 2주 동안 지수는 매일 게임방에서 2시간씩 게임을 하였다. 그러므로 지수는 이번 주에도 매일 게임방에서 2시간씩 게임을 할 것이다.

**c.** 어제 지방으로 출장을 간 세현은 점심때 '한 숟갈 도시락'에서 특선 도시락을 사 먹었는데, 꽤 맛있었다. 오늘 집으로 돌아온 세현은 집 근처 '김 선비 도시락'에서 특선 도시락을 사 왔는데, 이 도시락도 맛있을 것이다.

**d.** 서울 시내 한 백화점에서는 지난 5년간 12월에 모든 흰색 제품을 반값에 파는 '화이트 세일'을 하였다. 이 백화점은 올 12월에도 '화이트 세일'을 진행할 것이다.

## 해답

정답은 **c**입니다. **b**와 **d**의 사건은 일정 기간 꾸준한 패턴을 보여왔기 때문에 가까운 미래에도 반복될 가능성이 큽니다. **a**의 경우도 세탁 요일이 하루 다르다는 차이점이 존재하긴 하지만, 지난 한 달 동안 토요일에 세탁해도 일주일 동안 옷이 충분했으니 하루 차이로 세탁해도 옷이 충분할 가능성이 큽니다. 그에 비해 **c**에서처럼 다른 지역, 다른 가게에서 파는 두 번째 도시락도 맛있을 가능성은 상대적으로 작습니다.

## 14.2 인과 논증

앞서 알아본 비교/대조 논증은 사건이나 사물 사이의 유사점과 차이점을 가지고 일반화를 합니다. 하지만 인과 논증은 여기서 한 발짝 더 나아가 어떤 효과에 대한 가능한 원인이 무엇인지 판단하려는 목적을 가지고 있습니다. 하지만 원인이 무엇인지를 알아내는 것이 왜 필요할까요? 그 이유는 다음과 같습니다. 만약 어느 것이 다른 무언가가 일어나게 하는 것의 원인임을 알아낼 수 있다면, 우리는 이 관계를 재생성해 효과가 다시 일어나게 할 수도 있고, 아니면 그 효과가 다시 일어나지 않도록 관계를 봉쇄할 수도 있습니다. 즉, 인과관계를 이해하면 우리 자신과 주변에 대한 통제력을 강화할 수 있으므로 원인이 무엇인지 알아내는 것이 중요하다고 할 수 있습니다.

예를 들어, 준규는 시험 전날에 열심히 공부했을 때마다 시험에서 좋은 성적을 받았습니다. 당연하게 들리겠지만, 이를 통해 준규는 시험 전날 열심히 공부하는 것이 좋은 성적의 원인이라고 추론할 수 있었습니다. 그래서 계속해서 좋은 성적을 받으려면 시험 전날에 열심히 공부해야 한다고 생각했지요. 하지만 하루는 시험 전날에 새벽 늦게까지 공부를 한 나머지, 제대로 잠을 자지 못하고 학교에 가 시험을 쳤습니다. 그리고 이 시험에서는 그리 좋은 성적을 받지 못했습니다. 시험 전날에 열심히 공부했는데도 말이죠. 그래서 이 사건을 통해 준규는 시험 전날 푹 자는 것이 좋은 성적을 받는 데 영향을 미치지는 않는지에 대해 생각해보았습니다. 그리고 지금까지 시험 본 경험을 잘 되새겨보니 성적을 잘 받은 시험 전날에는 항상 충분히 잤다는 것을 기억해냈습니다. 그래서 이를 통해 시험 전날 푹 자는 것이 좋은 성적의 또 다른 원인이라고 추론할 수 있었습니다. 그리고 앞으로도 계속 좋은 성적을 받으려면 시험 전날 열심히 공부하되, 자는 시간까지 희생하지 말아야겠다고 생각했습니다. 즉, 준규는 과거 경험의 공통점과 차이점을 이용해 좋은 성적의 원인이 무엇인지를 밝혀낸 것입니다.

또 다른 보기를 들어봅시다. 지은이는 오늘 아침 배가 아픈 이유가 무엇인지를 생각해보고 있습니다. 지은이는 보통 아침 식사로 시리얼과 저지방 우유, 그리고 사과나 바나나 같은 과일을 곁들여 먹습니다. 하지만 오늘은 우유가 다 떨어져 시리얼 대신에 며칠 전 사놓은 빵에 포도를 곁들여 먹었습니다. 그리고 그녀는 보통 사람이 적은 시간대에 버스를 타고 8시까지 회사에 도착하지만, 오늘은 아침에 늦잠을 자는 바람에 집에서 늦게 출발했습니다. 그래서 사람이 가득 찬 버스를 타고 출근해 회사에 9시가 다 되어 도착했습니다. 그리고 회사에 도착한 지 얼마 지나지 않아 배가 살살 아프기 시작했지요. 그렇다면 지은이 배가 아픈 이유는 무엇일까요? 오늘 아침은 평소와 다른 아침 식사를 했으며, 출근 시간에도 조금 고생을 했습니다. 하지만 이 둘 중에서는 오늘 아침에 먹은 며칠 지난 빵이 배가 아픈 원인일 가능성이 큽니다. 지금까지의 경험에 미루어 보면, 배가 아팠을 때는 무언가 평소에 먹지 않은 것을 먹은 경우가 많지만, 출근 시간에 고생했다고 해서 배가 아픈 경우는 없었기 때문이지요.

하지만 실생활에서는 위 보기에서처럼 원인을 찾아내는 것이 간단하지 않을 때가 많습니다. 실생활에서는 관찰하면 할수록 원인이 될 수도 있는 정보가 많이 발견되기 때문입니다. 지은이의 경우, 전날 저녁에 오랜만에 친구들과 만나 고깃집에서 삼겹살을 먹은 것이 복통의 원인일 수도 있습니다. 아니면 요즘 회사 일과 결혼준비 때문에 곤두선 신경이 복통을 유발했을지도 모릅니다. 아니면 회사 정수기에서 마신 물이 잘못되었을지도 모르지요.

이처럼 우리 주변에는 우리에게 영향을 미치는 크고 작은 요소들이 수도 없이 많습니다. 그리고 이들 사이에서 결정적인 공통점과 차이점을 찾기는 쉽지 않습니다. 최근에 배나 머리가 아팠거나, 혹은 감기에 걸렸을 때를 생각해보세요. 무엇이 여러분을 결정적으로 아프게 했는지 정확하게 찾아낼 수 있었나요? 아마 가능한 여러 원인 중 하나 이상이 영향을 끼쳤을 것으로 생각하고 넘어갔을 것입니다. 원인을 파악하는 것은 많은 노력이 있어야 하기 때문이지요. 하지만 설득력 있는 강한 귀납적 논증을 할 때는 결정적인 공통점과 차이점이 무엇인지를 꼼꼼히 따져보아야만 합니다. 또한, 다음과 같이 인과관계에 필수적인 것도 유의해서 확인해보아야 합니다.

- **원인은 효과보다 먼저 일어나야 합니다.** 아주 상식같이 들리지만, 후에 일어난 일을 원인이라고 오인하는 경우도 생각보다 많습니다. 또한, 인과관계가 복잡하게 얽혀있는 실생활에서는 어느 것이 먼저 일어났는지 제대로 알기 어려울 때도 잦습니다. 원인이라고 생각되는 것이 효과보다 먼저 일어났다고 확신할 수 있는

지 꼭 확인해보세요.

예: 한 도시의 신임 시장은 취임한 지 1년이 막 지났을 때, 한 언론과의 인터뷰에서 다음과 같이 말했습니다. “제가 시장이 된 후에 우리 시의 임대주택 공급이 1만 호 늘어났습니다. 저는 이처럼 공약을 지켜나가기 위해 계속 최선을 다하겠습니다.” 하지만 실은 이 임대주택은 전임 시장이 임기 중에 추진해서 퇴임 전에 공사가 막바지에 다다랐던 사업이었습니다. 즉, 신임 시장이 취임하기 전부터 거의 완성되었던 사업으로, 신임 시장이 자신의 업적이라고 부르기 어려운 것이었지요.

- **인과관계를 증명할 때는 강력한 상관관계 이상의 논리적인 연결이 필요합니다.** 얼핏 보면 원인과 효과인 것 같이 보일 정도로 계속해서 같이 일어나는 일도 단순한 우연 때문일 수도 있습니다. 어떠한 사건들이 꾸준히 함께 일어나는 것 같더라도, 그 사이에 명확한 논리적인 이유가 없다면 섣불리 인과관계로 단정해서는 안 됩니다. 원인과 효과의 관계가 어떻게 합리적으로 설명될 수 있는지 따져보세요.

예: K리그의 한 팀을 열렬히 응원하는 윤철은 지난 시즌에 자기 팀의 경기를 경기장에 가 직접 관람을 할 때마다 팀이 승리했습니다. 하지만 경기장에 가지 못하는 날에는 팀이 항상 패배했습니다. 하지만 그렇다고 윤철이 경기장에 가서 경기를 보는 것이 윤철의 팀이 승리하는 원인이라고 말할 수 있을까요? 윤철이 경기장에 가는 것이 윤철의 팀이 승리하는 것에 어떻게 기여하는지 설명하기 어려우므로, 그렇다고 결론 내릴 수 없을 것입니다.

미신적인 행동과 신념도 이런 방식으로 형성되고 유지됩니다. 많은 사람은 특정 사건이 몇 번 함께 일어났다고 해서 둘 사이에 인과관계가 있다고 오인을 합니다. 하지만 우연에 의한 상관관계는 언젠간 깨지기 마련입니다. 그러나 사람들은 자기의 미신적 신념을 유지하고 싶어서 자기 신념에 반하는 증거를 고려하지 않고 무시하는 경우가 많습니다. 미신도 나름 자신이 세상을 이해하고 예측하는 데 도움을 준다고 생각해 불확실에 대한 불안감을 감소시키기 때문이지요. 하지만 비판적 사고를 하는 사람은 자신의 신념에 반하는 증거도 똑같이 받아들여서 자신의 신념이 틀렸다고 생각될 때 이를 바꿀 수 있어야 합니다.

### 생각해보기

카드놀이나 체스 같은 게임을 할 때도 우리는 귀납추리를 사용합니다. 우리는 게임의 규칙(남아있는 카드의 수, 말이 움직일 수 있는 위치 등)과 과거에 게임을 했던 경험을 이용하여 반복되는 패턴을 알아보고 상대편의 전략에 대해 이론을 세우며 매 차례에 어떻게 행동해야 게임을 이길 수 있는지를 생각하는데, 이때 매우 복잡한 귀납추리가 사용됩니다.

## 연습 문제

다음 시나리오를 읽고 질문에 답하세요.

민지는 어젯밤 고속도로를 달리다 잠깐 휴게소에 들렀습니다. 그리고 곧 다시 출발하기 위해 차에 시동을 걸고 대각선 주차 구역에서 빠져나오려고 후진하였습니다. 그리고는 핸들을 돌려 앞으로 빠져나가려고 하던 찰나, 옆자리에 서 있던 차가 갑자기 후진해 뒤범퍼의 모서리로 민지 차의 오른쪽 뒷문을 박았습니다. 곧 사고 현장으로 달려온 보험사 직원과 경찰관에게 이 차의 운전자는 민지가 자신의 차를 박았다고 주장하였습니다. 하지만 보험사 직원과 경찰관은 모두 이 사고가 민지의 책임이 아니라 다른 운전자의 책임이라고 생각하였습니다.

보험사 직원과 경찰관이 위와 같이 생각했던 이유는 무엇일까요? 그 이유에 해당하는 것을 모두 골라보세요.

**a.** 운전자는 다른 차가 주차 구역에서 빠져나오고 있으면 다음 차례를 기다려야 한다. 접촉 사고가 일어났을 때, 민지의 자동차는 분명히 자신의 주차 구역에서 벗어나 있었다.

**b.** 주차 구역에서 후진하면서 뒷문으로 다른 차량의 뒤범퍼 모서리를 친다는 것은 불가능하다. 하지만 그 반대로 차량의 뒤범퍼 모서리로 다른 차량의 뒷문을 치는 것은 가능하다.

**c.** 주차 구역에서 빠져나올 때 속도를 내어서는 안 된다. 다른 운전자는 주차

구역에서 빠져나오면서 급가속을 하였다.

**d.** 다른 운전자는 후진하면서 백미러를 보지 않았을 것이다. 백미러에 다른 차가 있음을 보고도 그 차를 향해 후진하지는 않았을 것이기 때문이다.

### 해답

보험사 직원과 경찰관이 사고 현장을 보고 사고가 다른 운전자의 잘못이라고 생각했던 이유는 **a**, **b**, **d**입니다. 이는 대각선 주차장에서 일어날 수 있는 상황을 잘 설명해주고 있습니다. 그에 반해 **c**는 사고의 원인이 되었다고 말하기 어렵습니다.

## 14.3 레슨 요약

귀납추리는 관찰하고 경험했던 구체적인 정보를 사용해 일반적인 결론을 내릴 때 널리 쓰입니다. 그리고 이러한 결론을 내리기 위해서는 과거의 경험과 상식이 사용됩니다. 귀납추리는 우리가 새로운 지식을 습득할 때 매우 널리 사용되지만, 논리의 특성상 연역추리와 달리 결론이 절대적이지 않습니다. 그래서 귀납추리에서는 오류가 발생할 확률이 훨씬 더 높습니다. 우리는 다음 레슨에서는 귀납추리의 오류에 대해 공부해볼 것입니다.

**다음 레슨까지 연습해볼 것**

- 반복된 경험을 통해 공통적인 원인이나 일반화된 결론을 끌어내는 일은 우리가 모두 매일같이 하는 행동입니다. 최근에 여러분이 귀납추리를 사용해 깨달은 것이 무엇인지 생각해보세요. 새로 생긴 마트가 자주 가던 마트보다 물건값이 싼 것 같나요? 출퇴근 시간대를 제외하면 지하철보다 버스를 타는 것이 더 빠르고 편하던가요? 길가의 특정 장소가 택시 잡기에 더 수월하던가요? 아니면 회사가 곧 출시하는 새 상품의 기능보다 디자인을 중심적으로 홍보할 것 같나요?
- 또한, 어떻게 해야 여러분이 깨달은 바가 잘못되었다는 것을 알 수 있는지도 생각해보세요. 여러분은 여러분의 신념이나 지식에 반하는 증거가 나타났을 때, 이를 마음을 열고 받아들여 생각을 바꿀 준비가 되어있나요?

LESSON

# 15 ▶ 귀납추리의 오류

일반화는 모두 거짓이다. 거기에는 이 말도 포함된다.
All generalizations are false, including this one.

마크 트웨인(Mark Twain, 1835~1910)
미국의 작가

## 이번 레슨에서 공부할 내용

연역추리에서와 마찬가지로 귀납추리에서도 결론을 뒷받침하는 추리가 잘못되면 논리적 오류가 발생합니다. 귀납추리의 오류는 불충분한 정보로 결론을 내리거나 상관관계를 인과관계로 오인해서 발생하는 경우가 많습니다. 이번 레슨에서는 우리 주변에서 자주 볼 수 있는 귀납추리의 논리적 오류 몇 가지에 대해 알아보겠습니다. 어떤 논리적 오류가 존재하는지 알면 여러분 스스로 이러한 오류를 저지르지 않게 될 것이며, 다른 사람이 잘못된 논리로 여러분을 설득하려고 하는 것도 막을 수 있게 될 것입니다.

귀납적 논증에서 도출하는 결론은 전제의 양과 질, 그리고 추리의 논리성에 달려 있습니다. 이전 레슨에서 알아본 바와 같이 귀납적 논증을 강하게 만드는 데에 여러 가지 방법이 있듯이, 귀납적 논증을 약하게 만드는 논리적 오류에도 여러 가지가 있습니다. 귀납적 논증을 약하게 만들거나, 심지어 전혀 효과 없는 것으로 만들어버리는 일반적인 논리적 오류에는 다음에 설명하는 네 가지가 있습니다.

## 15.1 '닭이 먼저냐, 달걀이 먼저냐' 오류

'닭이 먼저냐, 달걀이 먼저냐?'라는 수천 년 된 질문은 시작이 무엇인지 정확하게 알기 어려운 문제를 이야기할 때 흔히 사용됩니다. 그렇다면 이 질문이 귀납추리와 무슨 상관이 있을까요? 이전 레슨에서 알아보았듯이 두 사건을 놓고 인과관계에 대한 논증을 할 때, 두 사건이 항상 함께 일어난다고 해서 어느 하나가 다른 사건의 원인이라고 말할 수는 없습니다. 하지만 이럴 때, 둘 중 하나가 다른 하나의 원인이라고 섣불리 단정하게 되면 '닭이 먼저냐, 달걀이 먼저냐' 오류를 저지를 가능성이 커집니다. 이 오류는 보통 다음과 같은 형태를 띠고 있습니다.

**1.** A와 B는 규칙적으로 함께 일어난다.
**2.** 그러므로 A는 B의 원인이다.

이 오류는 두 사건이 함께 일어난다는 이유만으로 하나의 사건이 다른 사건을 일어나게 하는 원인이라고 가정함으로써 발생합니다. 하지만 두 사건이 상관관계를 띠더라도 이것만을 가지고는 인과관계를 유추할 수 없으므로 이러한 가정은 정당하지 않은 것입니다.

우리 주변에서 쉽게 볼 수 있는 '닭이 먼저냐, 달걀이 먼저냐' 오류 중 하나는 '사회의 ~한 부분이 사람을 ~하게 만든다'와 같은 종류의 논증입니다. TV와 게임에서 나오는 폭력적인 장면이 현대인을 폭력적으로 만든다고 주장하는 것이 이런 논증의 대표적인 예입니다. 그리고 실제로 많은 사람은 현대인의 폭력적인 행동이 TV나 게임에서 폭력물을 본 결과라고 믿고 있습니다. 하지만 잘 생각해보면 현대인이(아니면 인간 자체가) 폭력적이기 때문에 폭력적인 TV 프로그램이나 게임을 만들고 이를 즐긴다고 생각할 수도 있습니다. 과연 TV와 게임의 폭력이 현대인의 폭력의 원인일까요, 아니면 사실은 그 반대일까요? 아니면 이 두 가지 사이에 인과관계가 없는 것일까요? 그것도 아니라면 이 둘이 상호작용을 하는 것일까요?

이를 제대로 밝혀내기 위해서는 수많은 과학적 실험과 연구를 통해 여러 요인이 어떻게 서로에게 영향을 미치는지를 알아내야만 하며, 이는 많은 시간과 자원이 필요한 어려운 일입니다. 하지만 우리가 주어진 정보로 알 수 있는 간단한 사실은 '어떤 사람은 폭력적이다'라는 것과 '어떤 TV 프로그램과 게임에는 폭력이 포함되어 있다'라는 것입니다. 하지만 이를 넘어서는 주장을 할 만한 충분한 증거는 아직 존재하지 않습니다. 또한, 폭력적인 콘텐츠를 보는 사람이 모두 폭력적인 행동을 하지도 않고, 폭력적인 행동을 하는 사람 중에 폭력적인 콘텐츠를 보지 않는 사람도 있으며, 폭력적인 콘텐츠를 소비함으로써 폭력성을 대리 분출한다는 주장도 존재함을 생각해 볼 때, 폭력적인 콘텐츠가 폭력적인 행동의 원인이라고 주장하는 것이 얼마나 불충분한 주장인지 알 수 있습니다. 마지막으로, 가끔 언론에서 보도하는 '폭력적인 행동을 보인 청소년이 평소에 폭력적인 게임을 즐겨 했다고 진술했다'와 같은 내용도 잘 따져보면 폭력적인 행동과 폭력적인 콘텐츠가 함께 존재했을 뿐, 어느 하나가 다른 하나를 유발한 증거를 찾기가 쉽지 않은 것을 알 수 있습니다.

그렇다면 어떻게 해야 상관관계를 인과관계로 오인하는 오류를 피할 수 있을까요? 먼저 섣불리 어느 하나가 다른 것의 원인이라고 생각하는 것을 경계해야 합니다. 함께 일어나는 사건을 묶어서 생각하기 시작하면 둘 중 하나가 다른 하나의 원인이라고 생각하기 쉽지만, 실제로는 제3의 공통적인 원인이 있을 수도 있고, 이 둘이 우연히 같이 일어나는 것일 수도 있습니다.

또한, 사건이 일어나는 순서에 주목하면 이러한 오류를 회피할 수 있습니다. 예를 들어, A가 B 다음에 일어난다면 A가 B의 원인이 될 수는 없을 것입니다. 그리고 A와 B가 항상 일정한 순서로 일어나지 않는다면 어느 하나가 다른 것의 원인이라고 말할 수 없을 것입니다. 두 사건 중 어느 하나가 항상 먼저 일어난다고 확신할 수 있는지 자신에게 물어보세요. 그리고 다른 것이 원인이 될 수는 없는지 생각해보세요. 여러분이 가지고 있는 정보가 어떠한 결론을 내리기 충분한가요? 성급하게 결론을 내리기보다 더 많은 정보가 수집될 때까지 심사숙고하는 편이 낫다는 것을 잊지 마세요.

다음은 '닭이 먼저냐, 달걀이 먼저냐' 오류를 저지르고 있는 귀납적 논증의 예입니다.

- 우울증을 앓고 있는 사람은 하루 중 대부분을 집에서 보내는 것으로 나타났다. 그러므로 집에서 많은 시간을 보내는 것은 우울증을 유발한다.
  **오류:** 우울증을 앓고 있으면 너무 기운이 없어 집 밖에 나갈 수조차 없을 수도 있습니다.
- 활동적인 어린이는 그렇지 않은 어린이보다 과자를 더 많이 먹는다고 한다.

그러므로 과자를 많이 먹는 것은 어린이를 활동적으로 만든다.

**오류:** 어린이가 활동적이면 에너지 소모가 많아서 과자 같은 군것질거리를 더 많이 찾는 것일 수도 있습니다.

### 생각해보기

위 논증을 다음 논증과 비교해보세요.

비만한 어린이는 정상 체중의 어린이보다 과자를 더 많이 먹는다고 한다. 그러므로 과자를 많이 먹는 것은 어린이를 비만으로 만든다.

음식을 많이 먹는 것이 사람을 살찌우게 하는 것은 옳다고 볼 수 있으므로 이 논증이 '닭이 먼저냐, 달걀이 먼저냐' 오류를 저지르고 있다고 말하기는 어렵습니다. 사회는 비만의 최종적, 직접적 원인을 주로 과다한 칼로리 섭취와 운동 부족으로 꼽지요. 그렇다면 과다한 칼로리 섭취와 운동 부족을 유발하는 원인은 무엇일까요? 일례로, 비만한 사람이 다이어트로 몸무게를 줄여도 요요 현상을 보여 다시 몸무게가 원래대로 돌아오는 경우가 대다수임을 생각해보면, 비만의 근본적인 원인이 생각보다 굉장히 복잡할 수도 있음을 알 수 있습니다. 이처럼 실생활에서는 인과관계가 엉킨 사슬처럼 엮여있는 경우가 많아서 인과관계를 단정하는 것은 위험할 수 있습니다.

## 연습 문제

다음에서 '닭이 먼저냐, 달걀이 먼저냐' 오류의 예가 아닌 것은 무엇인가요?

**a.** 패리스 힐튼은 유명하다. 그리고 그녀는 텔레비전에도 자주 나온다. 패리스 힐튼은 텔레비전에 자주 나오기 때문에 유명하다.

**b.** 나는 이번 주 내내 설거지하지 않았다. 그리고 싱크대에서 악취가 풍기기 시작했다. 만약에 내가 설거지한다면 싱크대의 악취가 사라질 것이다.

**c.** 지난주 내내 우리 가게 사장은 기분이 좋아 보였다. 그리고 나는 지난주에 가게에서 일을 열심히 하지 않았다. 내가 사장 기분을 좋게 하려면 열심히 일하지 말아야겠다.

**d.** 원석은 이번 학기에 성적이 내려갔다. 그리고 원석은 이번 학기에 스터디 그룹에 참여하였다. 원석이 이번 학기에 스터디 그룹에 참여했기 때문에 성적

이 내려갔다.

### 해답

위 논증 중에서 **b**만이 인과관계에 대한 오류를 저지르지 않고 있습니다. 하지만 나머지 셋은 모두 '닭이 먼저냐, 달걀이 먼저냐'의 오류를 저지르고 있습니다. 전제 어디에도 명확한 결론을 내릴 수 있는 정보가 없음에도 일방적인 인과관계를 도출하고 있기 때문이지요. 이 가운데 **c**와 **d**는 논증에 포함된 정보 이외의 공통적인 원인이 있을 가능성이 큽니다. 그리고 **a**는 인과관계가 뒤바뀌었을 수도 있고, 아니면 그 이외의 공통적인 원인이 있을 수도 있습니다(패리스 힐튼은 돈 많은 집안의 상속녀로서 유명하고, 그래서 텔레비전에 자주 나오는 것일 수도 있습니다).

## 15.2 성급한 일반화의 오류

성급한 일반화의 오류는 충분한 사례나 자료가 없는 상황에서 성급하게 일반화를 하려고 드는 경우에 발생합니다. 예를 들어, 지방에 내려가서 택시를 한번 타본 사람이 택시 기사에게 이것저것 물어보았는데, 택시 기사가 무뚝뚝하게 대답하자 '지방 사람들은 무뚝뚝하고 예의가 없군!'이라고 생각하는 것이지요. 이 승객은 단 한 사람과의 경험을 기초로 수백만 이상의 사람들에 대하여 일반화하고 있는 것입니다. 우리가 성급한 일반화의 오류를 저지를 때는 다음과 같은 형식을 취합니다.

**1.** 모집단 B 중에서 매우 적은 표본인 A를 경험한다.
**2.** 표본 A와의 경험에 기초하여 모집단 B에 대하여 일반화한다.

성급한 일반화가 일어나는 데는 보통 두 가지 이유가 있습니다. 하나는 편향적인 마음가짐이나 편견 때문입니다. 예를 들어, 인종 때문에 사람을 차별하는 사람은 특정 인종의 사람이 저지른 부정적인 일 하나를 가지고 일반화를 할 가능성이 큽니다. 흑인을 차별하는 사람이 흑인이 저지른 범죄를 보고 자신의 신념을 강화하기 위해 '모든 흑인은 범죄자이다'라고 생각할 가능성이 큽니다. 하지만 자신이 차별하지 않는 인종의 사람이 저지른 범죄에 대해서는 해당 인종으로 쉽게 일반화하지 않을 것입니다.

성급한 일반화가 일어나는 또 하나의 이유는 바로 무지나 나태 때문입니다. 물론 합리적인 결론을 도출해내기 위해 충분히 큰 표본을 취한다는 것이 쉬운 일은 아닙니다. 지방 사람은 어떻다, 여자는 어떻다, 혹은 청소년은 어떻다고 일반화를 하려면 적어도 이런 집단의 사람 수십, 수백 명을 경험해보아야 하지만, 그러기가 항상 쉽지만은 않습니다. 그렇다면 어떻게 해야 할까요? 정답은 바로 충분한 표본을 가지지 못했다면 일반화를 하지 말아야 한다는 것입니다. 충분한 자료가 모일 때까지는 일반화를 피하고 사람과 사건을 열린 마음으로 보려고 노력해야 합니다.

그렇다면 우리는 표본이 충분한지 어떻게 알 수 있을까요? 여러분이 지방에서 10명의 택시 기사와 이야기를 해본다면 지방 택시 기사에 대해 일반화를 할 수 있을까요? 100명이면 충분할까요? 통계적으로 보통 수천, 수만 명 이상으로 구성된 모집단에 대해 결론을 내릴 때는 수백에서 수천의 표본이 필요합니다. 하지만 우리가 살아가면서 특정 집단 사람을 그렇게 많이 만날 일도 없으며, 만나게 되는 사람들의 모든 면을 제대로 알아보기도 힘듭니다. 그래서 모든 표본에 적용할 수 있는 규칙을 정하는 것은 큰 의미가 없습니다. 하지만 여러분은 이 책을 통해서 함양한 비판적인 사고력을 바탕으로 일반화를 하기 위한 실용성과 합리성을 따져볼 수는 있습니다.

여러분이 일반화하려고 하는 모집단의 크기는 얼마나 될까요? 특정 지역의 주민은 수십에서 수백만 명에 이를 것이고, 특정 지역의 청소년이라고 한다면 수만 명 정도일 것입니다. 그렇다면 여러분이 이 중에서 경험해본 사람이 몇 명이나 되나요? 만약 여러분이 '특정 지역의 남자 청소년은 숫기가 없다'라고 일반화하려고 한다면, 이 지역의 남자 청소년 중에서 숫기가 있는 사람은 얼마나 될지, 그리고 다른 지역의 남자 청소년은 얼마나 숫기가 없는지에 대해서도 생각해보셨나요? 특정 집단이 다른 집단과 어떤 면에서 특이하다고 일반화하기 전에, 그 집단 내에서 그 특이점이 얼마나 도드라지는지, 그리고 다른 집단은 그 특이점을 얼마나 보이는지 따져보세요. 또한, 이 책의 레슨 10으로 돌아가 표본을 취할 때 일어날 수 있는 문제에 대해서 다시 한 번 생각해보세요.

성급히 결론을 내리려고 하는 것을 경계하고 다른 사람이 성급한 일반화의 오류를 범하고 있지는 않은지 눈여겨보세요. 특히 이전에 가지고 있던 생각이나 신념이 일반화를 하는 데 영향을 주는 것 같다면, 이전에 가지고 있던 생각이 편향적이지는 않은지, 그리고 이러한 생각 없이 눈앞의 정보에만 기초한다면 어떤 일반화를 할 수 있는지(혹은 하지 않아도 되는지) 생각해보세요.

마지막으로, 지금까지 여러분이 스스로 생각을 고쳐먹은 적에 대해 생각해보세요. 라이벌 학교나 회사의 사람은 전반적으로 치사하다고 생각했었는데, 막상 그 학교나 회사 사람들을 여럿 만나보니 실제로는 그런 것 같지 않다고 생각한 적이 있지 않나요? 사람들은 자신이 가지고 있는 생각과 어긋나는 증거는 잘 보려고 하지 않는 경향이 있으므로 실제로 여러분이 가지고 있었던 생각이 틀렸던 경우는 여러분이 느낀 것보다 많을 것입니다. 여러분 스스로 오래된 생각에 안주하고 있지는 않나 고민해보세요. 비판적 사고를 통해 안주하고 있는 상황을 탈피할 때, 여러분은 지금까지 오인해서 보지 못하고 있던 세상을 보게 될 수도 있습니다.

**성급한 일반화의 예:**

- 나는 같은 사무실을 쓰는 직장 동료 3명에게 새로운 출퇴근 시간 규정에 대해 어떻게 생각하느냐고 물어보았다. 이 셋은 모두 그 새로운 규정이 마음에 들지 않는다고 하였다. 그러므로 회사 사람들은 이 규정을 별로 좋아하지 않는 것 같다.
- 유재석과 박명수가 함께 출연하는 무한도전과 해피투게더는 내가 제일 좋아하는 TV 프로그램이다. 그러므로 나는 앞으로도 이 둘이 출연하는 TV 프로그램을 모두 즐겨보게 될 것이다.
- 추신수 선수는 지난 경기 때 외야에서 2루수에게 공을 던져 믿기 어려운 더블 플레이를 두 번이나 해냈다. 그러므로 추신수 선수는 외야에서 공을 잡을 때마다 2루수에게 던져야 한다.

## 연습 문제

아래의 논증에서 혜리는 어떻게 성급한 일반화의 오류를 저지르고 있나요?

> 혜리는 휴가차 미국을 방문하고 있습니다. 그녀는 저녁 식사를 하기 위해 한 고급 식당에 들어갔는데, 웨이터가 매우 친절히 메뉴를 설명해주어서 놀랐습니다. 그리고 그 다음 날, 혜리는 호텔에서 아침 식사를 하러 호텔 뷔페로 내려갔는데, 웨이터가 친절하게 어떤 음식이 어디에 있는지 설명해주고 음료를 가져

다주었습니다. 그날 밤, 혜리는 한국에 있는 친구와 통화를 하며 이렇게 말했습니다: "정말 미국 사람들은 매우 친절한 것 같아. 식당 종업원들도 얼마나 친절한지, 깜짝 놀랄 정도라니까!"

## 해답

혜리는 '미국 사람들은 매우 친절하다'라는 결론을 단지 몇 명의 식당 종업원과 만난 경험을 바탕으로 내리고 있습니다. 특히 호텔 뷔페나 고급 식당 같은 곳에서 일하는 종업원은 어느 나라를 가더라도 친절한 경우가 많으므로 이를 바탕으로 혜리와 같은 결론을 내리는 것은 적절하지 않습니다. 혜리가 자신의 결론을 좀 더 강하게 뒷받침하기 위해서는 패스트푸드 식당 종업원과 마트 직원, 철도 승무원, 그리고 길거리에서 마주치는 사람 등 더 많고 다양한 미국 사람과 만나봐야 할 것입니다.

### 생각해보기

여러분의 생각을 전달할 때, 가능하면 구체적으로 말을 해야 과도한 일반화를 줄일 수 있습니다. 여러분의 경험을 구체적으로 전달하려고 노력해보세요. 위에서 본 혜리의 경우, "미국 좋은 식당의 종업원은 친절하다"나 "내가 만나본 미국 식당 종업원은 친절했다"와 같이 더 구체적으로 이야기한다면 성급한 일반화의 오류를 저지를 가능성이 줄어들 것입니다.

## 15.3 합성의 오류

합성의 오류는 전체의 한 부분이 가지고 있는 특성이 전체가 가지고 있는 특성이라고 결론 내릴 때 일어나는 논리적 오류입니다. 이는 성급한 일반화의 오류와 비슷하게 부분만을 가지고는 전체에 대해서 정당하게 가정을 할 수 없기 때문에 생기는 오류입니다. 예를 들어, 어떤 기계를 구성하고 있는 부품이 모두 가벼워서 기계 자체도 가볍다고 주장하는 것이나, 콘서트장에서 서서 구경을 하면 더 잘 보이기 때문에 모든 사람이 서서 구경을 하면 모든 사람이 콘서트를 더 잘 볼 수 있다고 주장하는 것 등이 합성의 오류입니다.

전체의 부분이 어떠한 성질을 가지고 있다 하더라도 이러한 부분으로만 이루어진 전체가 같은 성질을 가지고 있다고 결론 내릴 수 없는 이유는 무엇일까요? 그 이유는 바로 전체가 부분들로 합성될 때 부분들의 조합으로 인해 추가적이거나 새로운 성질을 띨 수도 있기 때문입니다. 만약 여러분이 소고기와 갈치, 토마토, 그리고 올리브를 좋아한다고 해서 이 재료를 모두 넣은 음식을 좋아하지는 않을 것입니다. 왜냐하면, 각각의 재료에는 '내가 좋아한다'라는 성질 이외에도 다른 성질이 존재하며, 이런 성질이 다른 재료와 상호작용을 할 수도 있기 때문이지요.

이러한 오류는 학문적으로 연구되기도 합니다. 사람들은 흔히 저축하는 것이 미덕이라고 생각하고 사회도 경제를 위해 개인의 저축을 장려합니다. 하지만 경제학에서는 모든 사람이 돈을 쓰지 않고 저축을 한다면 오히려 경제에 해가 된다고 이야기하기도 합니다(절약 혹은 저축의 역설). 사람들이 돈을 쓰지 않으면 소비가 줄고 기업의 생산도 줄어들며, 이는 국민 소득의 저하로 이어진다는 것이지요.

### 연습 문제

다음 중 합성의 오류를 저지르고 있지 않은 것은 무엇인가요?

**a.** 이 영화에서 모든 연기자의 연기는 정말로 최고였다. 그러므로 이 영화는 명화라고 부를 만하다.

**b.** 거미의 몸은 우리가 맨눈으로 볼 수 없는 원자로 이루어져 있다. 그러므로 우리는 거미의 몸을 맨눈으로 볼 수 없다.

**c.** 이 예술가는 108개의 레고 블록만을 사용해 이 작품을 만들었다. 그러므로 이 작품은 모두 레고로만 이루어져 있다.

**d.** 사자는 사람보다 더 많이 먹는다. 그러므로 사자들이 먹는 음식의 양은 인간이 먹는 음식의 양보다 많다.

### 해답

이 중에서 합성의 오류를 저지르고 있지 않은 것은 **c**입니다. 만약 작품을 만들 때 레고 블록만 쓰였다면 이 작품은 100% 레고로만 이루어진 작품일 것입니다.

## 15.4 '이후에, 따라서 이 때문에' 오류

이 레슨의 앞부분에서 '닭이 먼저냐, 달걀이 먼저냐' 오류에 대하여 알아볼 때, 어떤 사건이 다른 사건보다 먼저 일어났다고 해서 이 사건이 다른 사건의 원인임을 의미하지는 않는다고 알아보았습니다. 이번에는 이와 비슷하지만 다른 논리적 오류에 대해 알아보겠습니다. '이후에, 따라서 이 때문에'(라틴어로 post hoc, ergo propter hoc)라는 이름의 논리적 오류는 원인을 오판하는 오류 중 어떠한 사건이 선행하였다고 해서 이것이 다른 사건의 원인이라고 오판하는 오류를 뜻합니다. 잘못된 원인의 오류라고도 불리는 이 오류는 다음과 같은 형식을 취합니다.

**1.** 사건 A가 사건 B보다 먼저 일어난다.

**2.** 사건 A가 사건 B의 원인이라고 결론짓는다.

하지만 강한 인과관계 논증을 하려면 인과관계에 영향을 미칠 수도 있는 모든 부분에 대해 고려해야 합니다. 예를 들어, 몇십 년 전부터 유아에 대한 예방접종 건수가 빠른 속도로 증가하였는데, 이로부터 얼마 지나지 않아 자폐증을 가진 유아의 수도 빠르게 늘어났다고 합니다. 이를 두고 유아에 대한 예방접종이 자폐증의 원인이 된다고 주장할 수 있을까요? 실은 의학에 대한 관심과 투자가 늘면서 자폐증으로 진단받는 유아의 수가 늘어났을 뿐, 자폐증 사례 자체가 늘어나진 않은 것입니다.

또 다른 예를 들어봅시다. 민호는 노트북으로 며칠째 포트폴리오 작업을 하고 있는데, 작업 파일에 새로 찍은 사진을 넣으려고 할 때마다 컴퓨터가 멈추는 문제를 경험하고 있습니다. 이를 보고 민호는 새로 찍은 사진 파일에 문제가 있어 계속 컴퓨터를 멈추게 하고 있다고 생각했습니다. 물론 민호가 포트폴리오 파일에 새로 찍은 사진을 넣으려고 할 때마다 컴퓨터가 멈추기 때문에, 이 파일이 컴퓨터 문제의 원인일 가능성은 있습니다. 하지만 컴퓨터는 상당히 복잡한 기계이고 겉으로 보이는 것이 전부가 아닐 수도 있습니다. 예를 들어, 민호가 기존에 작업 중이던 포트폴리오 파일이 아니라 새로운 파일에 이 사진을 넣으려고 한다면 컴퓨터가 멈추지 않을 수도 있습니다. 사진 파일에 문제가 있다기보다 기존의 포트폴리오 파일에 문제가 있는 것일 수도 있고, 아니면 노트북의 메모리 용량 때문에 이 둘의 조합이 잘 맞지 않는 것일 수도 있습니다.

이 두 예시에서 볼 수 있듯이 사건들 사이에는 우리가 쉽게 보지 못하는 연결고리가 있을 수 있습니다. 그래서 논리적으로 강한 연결고리가 발견되기 전까지는 선행한 사건이 다른 사건의 원인이라고 섣불리 주장해서는 안 됩니다. '이후에, 따라서 이 때문에' 오류를 범하지 않으려면 나중에 일어난 사건의 가능한 원인이 무엇인지 모두 신중히 평가해보아야 합니다.

미신 역시 '이후에, 따라서 이 때문에' 오류의 대표적인 예라고 할 수 있습니다. 특히 어떠한 옷을 입거나 행동을 하면 운이 좋아진다는 것같이 개인적인 경험을 바탕으로 한 미신이 그렇습니다. 이러한 미신의 경우, 미신적인 행동과 운 사이의 인과관계가 불분명한 것은 물론이고, 경험을 바탕으로 한 결론도 사례가 충분하지 않거나 왜곡된 경우가 대부분입니다. 예를 들어, '내가 빨간 옷을 입고 우리 팀을 응원하면 항상 이긴다'라고 생각하는 사람이 빨간 옷을 입고 팀을 응원한 적이 몇 번이나 있으며, 빨간 옷을 입고 팀을 응원했을 때와 그렇지 않았을 때의 팀 승률이 정말로 다른지 계산을 해보면 실제로는 자신의 믿음이 사실이 아니라는 것을 알게 될 것입니다.

그렇다면 어떻게 하면 '이후에, 따라서 이 때문에' 오류를 저지르지 않고 강한 논증을 할 수 있을까요? 한 사건이 다른 사건에 항상 선행한다고 가정했을 때, 첫 번째 사건이 두 번째 사건의 원인임을 공고히 하려면 원인이 일어나지 않으면 효과가 일어나지 않는다는 것과 이 효과에 다른 원인이 없다는 것을 보여주어야 합니다. 예를 들어, 민호는 포트폴리오 파일에 다른 사진을 아무리 더해도 새로 찍은 사진만 더하지 않는다면 컴퓨터가 멈추지 않는 것을 보여줄 수 있어야 할 때, 이 사진 파일이 문제의 원인이라는 자기 생각을 더 잘 뒷받침할 수 있을 것입니다.

### '이후에, 따라서 이 때문에' 오류의 예

이번 환절기에 감기가 들 즈음에 매일 비타민 C 보충제를 먹었더니 감기가 며칠 만에 사라졌다. 비타민 C 보충제 덕택에 감기가 빨리 나았다.

새로 이사 온 집의 주인은 내가 이사한 이후에 10년이 넘게 아무 말썽이 없던 보일러가 고장이 났다며, 내가 보일러 고장을 낸 것이 아니냐고 계속 추궁했다.

### 연습 문제

다음 중 어느 논증이 '이후에, 따라서 이 때문에' 오류를 저지르고 있나요?

**a.** 나는 지난 5년간 매년 하프마라톤에 참가해왔다. 나는 매년 마라톤이 있기 석 달 전부터 몸을 만들기 위해 훈련을 했고 매번 완주에 성공했다. 내가 올해에도 하프마라톤에 참가해 완주하려면 석 달 전부터 훈련을 시작해야 한다.

**b.** 민아는 아버지 생신 선물로 목도리를 짜 드리기로 했다. 그래서 그녀는 아버지가 좋아하는 색의 털실로 목도리를 짜서 아버지께 드렸다. 민아의 아버지는 민아가 손수 만든 목도리를 매우 좋아하였다.

**c.** 유나는 지난해 처음 우승한 지역 피겨스케이팅 대회에서 검은색 벨벳 옷을 입었다. 그녀는 올해 같은 대회에서도 좋은 성적을 내기 위해 검은색 벨벳 옷을 입기로 결심하였다. 그리고 유나는 이 옷 때문에 올해에도 우승할 수 있었다.

**d.** 음파는 공명을 통해 유리잔을 산산조각낼 수 있다. 한 록 가수는 한 TV 프로그램에서 아주 높고 큰 소리를 내는 몇 번의 시도 끝에 목소리만으로 유리잔을 깨뜨리는 데 성공했다.

### 해답

보기 **c**가 '이후에, 따라서 이 때문에' 오류의 예입니다. 유나가 다시 이 대회에서 우승할 수 있었던 데에는 어떤 옷을 입었느냐보다 얼마나 연습을 했고 얼마나 완벽한 연기를 보였는지가 훨씬 더 큰 영향을 미쳤을 것입니다. 또한, 경쟁자가 어떻게 연기를 했고 심판이 누구였는지도 영향을 미쳤겠지요. 물론 어떠한 옷을 입었는지도 연기의 예술성과 선수의 심리에 어느 정도 영향을 미쳤겠지만, 이것이 유나가 우승한 중요한 이유였다고 말하기는 어렵습니다.

**생각해보기**

A가 B의 원인이다, 혹은 A가 B를 초래했다고 주장하고 싶다면, 어떻게 원인 A 때문에 결과 B가 발생할 수 있었는지 그 이유를 제시해주세요. 구체적인 사례와 통계 자료, 그리고 논리적 전개를 통해 구체적인 방법을 제시하는 것이 인과관계가 정확한 논증을 하는 지름길입니다.

## 15.5 레슨 요약

우리는 구체적인 사례를 바탕으로 일반화를 할 때 귀납추리를 사용합니다. 하지만 귀납추리는 잘못 사용되면 인종적 편견이나 미신 같은 것이 형성되는 데 사용되기도 합니다. 이러한 잘못된 논증에는 인과관계를 오판한 오류, 성급한 일반화의 오류, 그리고 합성의 오류 등이 포함되어 있습니다. 우리 주변에 논리적 오류가 어떤 형태로 존재하는지를 알게 되면 정보를 비판적으로 받아들이고 올바르게 사용하는 데 도움이 될 것입니다.

**다음 레슨까지 연습해볼 것**

- 기자는 논리적으로 생각하고 글을 쓰도록 교육을 받은 사람이지만, 생각보다 논리적 오류를 저지르는 경우가 많습니다. 신문 기사에서 어떻게 귀납추리가 사용되었는지 찾아보고, 기자가 논리적 오류를 일으킨 부분이 있지는 않은지도 찾아보세요.
- 정치적 색채가 강한 신문을 찾아보세요. 그리고 이 신문 성향의 반대편에 놓여있는 단체나 사람에 대해 충분하고 객관적인 자료를 토대로 의견을 형성하는지, 아니면 이 레슨에서 알아본 논리적 오류를 일으키는지 따져보세요.

LESSON

# 16 주의를 분산하는 기법

지혜의 첫 번째 요소는 거짓인 것을 아는 것이고, 두 번째 요소는 진실인 것을 아는 것이다.
The first point of wisdom is to discern that which is false; the second, to know that which is true.

락탄티우스(Lactantius, c. 250~c. 325)
초기 기독교의 신학자

## 이번 레슨에서 공부할 내용

우리는 매일같이 신문 기사나 TV 광고, 정치 연설 등에서 수많은 논증을 듣습니다. 하지만 이 중에서 많은 수는 논증과 관련된 진짜 이슈나 문제에서 의도적으로 우리의 주의를 돌리려는 목적을 가지고 있습니다. 이번 레슨에서는 이처럼 주의를 분산하는 논리적 오류 세 가지에 대해 알아보겠습니다.

선거철에 후보자 사이에서 벌어지는 TV 토론이나 후보자 인터뷰를 보며 '도대체 무슨 이야기를 하는 거지?'라고 궁금해한 적이 있지 않나요? 여러분뿐만이 아니라 수많은 사람이 이런 생각을 해서 방송 후에 많은 뉴스와 시사 프로그램 등에서 해설자와 논객이 후보자가 한 말을 보통 사람이 쉽게 이해할 수 있도록 해석해주곤 합니다. 하지만 대중을 대상으로 하는 방송에서는 누구나 쉽게 이해할 수 있도록 정치와 경제, 그리고 사회 현안에 대해 간결하고 분명하게 이야기해야 하지 않을까요? 하지만 안타깝게도 현실은 이렇게 이상적이지 못할 때가 많습니다. 후보자들은 진짜 문제에 다가가 이를 해결하려고 갑론을박하기보다 논쟁의 진짜 사안에서 벗어나기 위해, 그리고 때로는 다른 후보를 수세로 몰아넣기 위해 주의 분산 기법을 사용하고 있습니다.

주의를 전환해 합리적인 논증을 어렵게 만드는 흔한 논리적 오류 세 가지에는 주의 전환의 오류, 대인 논증의 오류, 그리고 허수아비 논증의 오류가 있습니다. 이러한 오류를 알아차리는 것은 그렇게 어렵지 않지만, 이를 효과적으로 반박하는 것은 꽤 어려울 때가 많습니다. 특히 이런 논증이 제 3자가 아닌 여러분에게 향한다면 더욱 그렇지요. 그래서 이러한 논증이 어떻게 작동하는지 이해하고 익숙해지는 것이 중요합니다.

## 16.1 주의 전환의 오류

주의 전환의 오류는 흔히 '훈제 청어'(red herring)의 오류라는, 조금은 특이한 이름으로 불립니다. 이러한 이름은 영국의 한 논객이 냄새가 심하게 나는 훈제 청어를 사용해 토끼를 쫓던 사냥개의 주의를 분산시켰다는 데에서 유래했다고 합니다. 이 일화에서 추측해볼 수 있듯이, 주의 전환의 오류는 논쟁의 주제에서 상대방이나 듣는 이의 주의를 다른 곳으로 돌리기 위해 새로운 주제를 소개하는 것을 말합니다. 특히 이런 새로운 주제는 훈제 청어처럼 사람들의 눈과 귀를 집중시킬 수 있는 자극적인 것인 경우가 많고, 대부분은 논증하는 사람에게 유리하고 상대방에게 불리한 것이지요. 이 논리적 오류는 보통 다음과 같은 형태를 띠고 있습니다.

1. 사안 A에 관해 토론을 하고 있다.
2. 사안 A와 상관이 없지만, 상관있는 것처럼 포장된 사안 B가 토론에 도입된다.
3. 사안 A가 잊혀지고 사안 B가 토론의 중점이 된다.

〈보기〉

"최 연구원님이 말씀하신 것처럼 원자력은 현대 사회에 필수적이지만, 잠재적으로 위험할 수 있습니다. 하지만 현대 사회에서 진짜로 위험한 것이 무엇인지 알고 계시나요? 그건 바로 화석 연료의 사용으로 인한 대기오염입니다. 전 세계적으로 대기오염으로 인한 사회적 비용과 현대인의 건강에 미치는 영향이 얼마나 막대한지 알고 계십니까? 매년 전 세계에 있는 수천 개의 화력발전소에서 내뿜는 이산화탄소의 양은…"

위 보기에서 주의 전환의 오류가 어디서 발생했는지 눈치채셨나요? 이 논증을 하는 사람은 원자력의 위험성이라는 사안 A에서 이와 직접적인 연관이 없는 화석연료의 사용과 대기오염이라는 사안 B로 토론의 주제를 바꾸려고 시도하고 있습니다. 그리고 이 사람은 말을 이어나가 사안 B에 대한 통계치를 제시하려고 하고 있으며, 사안 A는 대화 주제에서 점점 멀어지게 될 것입니다.

주의 전환의 오류는 관심을 돌리려고 사용되는 '훈제 청어' 같은 주제가 많은 사람이 동의하는 것이거나 원래의 이슈와 밀접하게 관련된 것이면 잘 먹혀듭니다. 예를 들어, 세금을 더 내거나 근무시간이 길어지는 것 같이 좋아하는 사람이 별로 없을 법한 주제를 연결해 이야기하기 시작하는 것 같은 것이지요. 아래의 예를 읽어 보세요.

대리 1: "매출 부진 때문에 회사가 매각된다는 얘기가 나올 정도였는데, 박 이사님이 오시고 나서 매출도 오르고 회사가 살아나는 것 같아서 회사 다닐 맛이 나."

대리 2: "항상 솔선수범하시고 새로운 아이디어도 잘 받아주시더라고요. 정말 일할 만하죠"

대리 3: "맞아요, 박 이사님이 우리 회사에 새로 온 이후로 회사 매출도 늘어나고 근무 분위기도 나아져 직원들도 만족하는 것 같아요. 근데 최근 근무시간이 늘어난 것에 대해서 어떻게 생각하세요? 월급이 오른 것도 아닌데 가족과 함께 보내는 시간이 줄어들었어요."

여기서 대리 3은 새로 온 박 이사가 일을 잘해서 회사가 안팎으로 개선되고 있다는 주제에서 더 많은 시간 동안 일하고 월급은 오르지 않았다는 주제로 다른 사람의 주의를 돌리고 있습니다. 이런 얘기를 들으면 박 이사에 대해 긍정적인 평가를 하고 회사에서 일할 맛이 난다고 생각하던 사람도 자신의 근무시간이 늘어났다는 사실에 집중하게 되 생각이 조금 바뀔지도 모릅니다.

## 연습 문제

다음 논증에서 주의 전환의 오류는 무엇인가요? 그리고 어떻게 해야 오류를 저지르지 않고 논증을 할 수 있을까요?

> 용신은 며칠 전 시장에서 살 물건이 있어 잠깐 길거리에 차를 주차하고 필요한 물건을 사서 바로 차로 돌아왔다. 하지만 오늘 집에 와서 우편함을 열어보니 주차 위반 벌금을 내라는 고지서가 와 있었다. 기분이 상한 용신은 구청에 전화를 걸어 이렇게 말했다. "내가 도대체 왜 이 주차 위반 벌금을 내야 하죠? 경찰은 우리처럼 성실한 납세자를 쫓아다니며 주차 딱지나 끊는 대신 살인자나 강도 같은 범죄자를 잡으러 다녀야 하는 것 아닌가요?"

## 해답

용신의 원래 논증은 주차 위반 벌금에 대한 것이지만, 그의 결론은 경찰을 비난하는 것으로 옮겨 가버렸습니다. 하지만 용신이 주차 위반 벌금을 내지 말아야 할 이유를 제시할 수 있다면 그의 논증은 더욱 효과적이 될 것입니다. 예를 들어, 용신은 다음과 같이 주장할 수 있을 것입니다: "저는 이 주차 위반 벌금을 낼 필요가 없습니다. 저는 분명히 시장 가는 길에 있는 5분 주차 구역에 5분이 채 되지 않게 주차했었습니다."

### 생각해보기

논증에서 주의를 분산시키는 '훈제 청어' 같은 내용이 없는지 확인하는 가장 손쉬운 방법은 바로 논증의 전제와 결론을 간추려서 개요를 짜보는 것입니다(예: 전제 1: …, 전제 2: …, 결론: …). 그리고 각각의 전제가 결론을 논리적으로 뒷받침하고 있는지 확인해보세요.

## 16.2 대인 논증의 오류

또 다른 주의 분산 오류에는 대인 논증(라틴어로 argumentum ad hominem: 사람에 대한 논증이라는 뜻)의 오류, 다른 말로 인신공격의 오류가 있습니다. 이 논리적 오류는 논쟁 중인 주제에 대해 논증하는 것이 아니라 논쟁하고 있는 사람에 대해 논증하는 것을 말합니다. 즉, 어떤 주제에 대해 논리적으로 반대하는 대신 상대방을 공격하는 것으로, 원래 주제에 대한 관심을 상대방 자체에 돌려 상대방을 수세에 몰리게 하는 방법입니다.

이러한 논증은 비판적으로 따져보지 않으면 듣는 사람의 생각을 손쉽게 바꿔놓을 수 있습니다. 특히, 듣는 사람이 상대방에 대한 내용에 동의하고 있으면 더욱 그렇습니다. 예를 들어, 유명한 운동선수가 한 자동차 테스트 프로그램에 나와 자신이 몰고 있는 스포츠카의 성능이 뛰어나다고 말하고 있다고 생각해보세요. 하지만 이 프로그램을 보던 여러분의 친구는 이렇게 말했습니다: "저 멍청이의 안목을 누가 믿겠냐? 공도 제대로 못 봐서 맨날 헛스윙만 하는 양반인데. 저 스포츠카도 겉모습만 번지르르하지 잘 나가지도 않을 거야." 그리고 여러분은 어제 이 선수가 출전한 경기에서 단 한 번도 공을 치지 못하는 모습을 보고 이 선수가 정말로 무능력하다고 생각하고 있었습니다. 그렇다면 여러분은 친구의 결론(저 선수가 모는 스포츠카의 성능은 좋지 않을 것이다)에 동의할 확률이 올라갈 것이며, 이 친구의 논리의 문제점을 찾아내기 어려울 것입니다. 하지만 자동차의 성능이나 이 선수가 하는 말의 신뢰성은 그의 경기 능력과 아무런 상관이 없습니다. 중요한 것은 그가 자동차에 대해서 얼마나 잘 알고 있으며, 또 어떤 말을 하고 있느냐입니다.

대인 논증은 일반적으로 다음과 같은 세 가지의 형태를 띠고 있습니다.

1. **매도적(abusive)**: 매도적 대인 논증은 상대의 인격이나 특성이 논쟁과 무관함에도 여기로 주의를 끌려고 이를 공격하는 것입니다. 특히 공격을 받은 사람이 자신을 방어할 필요를 느껴 쟁점에서 벗어난 대답을 하게 되면 공격은 매우 효과적인 것이 됩니다.

〈보기〉

- 2016년 미국 공화당의 대선후보 도널드 트럼프(Donald Trump)는 트위터에 다음과 같은 글을 썼습니다: 힐러리 클린턴은 자기 남편도 만족하게 하지 못

하면서 어떻게 미국을 만족하게 할 수 있다고 생각하는 거죠? (If Hillary Clinton can't satisfy her husband what makes her think she can satisfy America?)

*미국 대선 경쟁자인 민주당 힐러리 클린턴의 남편이자 전 미국 대통령인 빌 클린턴의 성추문을 들추며.

- 그가 주식투자에 대한 팁을 줬다고? 내가 너라면 걔처럼 그런 고물차를 몰고 다니는 사람의 말은 안 들을 거야.

**2. 정황적(circumstantial):** 정황적 대인 논증은 상대방이 처해 있는 상황을 활용하여 논증에서 주의를 돌리고 그것을 상대방을 공격하는 데 사용하는 것입니다. 하지만 그 상황이 논쟁과는 직접적인 연관이 없습니다. 특히 상대방이 주장하는 것이 상대방에게 개인적인 이득을 가져다주어서 그 주장은 거짓일 것이라는 형태로도 자주 나타나는데, 설사 상대방이 자신의 주장을 통해 이득을 보더라도 이것이 상대방 주장이 거짓임을 나타내지는 않습니다.

〈보기〉

- 부동산세 감면에 대한 김 의원의 연설은 정말 역겨워. 국가 경제니 서민이니 장황하게 둘러대도 결국 집 두 채 있는 자기가 이득을 보려고 하는 거잖아? 부동산세는 절대로 감면되면 안돼.
- 지하철과 버스 회사는 환경과 교통 상황, 그리고 심지어 개인의 건강을 위해 대중교통을 이용하자고 항상 말하는데, 결국 자기네들이 요금 받아서 먹고 살려고 하는 거 아닌가?
- **자동차 판매상:** "이 차는 실내도 매우 안락하고 시내 연비도 매우 뛰어나 고객님께서 분명 만족하실 겁니다."
  **고객:** "판매상은 자동차 판매 중개료를 받으니까 당연히 저렇게 얘기하겠지. 내가 저 말을 어떻게 믿어?"

**3. 피장파장(라틴어로 tu quoque: '너 역시'라는 뜻):** 피장파장의 대인 논증은 논증을 하는 사람이 자신이 주장하는 것을 실천하지 않거나 이와 일관되지 않는 행동이나 생각을 하므로 그의 논증이 부적절하다고 주장하는 것을 말합니다. 물론 자신이 실천하고 있지 않은 것을 주장하는 것은 위선적일 수

있지만, 그렇다고 해서 주장 자체에 문제가 생기는 것은 아닙니다.

〈보기〉

- 목사님은 거짓말을 하지 말아야 천국에 갈 수 있다고 말씀하시지만, 공부를 못하는 영수를 모범생이라고 하시고 맨날 말썽을 피워 부모님 속을 썩이는 민지를 효녀라고 부르시는 걸 보면, 정말 목사님의 말을 믿어야 하는지 잘 모르겠다.
- 아버지: 아들아, 담배는 건강에 매우 나쁘고 남에게도 피해를 주니 끊는 게 어떠니?

  아들: 아버지도 굉장한 골초이시면서 그 말을 들으라고요?

### 생각해보기

대인 논증을 하는 것과 단순히 모욕하는 것은 다릅니다. 대인 논증은 상대편을 공격함으로써 상대편의 정당한 주장이나 논리에서 주의를 멀어지게 하거나, 아니면 이것에 흠집이 있는 것처럼 보이게 하는 목적이 있습니다. 하지만 모욕하는 것은 이러한 목적 없이 단순히 상대편을 공격하고 깎아내리는 것입니다.

## 연습 문제

다음 보기가 어떠한 대인 논증을 하고 있나요? 보기가 매도적, 정황적, 또는 피장파장의 대인 논증 중 무엇을 하고 있는지 표시해보세요.

_____ **1.** 흡연에 관한 이 연구는 믿을 만한 게 못돼. 담배회사가 이 연구팀의 연구비를 지원했거든.

_____ **2.** 마티네즈 의원은 이민자의 자녀가 미국의 경제와 문화에 큰 도움이 되는 인재로 성장할 수 있으므로 미국의 미래를 위해 이민자 자녀 보호법을 지지한다고 하지만, 자기 선거구에서는 이민자의 자녀가 학교에 적응하는 데 어려움을 겪고 있어도 수수방관하고 있다. 그러므로 마티네즈 의원이 하는 말은 사실이 아닐 것이다.

_____ **3.** 마티네즈 의원은 이민자의 자녀가 미국의 경제와 문화에 큰 도움이

되는 인재로 성장할 수 있으므로 미국의 미래를 위해 이민자 자녀 보호법을 지지한다고 하지만, 이민자 출신의 마티네즈 의원이 하는 말을 얼마나 믿을 수 있을까? 팔은 안으로 굽는다고 하지 않는가?

_____ **4.** 너는 어떻게 남궁황보철수 같이 맨날 튀는 행동을 하는 사람이 정치와 경제에 대해 얘기를 하는 걸 곧이곧대로 믿을 수가 있냐? 저런 괴짜는 정신이 좀 이상하다고!

## 해답

**1.** 정황적. 이 논증은 담배회사가 연구를 지원했기 때문에 담배회사에 이득이 되는 방향으로 연구가 진행되었을 수도 있다고 주장하고 있으므로 정황적 대인 논증을 하고 있습니다.

**2.** 피장파장. 이 논증은 마티네즈 의원이 자신의 선거구에서 일어나는 일과 일치하지 않는 행동을 하므로 그의 말은 사실이 아닐 것이라고 주장하고 있습니다. 이는 피장파장의 대인 논증입니다.

**3.** 정황적. 이 논증은 마티네즈 의원 자신이 이민자 출신이기 때문에 이민자 자녀를 감싸는 것이지, 이민자 자녀가 미국에 도움이 된다는 그의 주장은 합당하지 않다고 말하고 있으므로 정황적 대인 논증을 하고 있습니다.

**4.** 매도적. 이 논증은 남궁황보철수 같이 특이한 이름을 가지고 튀는 행동을 하는 괴짜는 정신이 이상해서 그의 정치와 경제에 대한 견해는 신뢰할 것이 못된다고 말하고 있으므로 매도적 대인 논증을 하고 있습니다.

### 생각해보기

위 연습 문제의 1번 보기에 나온 논증 같은 경우, 단순하게 봤을 때는 정황적 대인 논증을 한다고 할 수 있지만, 실제로 연구비와 연구결과에 이해관계가 엮여 있을 수도 있습니다. 그래서 연구결과가 연구비를 지원한 단체에 이득이 되는지, 그리고 이러한 지원을 받지 않은 독립적인 연구는 어떠한 결과를 나타냈는지를 따져볼 필요가 있습니다. 이는 많은 정황적 대인 논증에서도 마찬가지입니다.

## 16.3 허수아비 논증의 오류

허수아비 논증의 이름은 "진짜 사람과 밀짚으로 만든 사람 가운데 어느 것이 싸워서 이기기 더 쉬운가?"라는 오래된 질문에서 유래되었다고 합니다. 아마 대부분 이런 질문을 받았을 때, 방어나 반격도 할 수 없고 살짝만 밀어도 넘어가는 가볍고 엉성한 밀짚으로 만든 사람을 선택하겠지요. 허수아비 논증도 이와 비슷한데, 이 논리적 오류는 논쟁 중인 사안에 대한 상대방의 견해를 의도적으로 왜곡시켜 이기기 쉬운 것으로 만들어버리는 것을 말합니다.

왜곡시켜서 약하게 만든 논증을 밀짚으로 만든 사람, 즉 허수아비라고 할 수 있는데, 이는 상대방의 견해를 과장한 것이 많습니다. 예를 들어, 맞벌이를 하는 한 젊은 부부가 돈을 관리하는 부분에 대해 논쟁하고 있다고 상상해보세요. 남편은 아내가 백화점에서 너무 비싼 물건을 사서 신용카드 대금이 너무 많이 나왔다고 생각했습니다. 그래서 남편은 "저번 달에 당신 신용카드를 너무 많이 쓴 것 같아. 신용카드를 쓰는 데 있어서 좀 더 신경을 써 줬으면 좋겠어"라고 말했습니다. 그러자 발끈한 아내는 남편은 이렇게 대꾸했습니다. "당신은 내가 돈을 한 푼도 쓰지 말라고 하는데 내가 당신 말을 왜 들어야 하죠?"

아내의 말에서 허수아비는 어느 것일까요? 아내는 남편이 자신에게 한 푼도 돈을 쓰지 말라고 한다며 남편의 의견을 무시하려 하고 있습니다. 하지만 남편은 아내에게 돈을 전혀 쓰지 말라고 한 적이 없습니다. 아내가 남편의 말을 왜곡하고 과장해 허수아비로 만든 것이지요. 사실 남편의 의견 제시는 합리적인 것입니다.

이처럼 허수아비 논증은 상대방이 실제로 가지고 있지 않은 입장을 공격합니다. 그래서 진짜 이슈와 상관없는 결론을 내리기 때문에, 이에 반박하기 시작하면 논쟁은 중점에서 점점 멀어지게 됩니다. 앞서 본 예에서, 아내는 남편이 반대 논증을 해야 하는 새롭고 불합리한 상황을 만들어 냄으로써 남편의 진짜 논증을 대화의 중심에서 밀어내고 있습니다. 아마 남편은 다음과 비슷한 말로 아내의 말에 대답해야 하겠지요. "내 말은 당신이 돈을 한 푼도 쓰지 말라는 게 아니잖아요. 당연히 당신이 번 돈인데 당신이 자유롭게 쓸 수는 있는 거지만, 신용카드 대금이 너무 많이 나오면 미래를 위해 저축하는 데 방해가 될 수도 있잖아요."

곰곰이 생각해보면 여러분도 모두 위와 같은 상황을 겪어본 적이 있을 것입니다. 그리고 이런 상황이 얼마나 답답해질 수 있는지도 잘 알겠지요. 이처럼 허수아비 논증의 오류를 반박하기는 결코 쉽지 않습니다. 왜냐하면, 자신이 결코 취한 적이 없는 극단적인 입장을 반박해야 하면서도 동시에 원래의 논쟁으로 초점을 돌려야 하기 때문이지요. 이런 일은 정치적인 논쟁을 할 때도 심심찮게 일어납니다. 예를 들어, 보수적인 정당은 모두 부자와 대기업, 그리고 경제 발전에만 관심이 있다고 주장하거나, 그 반대로 진보적인 정당은 모두 사회주의적인 복지와 분배에만 관심이 있다고 주장하는 것은 둘 다 허수아비 논증입니다. 우리는 TV나 신문에서 정치인이 이런 비판이 너무 극단적이고 사실이 아닌 매도임을 먼저 보여주고, 그다음에 자신이 실제로 주장하는 것이 얼마나 중도적이고 합리적인지 보여주려고 애쓰는 것을 심심치 않게 볼 수 있습니다.

〈보기〉

- 회사 사정이 나아질 때까지 모든 직원에게 임금을 삭감할 것이라고 한다. 아무리 회사 사정이 어렵다지만, 회사가 우리에게 대가 없는 노동을 바란다는 건 도저히 받아들일 수 없다.
- 또 거실 청소를 하라고요? 난 그저께도 거실 청소를 했어요. 나는 청소만 하면서 살려고 결혼한 게 아니라고요!
- 국회에서는 군사비용 삭감에 대하여 논의가 진행되고 있다. 국회의원들은 우리보고 대나무로 죽창을 만들어서 나라를 지키라는 건가?

## 연습 문제

다음 중 허수아비 논증의 보기가 <u>아닌 것은 무엇인가요?</u>

**a.** 우리 수학 선생님은 숙제를 너무 많이 내셔. 선생님은 우리가 밤새도록 숙제만 하길 바라는 것 같아.

**b.** 정부는 세금 감면 혜택을 종결시키고 싶어하는데, 정말 큰 일이야! 내일부터 국세청에서 세금 내라고 독촉전화를 하기 시작할 거야.

**c.** 우리 부모님께서는 나에게 귀에 딱지가 앉도록 물을 아껴 쓰라고 하신다. 내가 아프리카 사막에서처럼 하루에 물 한 통으로 생활하기를 바라시는 것 같다.

**d.** 왜 우리 모두 다투지 않고 잘 지낼 수 없을까? 우리가 여러 문제에 대해 다

른 의견을 가지고 있는 것은 사실이지만, 그렇다고 우리가 무슨 전쟁하고 있는 것은 아니잖아?

### 해답

**d**는 허수아비 논증의 예가 아닙니다. 하지만 나머지 셋은 모두 허수아비 논증으로서, 과장과 왜곡으로 상대방의 주장을 극단적인 것으로 만들어 진짜 이슈에서 주의를 전환하고 있습니다.

## 16.4 레슨 요약

왜 사람들은 주의를 분산시키는 기법을 사용할까요? 아마도 스스로 불리한 논쟁이나 상황에 부닥쳤다고 생각하거나 어떤 주제에 관해 이야기하는 것을 불편하다고 느끼기 때문일 것입니다. 이유야 어찌 되었건, 우리는 주변에서 주의 전환의 오류, 대인 논증의 오류, 그리고 허수아비 논증의 오류 같은 주의분산 기법을 심심치 않게 찾아볼 수 있습니다. 그리고 이런 기법은 정치인과 논객뿐 아니라 모든 사람이 많이 사용하고 있습니다. 이러한 논증이 왜 논리적 오류인지, 즉 이러한 논증에서 무엇이 잘못되었는지를 알면, 논쟁과 토론을 통해 정보를 받아들일 때 잘못된 정보를 피할 수 있게 될 것입니다.

### 다음 레슨까지 연습해볼 것

- 여러분이 강하게 느끼는 주제를 하나 떠올려보세요. 예를 들어, 가사를 분담하는 것이나 교통 법규를 지키는 것, 동성결혼 허용이나 대북 지원 등, 어떤 주제이든 여러분이 강력히 지지하는 의견이 있는 주제이면 됩니다. 그리고 여러분이 이 생각에 반대하는 누군가와 토론을 하고 있다고 떠올려보세요. 그리고 상대방이 여러분의 단점을 꼬투리 잡아 매도적 대인 논증을, 그리고 여러분의 상황이 여러분을 그렇게 생각할 수밖에 없도록 만들었다는 정황적 대인 논증을 하고 있다고 상상해보세요. 이런 경우, 상대방에게 방어적이 되어 논쟁 중인 주제에서 멀어지지 않고 논리적인 토론을 이어가려면 어떻게 해야 할까요?
- 최근 정치, 경제, 혹은 사회적으로 논란이 되어 우리 사회를 양분했던 이슈를 떠올려보세요. 그리고 여러분이 생각하기에 극단적인 정치적 견해를 보이는 언론사를 두 개 떠올려보세요(우파적, 좌파적 각각 하나씩). 그리고 각 언론사에서 같은 이슈를 어떻게 다루고 있는지 기사를 몇 개 찾아 읽어보세요. 그리고 상대방의 입장을 극단적이거나 터무니없는 것으로 몰아가는 허수아비 논증이 쓰이지는 않았는지 찾아보세요.

LESSON

# 17 모험적인 판단 내리기

당신은 가능한 모든 자료를 수집해 사용하더라도, 결국 이들을 의심하고 당신의 지능과 판단력을 사용해야 한다.
You can use all the quantitative data you can get, but you still have to distrust it and use your own intelligence and judgment.

앨빈 토플러(Alvin Toffler, 1928~ )
미국의 작가, 미래학자

### 이번 레슨에서 공부할 내용

우리는 때때로 명확하게 옳거나 그른 답이 없는 문제와 마주칩니다. 이럴 때는 도대체 무얼 해야 할까요? 이번 레슨에서는 이런 종류의 문제를 마주쳤을 때 어떻게 판단해야 하는지에 대해 알아보겠습니다.

지금까지 우리가 이 책에서 다루었던 비판적 사고는 대부분 사실을 수집하고 이러한 사실에 기초하여 의사결정을 내리는 것에 대한 것이었습니다. 물론 이런 일이 절대 쉽지는 않지만, 그래도 문제를 해결해 나가는 과정은 상대적으로 분명합니다. 지금까지 문제 해결에 대해 공부한 것을 복습해보면, 먼저 상황을 확인하고 이해하며, 이 상황에 대해서 할 수 있는 모든 것을 알아보고 가능한 해결책이 무엇인지 찾아야 합니다. 그런 다음에는 최선의 해결책을 선택해서 실천하면 되지요. 하지만 우리가 합리적인 의사결정을 할 수 있을 만큼 충분한 정보가 존재하지 않는 경우도 있습니다. 그리고 이런 경우는 문제나 상황에 대한 정답이 없는 셈입니다. 이런 경우, 우리는 '모험적인 판단'을 내려야 합니다.

## 17.1 모험적인 판단이란?

모험적인 판단이란 영어 표현인 judgment call을 의역한 것입니다. Judgment call이란 옳고 그름을 판단해줄 만한 기준이나 정보가 존재하지 않을 때, 개인이 불확실성을 참작하면서 나름대로 내리는 판단을 말합니다. 모험적인 판단을 내릴 때는 사용할 수 있는 정보가 불완전하거나 불충분하고, 또 판단 자체의 옳음과 그름을 따지기 어렵습니다. 어느 주식을 사야 할지, 언제 수술을 해야 할지, 그리고 언제 골문을 향해 슛해야 할지 등이 모험적인 판단의 예라고 할 수 있습니다. 이런 판단에는 다음과 같은 몇 가지 공통점이 있습니다.

- 판단에 걸려 있는 것(득과 실)이 크다.
- 판단에 필요한 정보가 불완전하거나 애매하다.
- 판단에 대해 식견이 있는 사람들도 의견을 달리한다.
- 판단에 가치의 충돌이나 윤리적 딜레마가 포함된 경우도 있다.

그렇다면 불확실한 것이 많은 상황에서 도대체 어떻게 모험적인 판단을 할 수 있을까요? 그전에 모험적인 판단의 특성 한 가지에 대해 짚고 넘어가도록 합시다. 우리 주변에서 모험적인 판단은 매일같이 내려집니다. 그리고 그 결과는 대부분 주관적이고 논쟁의 여지가 있지요. 왜냐하면, 모험적인 판단을 내려야 하는 상황에는 충분한 정보가 존재하지 않아서입니다. 그리고 어떠한 판단에 대해 판단을 내린 사람만큼 잘 알고 있는 다른 사람도 왜 그 판단이 잘못되었는지에 대해 강력하고 정당하게 비판할 수도 있습니다. 즉, 모험적인 판단은 본래 논란의 여지가 있을 수밖에 없다는 것이지요. 하지만 이 사실을 알고 모험적인 판단을 내리면, 판단을 내리면서, 그리고 판단을 내린 후에 있을 스트레스를 줄이는 데 큰 도움이 됩니다. 그리고 이는 앞으로 더 현명한 판단을 내리는 데, 그리고 이미 내린 판단에 대해 자신감을 가지는 데 도움이 됩니다.

## 17.2 모험적인 판단을 내리기 위한 준비

결정을 내리는 데 필요한 충분한 정보를 수집할 수 없는 상황에서 우리가 준비할 수 있는 것은 무엇일까요? 먼저 가능한 한 많은 정보를 수집해야 합니다. 물론 어떤 정보는 불확실하거나 부정확할 수도 있고, 이러한 정보도 결정을 내릴 때 고려해야 하는지는 논란의 여지가 있습니다. 하지만 그렇다 하더라도 최대한 많은 정보를 확보하는 것이 모험적인 판단을 내리는 데 있어서 가장 중요한 준비입니다. 다음 보기를 읽어보면서 모험적인 판단을 내리기 전에 해야 하는 준비과정에 대해 좀 더 자세히 알아봅시다.

〈보기〉

한 동네에서 주민이 합세해 자선단체를 만들어 식료품을 기부받아 불우한 이웃에게 무료로 나누어주는 가게(푸드뱅크)를 차렸습니다. 몇 달이 지나자 이 가게에 대한 소문이 퍼지면서 이 가게를 방문해서 식료품을 받아가는 사람의 수가 갑자기 두 배로 늘어났습니다. 하지만 늘어난 방문자의 대부분은 자신이 사는 동네에 비슷한 가게가 있음에도 이 가게까지 와서 식료품을 받아가는 사람들이었습니다. 그리고 얼마 후 이 자선단체의 한 임원은 이 가게에서 식료품을 받아가는 사람 중 일부가 물건을 시장에서 되팔고 있음을 발견하였습니다. 이 자선단체는 이러한 문제를 무시하고 방문자 모두에게 계속 식료품을 나누어주어야 할까요? 아니면 이 동네에 사는 사람만 이 가게를 이용할 수 있도록 만들어야 할까요? 아니면 아예 이 가게를 폐쇄하고 다른 방법으로 불우이웃을 돕는 방법을 생각해보아야 할까요?

이런 상황은 실생활에서 모험적인 판단을 요구하는 상황과 비슷한 점이 많이 있습니다. 만약 여러분이 이 가게를 운영하는 자선단체의 임원이라고 상상해보세요. 여러분이라면 어떤 결정을 내릴 것인가요?

모험적인 판단을 내리기 전에 첫 번째로 해야 할 일은 정보를 수집하고, 가능한 모든 대안을 확인하며, 어느 정보가 결정을 내리는 근거로 사용될 수 있는지를 결정하는 것입니다. 이 가게를 방문하는 사람 대부분에게 실제로 이 가게가 필요한가요? 만약 이 가게를 폐쇄한다면 정말로 도움이 필요한 사람은 어디에서 도움을 받을 수 있을까요? 이웃 동네 가게의 운영 상황은 어떠한가요? 얼마나 많은 사람이 식료품을 되팔아 이득을 취하고 있는가요? 이 사람들은 어느 동네 사람인가요? 이렇게 다양한 질문을 던져봄으로써 어떤 정보를 수집하고 사용해야 하는지에 대한 힌트를 얻을 수 있습니다. 그리고 이러한 절차를 거쳐 여러분이 왜 이러한 결정을 내려야 하는지 그 근본적인 이유에 대해서 좀 더 분명히 할 수 있을 것입니다.

두 번째로 해야 할 일은 여러분에게 정보를 제공해 줄 수 있고, 또 여러분의 의사결정 과정에 도움과 피드백을 줄 수 있는 사람을 찾는 것입니다. 여러분이 처해 있는 상황에 대해서 잘 알고 있을 뿐만이 아니라 객관적인 피드백을 해 줄 수 있는 사람이 가장 이상적입니다. 객관적인 피드백에는 비판적인 내용도 포함됩니다. 그리고 다른 사람과 여러분의 상황에 대해 토론해보는 것도 매우 중요합니다. 개인이든 집단이든 남들과 토론해봄으로써 여러분은 새로운 정보를 습득할 수도 있고, 새로운 정보의 출처에 대해 알아낼 수도 있으며, 이는 이전에 생각해보지 못했던 새로운 해결책을 제시할 수도 있습니다. 또한, 여러분이 잊어버리고 있었던 측면을 상기시켜 줄 수도 있습니다.

세 번째로 해야 할 일은 각 해결책의 결과에 대해 상상해보는 것입니다. 각 해결책의 결과를 탐색해보세요. 가능하다면 다른 사람에게도 각 해결책이 어떠한 결과를 낳을 것 같은지 물어보세요. 각 해결책으로 인해 이득을 볼 사람은 누구인가요? 손해를 보거나 기분이 상할 사람은 누구일까요? 각 해결책의 최선의 시나리오와 최악의 시나리오는 무엇인가요? 모든 가능성을 검증해보고 득과 실을 비교해보세요. 하지만 이러한 과정에서 여러분이 이 같은 결정을 내려야 하는 근본적인 이유에 대해 잊지 않도록 주의하세요.

〈보기〉

위의 보기에서 여러분은 의사결정의 가장 중요한 기준을 가게를 폐쇄했을 때 정말로 도움이 필요한 사람들이 다른 곳에서 도움을 받을 수 있느냐 여부로 정했습니다. 그렇다면 여러분은 아마 다음과 같은 질문의 해답을 구해야 할 것입니다. "우리 동네에서 갈 수 있는 우리 가게 같은 곳이 있는가?", "이 가게들의 운영 사정과 운영 방침(자기 동네에 사는 사람만 갈 수 있는가 등)은 무엇인가?", "우리 동네 사람들이 식료품을 구할 수 있도록 도와줄 수 있는 다른 방법에는 무엇이 있는가(식료품 바우처, 배달 등)?"

**생각해보기**

판단을 내리기 전에 여러분만의 분명한 판단 기준을 설정하세요. 좋은 아이디어, 좋은 판단의 기준은 무엇인가요? 그리고 무엇이 여러분의 판단을 옳은 것으로 만들까요?

### 연습 문제

당신은 얼마 전 돌아가신 할머니로부터 천만 원을 상속받았습니다. 처음에 당신은 이 돈으로 주식 투자를 하려고 했지만, 당신의 아내는 이 돈을 주택 대출금을 갚는 데 쓰고 싶어합니다. 당신이 이 돈으로 무엇을 할 것인지 판단을 내리기 위해 준비를 할 때 알아보아야 할 정보는 무엇일까요? 해당하는 것을 모두 선택해보세요.

**a.** 주식 시장의 동향은 어떠한가?
**b.** 아파트 대출금의 이율은 얼마인가?
**c.** 할머니는 어떤 방법으로 돈을 모으셨는가?
**d.** 주택 대출금의 이율을 낮출 방법이 있는가?

### 해답

이 중에서 **a**, **b**, **d**가 판단을 내릴 때 쓸모 있는 정보입니다.

## 17.3 편견과 직감에 대해

모험적인 판단은 사실만을 사용해 추출한 것이 아니라 주관적인 것입니다. 아무리 정보를 수집하고 논리적인 해결책을 탐구해본다 하더라도 최종 의사결정은 여러분의 의견이지요. 그러므로 더 합리적으로 모험적인 판단을 하기 위해서는 자신이 가지고 있는 편견이 무엇인지 확인하고 이를 인정해야 합니다. 예컨대, 어떤 사람은 주식 투자를 하다가 큰돈을 잃은 경험이 있어서 주식 투자에 매우 소극적일 수 있습니다. 어떤 사람은 신용카드를 포함해 어떤 종류의 대출도 받지 않고 항상 현금만을 사용하는 부모 밑에서 자라 신용 대출을 악마 같은 것으로 생각할 수도 있지요. 하지만 이러한 경험은 직접 주식을 사거나 펀드 등을 통해 간접적으로 주식 투자를 할 때 효과적인 판단을 방해할 가능성이 큽니다.

편견은 정보를 객관적으로 평가하는 능력을 감소시킵니다. 그래서 자신의 편견에 대해 잘 알고 있어야 합니다. 편견을 없애기란 결코 쉬운 일이 아니라서 이를 제거시키기는 거의 불가능합니다. 하지만 훌륭한 판단을 하는 데 방해되지 않도록 할 수는 있습니다. 여러분의 타고난 성격이나 살면서 경험한 것이 여러분에게 어떠한 편견을 가지도록 만들었는지 잘 생각해보세요. 그리고 모험적인 판단을 할 때, 스스로 편견을 고려해 그에 반대되는 방향의 옵션을 좀 더 깊이 탐색해보세요. 만약 여러분이 미래를 위해 재산 관리를 시작하는 젊은 부부인데 주식 투자에 대해 부정적인 편견을 가지고 있다면, 이를 참작해서 가장 효율적으로 재산을 불리는 방법이 무엇일지 고려해보세요. '나는 주식 투자에 부정적인 편견을 가지고 있어서 주식 투자의 위험성이 실제보다 더 크다고 느낄 것이다'라고 되새겨보세요. 물론 여러분이 심하게 불안함이나 불편함을 느낄 정도로 여러분의 편견에 반하는 생각이나 행동을 할 필요는 없지만, 적어도 편견을 인정하고 이를 상쇄하려고 노력한다면 미래에 스스로의 결정에 대해 만족할 확률도 높아질 것입니다.

그렇다면 직감이나 본능에 대해서는 어떻게 해야 할까요? 우리는 모험적인 판단을 해가는 과정에서 논리적으로는 그렇지 않은 것 같은데도 특정 옵션이 다른 것보다 옳은 것 같다고 느끼게 될 때가 종종 있습니다. 이러한 직감적이고 본능적인 반응은 때때로 상상조차 할 수 없었던 엄청난 결과로 이어지기도 합니다. 엄청나게 좋던지, 아니면 엄청나게 나쁘던지 말이지요. 직감은 무의식적으로 축적된 경험의 표현일 수도 있지만, 단순히 별다른 이유 없는 기분 탓일 수도 있습니다. 그래서 직감 역시 편견과 마찬가지로 이것이 다소 객관적이지 못하다는 것을 인정한 후에 받아들여야 합니다. 편견과 마찬가지로 직감도 여러분이 판단을 내리는 데 있어서 하나의 요소일 뿐이라고 생각해야지, 이를 전적으로 따라서는 현명한 판단을 기대하기 어렵습니다. 그리고 이 둘을 여러분이 수집한 객관적인 사실과 비교해 어느 정도의 중요성을 부여할지 정해야 합니다.

## 연습 문제

모험적인 판단을 하기 위해 직감을 사용하지 않은 것 둘을 골라보세요.

**a.** 민우는 자신의 집과 가까운 지방 국립대학으로 진학할지, 아니면 친한 친구가 다니고 있는 멀리 떨어진 수도권의 국립대학으로 진학할지를 선택해야 합니다. 그러던 중, 민우의 아버지는 심근경색을 일으켰습니다. 아버지가 걱정된 민우는 아버지를 더 자주 찾아 뵙기 위해 집에서 가까운 대학에 진학하기로 하였습니다.

**b.** 승현은 오늘 아침에 파리로 떠나는 비행기 표를 가지고 있었습니다. 하지만 마지막 순간에 그녀는 이 비행기를 타지 않기로 마음먹고 비행기 표를 바꿨습니다. 그리고 오늘 저녁, 이 비행기가 추락하여 탑승자 전원이 실종되었습니다. 그녀의 이야기를 듣고 취재하러 온 기자에게 승현은 이렇게 말했습니다: "비행기를 타러 공항에 가는 길에 기분이 싸하고 무언가가 저에게 이 비행기를 타지 말라고 했어요. 그래서 비행기 표를 다른 것으로 바꾸었는데…"

**c.** 경찰관인 승민은 도주 중인 강도를 잡기 위해 탐문수사를 벌이고 있습니다. 승민이 한 게임방에 들어가 게임방 주인에게 수사 협조를 부탁하고 있는 사이, 뒷자리에서 한 남성이 일어나 화장실이 있는 복도로 향했습니다. 승민은 이 사람이 추격 중인 강도임을 확신하고 그를 따라가 신분증을 요구했습니다. 신분증을 찾는 척하다가 이 남자는 승민을 때리고 도망가려고 시도했지만, 승민은 그를 쫓아가 제압하고 검거하였습니다. 이 남자는 승민이 찾고 있던 강도는 아니었지만, 폭행으로 수배 중이던 범죄자였습니다.

**d.** 서우는 새 노트북을 사고 싶어합니다. 그래서 그녀는 여러 회사의 모델을 조사해본 다음, 디자인이 제일 예쁜 제품을 선택해 구입하였습니다.

## 해답

**a**와 **d**는 직감의 예가 아닙니다. 아픈 가족과 가까이 있으려는 선택이나 가장 예쁜 디자인을 선택하는 것은 나름대로 합리적인 이유가 있으므로 직감이라고 할 수 없습니다. 그에 반해 기분이 싸했다거나 뚜렷한 이유 없이 누군가가 범죄자라고 확신

한 것은 직감입니다. 하지만 범죄자를 쫓는 경찰과 적과 싸우는 군인, 그리고 회사를 운영하는 경영인 등에게는 이러한 직감이 매우 유용한 경우도 많습니다. 직감은 의식적으로는 설명하기 어렵지만, 경험을 통해 무의식적으로 축적된 지식을 활용하기도 하기 때문이지요.

## 17.4 모험적인 판단 내리기

우리는 모험적인 판단을 하기 전에 최대한 많은 출처에서 정보를 수집하고 생각할 수 있는 모든 대안을 조심스럽게 평가하는 등, 할 수 있는 모든 것을 철저히 준비할 수 있습니다. 하지만 최종적인 판단은 여전히 우리의 의견에 따라 내려지지요. 그렇다면 어떻게 해야 후회하지 않을 최선의 판단을 내릴 수 있을까요? 판단을 내리기 전 마지막으로 고려해야 할 것이 두 가지 더 있습니다.

### 위험을 평가하세요

먼저 여러분이 떠올린 해결책의 위험을 평가해보아야 합니다. 얼마만큼 위험을 감수할 수 있나요? 그리고 잘못된 선택을 했을 때 그 결과는 감당할 수 있는가요? 예를 들어, 여러분은 친구가 추천하는 주식을 살지를 고민하고 있다고 해봅시다. 여기서 가능한 선택은 주식을 사는 것, 아니면 사지 않는 것이지요. 이 중 최선의 시나리오는 주식을 사고 주가가 껑충 뛰어올라 돈을 버는 것입니다. 하지만 그 반대로 최악의 시나리오는 주식을 샀는데, 주가가 곤두박질쳐 돈을 잃는 것이지요. 그리고 이러한 위험 부담은 여러분이 주식을 샀을 때만 일어납니다. 주식을 사지 않으면 친구가 돈을 버는 것에 기뻐거나(혹은 배가 아프거나), 아니면 친구가 돈을 잃는 것에 안타까워(혹은 고소해) 할 수도 있겠지만, 이는 대부분 그렇게 큰일은 아니겠지요. 그러므로 이 경우 여러분은 최악의 시나리오가 일어났을 때의 위험을 감내할 수 있는지를 판단해야 합니다. 이를 감당할 수 없다면 주식을 사지 말아야겠지요. 만약 위험 부담을 감수하기로 했다면 얼마만큼의 돈을 잃어도 되는지를 결정해야 하겠지요.

여기에 또 다른 예가 있습니다. 한 중견 기업의 사장인 여러분은 기업이 확장함에 따라 새로운 지사를 맡을 사람을 회사 안팎에서 한 명 구하려고 합니다. 이 소식을 듣고 십여 통의 이력서가 도착했습니다. 이 중 가장 눈에 띄었던 지원자 중 한 명은 이 회사에서 오랫동안 일해왔으며 더 높은 자리에서 더 많은 책임을 지며 일하기를 원하는 사람입니다. 여러분은 그를 잘 알고 있으며 그의 직무수행은 지금까지 꽤 인상적이었습니다. 나머지 이력서 중 가장 뛰어나 보이는 사람 한 명은 해외 유명 대학교와 경영대학원을 우수한 성적으로 졸업하고 최신 경영기법에 대해 잘 알고 있어 보이지만, 실무 경험은 그리 많지 않았습니다. 이 둘 중에서 누구를 채용해야 할까요?

이 선택을 위험 부담에 따라 평가해보세요. 현재 근무하고 있는 사람은 여러분이 잘 알고 있습니다. 그래서 만약 그를 고용하면 직무수행에 문제가 있을 위험은 작습니다. 여러분이 관찰해 온 바로는 그는 새로운 자리에도 충분히 일을 잘해낼 능력을 갖추고 있으며 회사를 사랑하고 양심적입니다. 그에 비해 다른 지원자는 부담해야 할 위험이 더 큽니다. 그는 뛰어난 교육을 받았지만, 실무 경험은 적습니다. 그는 국제적인 감각과 첨단 경영기법을 회사에 적용해 회사가 더욱 발전하는 데 이바지할 수도 있지만, 적어도 처음 몇 달은 크고 작은 실수를 할 확률이 높습니다. 여러분은 그가 회사에 적응할 때까지 기다려줄 여유가 있나요? 그리고 그가 회사에 잘 적응하지 못한다면 어떻게 될까요? 이런 궁금증에 대해 여러분은 추측밖에 해볼 수 없습니다. 만약 여러분이 위험이 가장 적은 선택을 해야 한다면, 현재 근무하고 있는 사람을 승진시켜야 할 것입니다. 하지만 어느 정도 위험을 감당할 수 있다면 다른 지원자도 심각하게 고려해볼 만할 것입니다.

**생각해보기**

판단에 걸려 있는 것이 얼마나 큰지를 알아보기 위해 개인은 보통 다음과 같은 것을 고려합니다. 금전적 보상, 직업 경력, 중요시하는 가치, 그리고 개인의 만족 등입니다. 회사는 보통 이윤, 비용, 생산성, 계약 이행 여부 등을 고려하지요.

## 결과를 검토하세요

모험적인 판단은 주관적이고 논쟁의 여지가 있다는 것을 기억하면서 이 레슨 처음 부분에 나왔던 자선단체의 가게 이야기로 다시 돌아가 봅시다. 여러분은 이 상황과 관련된 사실을 공평하게 고려한 다음, 가능한 세 가지 대안은 다음과 같다고 판단했습니다. 이 가게를 예전과 같이 운영할지, 아니면 이용할 수 있는 사람을 제한시킬지, 아니면 아예 가게 문을 닫아버릴지. 자선단체의 임원 가운데 일부는 소수의 사람이 이 가게를 통해 부당하게 이득을 취하고 있다 하더라도, 이 가게는 여전히 지역 사회에 봉사하고 있으므로 가게를 그대로 운영해야 한다고 생각합니다. 하지만 다른 임원들은 이 가게에서 나눠주는 식료품을 되파는 행위를 근본적으로 근절시킬 수 없으니 이 가게를 폐쇄하고 지역 사회를 도울 더 좋은 방법을 찾아야 한다고 믿고 있습니다. 이 중 어느 대안을 선택해도 강력한 논증을 할 수 있을 것입니다. 그렇다면 어떤 선택을 내려야 할까요?

이런 의사결정을 내리는 데 도움이 되는 다른 한 가지는 결정에 따르는 결과에 초점을 맞추어 보는 것입니다. 이 결정으로 누가 이익을 보고 누가 손해를 보는가요? 그리고 이익과 손해의 양과 기간도 따져보세요. 이익이나 손해가 장기적인가요? 모험적인 판단을 내려야 하는 상황에서는 항상 부정적인 결과가 따를 수밖에 없습니다. 그렇다면 부정적인 부분이 가장 적은 옵션은 무엇인가요? 이러한 대답을 표를 사용해 시각적으로 정리해보면 여러 대안을 평가하고 비교하는 데 큰 도움이 됩니다.

예를 들어, 세계적인 회계법인의 직원인 제임스는 우연히 자기 회사의 임원 중 한 명이 단독적으로 고객 회사의 재무 기록을 위조하고 있는 것을 알게 되었습니다. 그리고 그 임원도 제임스가 자신의 비밀을 알아냈다는 것을 눈치채고, 제임스가 가만히 있으면 회사에서 잘 나갈 수 있도록 도와주겠지만, 어디 가서 이 얘길 한다면 다시는 이 업계에 발을 붙이지 못하게 할 것이라며 협박했습니다. 제임스는 양심에 따라 이것을 보고하고 직장을 잃을 각오를 해야 할까요, 아니면 모른 척하고 범죄 행위가 계속되게 내버려 두어야 할까요? 이는 제 3자의 입장에서는 간단해 보일 수도 있는 결정이지만, 당사자에게는 심각한 도덕적 딜레마입니다. 제임스는 아내와 자식은 물론, 병을 앓고 있는 어머니를 부양하기 위해서는 꼭 안정적인 직장이 필요합니다. 그가 할 수 있는 옵션을 아래처럼 표로 그려 시각적으로 표현해봅시다.

제임스가 내부 고발을 하면 그에게 단기적인 부정적 결과(실직)가 나타날 수도 있습니다. 장기적으로 생활고를 겪을 수도 있습니다. 물론 양심적으로 행동했다는 것에 스스로 자부심을 느낄 것이고 사회로부터 찬사를 받을 수도 있지만, 이로 인한 경제적인 이득은 기대하기 어려울 것입니다. 그리고 잘못되고 있었던 일이 멈추어지고 재무 기록을 위조한 범죄자가 처벌받을 것이라는 사회 정의 측면에서 긍정적인 결과도 있습니다. 또한, 고객 회사의 주식을 가지고 있는 사람들도 이로 인해 큰 손해를 피했을 가능성이 큽니다.

하지만 제임스가 입을 다물고 있으면 자신의 직장은 안전할 것입니다. 오히려 임원이 뒤를 잘 봐주어 승승장구할 수도 있지요. 하지만 회사 안팎의 다른 누군가가 이 불법 행위를 발견할 수도 있습니다. 그러면 기록을 위조한 임원뿐만 아니라 회사 전체에도 엄청난 결과가 벌어질 수 있습니다. 제임스는 이 사실을 알고 있었음에도 함구한 데 대한 책임을 져야 할 수도 있습니다. 그는 모험적인 판단을 하기 전에 가능한 대안의 결과를 조심스레 비교해보아야 할 것입니다.

| **대안 1: 범죄를 보고하는 것** | | | |
|---|---|---|---|
| 누가 어떻게 이익을 보는가? | **자신:** 양심적 행동을 함 | 기간 | 장기적(지속적) |
| | **회사:** 부조리를 바로 잡음 | | 장기적 |
| | **고객 회사 주주:** 손해 회피 | | 단기적(순간적) |
| | **사회:** 사회 정의 실현 | | 장기적 |
| 누가 어떻게 손해를 보는가? | **자신:** 직장을 잃을 가능성 | | 장/단기적 |
| | **회사:** 대외 명성이 나빠짐 | | 장/단기적 |

| **대안 2: 모르는 척하는 것** | | | |
|---|---|---|---|
| 누가 어떻게 이익을 보는가? | **자신:** 안정적 직장 및 발전 가능성 | 기간 | 장기적 |
| | **회사:** 처벌받지 않음 | | 장기적 |
| 누가 어떻게 손해를 보는가? | **자신:** 양심을 속임 | | 장기적 |
| | **자신:** 범죄가 탄로 나 피해 볼 가능성 | | 장/단기적 |
| | **회사/사회:** 부조리가 계속됨 | | 장기적 |

## 연습 문제

다음의 시나리오에서 각 대안에 따르는 가능한 결과를 아래의 표에 정리해보세요.

조그마한 가게의 주인은 그가 가장 신뢰하는 한 대학생 종업원이 주말에 친구들과 놀러 가기 위해 금요일에 가게 문을 2시간이나 일찍 닫았다는 것을 발견하였습니다. 주인은 이 종업원이 일을 매우 잘하고 믿을 수 있는 사람이라고 생각했었습니다. 이 종업원은 주인이 자기가 가게에 없을 때 가게 문 닫는 것을 신뢰할 수 있는 유일한 사람이었지요. 요즘 이 정도로 신뢰할 수 있는 종업원을 찾기란 매우 어렵습니다. 하지만 두 시간이나 일찍 문을 닫음으로써 통상적인 금요일 매출을 기초로 따져 보면 적어도 몇십만 원의 손해가 발생했습니다. 이 가게 주인은 가게 문을 일찍 닫은 것에 대해 이 종업원을 나무라야 할까요? 그냥 해고해버려야 할까요? 아니면 아무것도 모르는 척해야 할까요?

| **대안 1:** | | | |
|---|---|---|---|
| 누가 어떻게 이익을 보는가? | | 기간 | |
| | | | |
| 누가 어떻게 손해를 보는가? | | | |
| | | | |

| **대안 2:** | | | |
|---|---|---|---|
| 누가 어떻게 이익을 보는가? | | 기간 | |
| | | | |
| 누가 어떻게 손해를 보는가? | | | |
| | | | |

| **대안 3:** | | | |
|---|---|---|---|
| 누가 어떻게 이익을 보는가? | | 기간 | |
| | | | |
| 누가 어떻게 손해를 보는가? | | | |
| | | | |

### 해답

모험적인 판단에서는 정답의 수가 정해져 있지 않음을 명심하세요. 하지만 최대한 모든 대안과 이들의 결과에 대해 탐색할 때 현명한 결정이 나올 가능성이 커집니다.

| **대안 1: 종업원을 나무라는 것** | | | |
|---|---|---|---|
| 누가 어떻게 이익을 보는가? | **주인:** 더는 손해를 보지 않는다. | 기간 | 장기적 |
| 누가 어떻게 손해를 보는가? | **주인:** 종업원이 그만둘 수도 있다. 다른 종업원을 찾는 것은 힘이 든다. | | 장기적 |
| | **종업원:** 기분이 상할 수도 있다. | | 단기적 |

| **대안 2: 종업원을 해고하는 것** | | | |
|---|---|---|---|
| 누가 어떻게 이익을 보는가? | 없다. | 기간 | 장기적 |
| 누가 어떻게 손해를 보는가? | **주인:** 다른 종업원을 찾는 데 시간이 많이 든다. | | 장기적 |
| | **종업원:** 직장을 잃는다. | | 단기적 |

| **대안 3: 모르는 척하는 것** | | | |
|---|---|---|---|
| 누가 어떻게 이익을 보는가? | **종업원:** 혼나거나 해고되지 않는다. | 기간 | 장/단기적 |
| 누가 어떻게 손해를 보는가? | **주인:** 종업원이 자신을 계속 기만해 또 손해를 볼 수도 있다. | | 장기적 |

## 17.5 레슨 요약

모험적인 판단은 절대 쉽지 않습니다. 걸려 있는 것은 크고 많은 전문가도 의견을 달리할 수 있는 상황에서는 주관적이고 논쟁의 여지가 있을 수밖에 없는 판단을 내리고 싶지 않을 때도 많을 것입니다. 하지만 그렇다고 아무 결정도 내리지 않고 손만 빨고 있을 수는 없습니다. 가만히 있으면 무언가 해결 방법이 떠오르거나 좋은 일이 생길 것으로 생각하는 것은 너무나 안이합니다(물론 전략적으로 생각해 기다리는 것이 최선인 것 같다면 이야기가 조금 다르겠지만). 그러므로 우리는 수집할 수 있는 모든 정보와 다른 사람의 의견과 충고, 우리 스스로의 직감과 가치 등을 모두 고려해 최선의 선택이 무엇인지 따져보아야 합니다. 복잡하고 불확실한 결정일수록 시간과 여유를 가지세요. 정보를 시각적으로 정리해보는 것도 좋은 방법입니다. 불확실한 상황에서 모험적인 판단을 내리는 데 익숙해지면 저절로 자신감이 붙을 것입니다.

### 다음 레슨까지 연습해볼 것

- 검사와 판사는 매일같이 모험적인 판단을 합니다. 증거와 판례를 충분히 사용하는데도 말이지요. 최근에 논란이 되었던 검찰의 구형이나 법원의 판단에 대해 신문과 인터넷을 통해 공부해보세요. 특히 검찰과 법원의 결정이 많이 다른 경우가 흥미롭습니다. 그리고 원고와 피고 측에서 각각 제시한 증거를 한번 검토해보세요. 검사와 판사가 어떤 증거에 얼마나 비중을 두어 판단을 한 것 같은가요? 여러분이라면 어떠한 판단을 내렸을까요?
- 여러분 주변에서 작은 것이라도 범법 행위를 저지른 사람을 알고 있나요? 기차에 무임승차했다거나 목욕탕이나 호텔에서 수건을 마음대로 가져오는 경우는 한 번쯤 본 적이 있을 수도 있겠지요. 이 사람은 어떻게 해서 이런 결정을 내리게 되었을까요? 이 결정의 결과에 대해 한번 생각해보세요.

LESSON

# 18 설명인가, 논증인가?

토론은 지식의 교환이고, 논쟁은 무지의 교환이다.
Discussion is an exchange of knowledge; argument an exchange of ignorance.

로버트 퀼렌(Robert Quillen, 1887~1948)
미국의 언론인

### 이번 레슨에서 공부할 내용

우리는 지금까지 이 책에서 논증에 대한 여러 가지를 알아보았습니다. 논증이라는 것이 무엇이고 논증을 어떻게 하며, 어떤 논증이 타당하고 타당하지 않은지, 그리고 마지막으로 사람들이 어떻게 논증에서 논리적 오류를 일으키는지 등을 알아보았지요. 이번 레슨에서는 설명에 대해 소개하고 설명이 논증과 어떻게 다른지 알아볼 것입니다. 또한, 어떤 설명이 효과적이고 어떤 것이 비효과적인지에 대해서도 알아보겠습니다.

"도대체 무슨 일인지 설명(해명) 좀 해봐!" 최근에 이런 말을 들은 적이 언제였던가요? 우리는 모두 이런저런 상황에 자신을 설명(해명)하거나 다른 사람의 설명(해명)을 들어야 하는 경우가 종종 있습니다. 이는 왜 영화관에 늦게 도착했는지 같은 간단한 일일 수도 있습니다. 하지만 어떤 경우, 예를 들어, 밤새 연락이 되지 않아 화가 난 연인에게 자초지종을 설명하는 일이나 중요한 미팅을 앞두고 출근을 하지 않은 일 같은 경우는 설명하는 데 진땀을 뺄 수도 있고, 그 결과로 엄청난 후폭풍이 몰아칠 수도 있지요.

우리는 많은 경우 설명이나 해명을 하느라 진땀을 빼면서도 설명이라는 것이 무엇인지, 설명 그 자체에 대해 별로 깊은 생각을 하지 않고 살아갑니다. 하지만 논증과 마찬가지로 설명에도 기술이 있으며, 이는 설명을 효과적으로도, 그리고 비효과적으로도 만들 수 있습니다. 효과적인 설명은 우리를 궁지에서 벗어나게 할 수도 있지만, 비효과적인 설명은 우리를 더 깊은 수렁으로 빠뜨릴 수도 있지요. 그래서 좋은 설명이란 어떤 것인지 아는 것이 중요합니다. 그리고 지금까지 논증에 대해 공부해 보았던 것을 바탕으로 설명과 논증의 차이점에 대해서 이해하는 것도 큰 도움이 될 것입니다.

## 18.1 설명이란 무엇인가?

설명이란 것이 무엇이냐고 묻는 것은 얼핏 보면 간단한 질문 같아 보입니다. 누군가가 여러분에게 "왜 그렇게 했어요?"라고 물었을 때, 여러분은 여러분이 했던 일을 왜 했는지, 그 이유를 제시하면 여러분의 대답이 설명이 됩니다. 기본적으로 설명이란 사실이라고 받아들여지는 어떤 것의 원인에 관해 새로운 정보를 제시하는 진술입니다. "왜 그렇게 했어요?"라는 질문에 아마 그렇게 하지 않았다고는 대답(설명)하지는 않을 것입니다. 그렇게 대답하면 이는 더는 설명이 아니라 논증이 되지요. 여러분이 무언가를 한 것은 이미 받아들이고 있는 사실이며, 그래서 여러분은 왜 그렇게 했는지 그 원인에 대해 추가 정보를 제시하는 것입니다.

설명의 구조에 대해 조금 더 구체적으로 이야기해보면, 설명에는 두 가지 부분이 있습니다. 설명은 설명하려는 대상(사건이나 현상 등)인 피설명항(explanandum)과 이에 대한 이유를 제시하는 설명항(explanans)으로 구성되어 있습니다. 예를 들어, "왜 그 차를 샀어?"라는 질문에 "그 차는 연비가 높아서 그 차를 샀어"라고 대답(설명)한다면, "그 차를 샀어"가 설명되어야 하는 주제인 피설명항이고 "그 차는 연비가 높아서"가 피설명항에 이유를 제시하는 설명항이 됩니다. 단순하고 당연해 보일지라도 실제로 설명을 할 때는 무엇이 설명되어야 하고 어떤 것이 이에 대한 설명인지가 불분명하거나 헷갈리는 경우가 종종 있어서, 이 둘을 명확하게 파악하는 것은 여러분이 설명하고 설명 들을 때 중요합니다.

설명을 요구받았을 때, 제시한 설명이 받아들여지면 문제가 작아지거나 아예 사라집니다. “왜”라는 질문이 해결되는 것이지요. 누군가가 여러분에게 설명을 요구하는 것은, 이 사람이 무언가를 이해하지 못했다는 것을 뜻합니다. 누군가가 여러분에게 왜 어떤 자동차를 샀느냐고 진심으로 묻는다면, 이 사람은 여러분이 왜 그 자동차를 샀는지 알지 못하는 것이지요. 이는 크고 작든 간에 하나의 문제라고 할 수 있습니다. 그리고 여러분이 설명을 통해 질문자를 이해시킨다면 문제는 줄어들거나 해결되는 것이지요. 그래서 좋은 설명은 적절한 것이어야 합니다. 즉, 좋은 설명은 질문과 직접적인 연관이 있어야 합니다. 예를 들어, 여러분의 친구가 “왜 이렇게 늦었어?”라고 묻는데 “내 티셔츠가 파란색이라서 늦었어”라고 대답한다면, 이는 질문과 아무런 상관이 없으므로 좋은 설명이라고 할 수 없지요.

좋은 설명은 다음과 같은 네 가지 특징을 가지고 있습니다.

**1.** 좋은 설명의 주제는 사실이라고 받아들여집니다.
**2.** 좋은 설명은 새로운 정보를 제공합니다.
**3.** 좋은 설명은 문제를 작아지거나 사라지게 합니다.
**4.** 좋은 설명은 적절합니다.

우리는 레슨 13에서 순환 추리의 오류에 대하여 알아보았습니다. “나는 초콜릿 맛 아이스크림을 제일 좋아하는데, 왜냐하면 초콜릿 맛은 내가 가장 좋아하는 맛이기 때문이다”라고 말하는 것은 순환 추리이지요. 순환 추리의 오류는 전제(초콜릿 맛은 내가 가장 좋아하는 맛이다)가 결론(나는 초콜릿 맛 아이스크림을 제일 좋아한다)과 결국 같은 말을 함으로써 발생합니다. 설명도 이와 마찬가지로 순환적일 수 있습니다. 그리고 순환적인 설명은 새로운 정보를 제공하지 않으므로 좋은 설명이 될 수 없지요.

〈보기〉
나는 심리학 시험을 매우 잘 봤다. 왜냐하면, 나는 심리학 시험에서 매우 높은 점수를 받았으니까.

위 보기에서 피설명항(설명하려는 것)과 설명항(설명하는 이유)이 같은 말로써 서로를 반복하고 있습니다. 시험을 잘 본 것과 높은 점수를 받는 것은 결국 같은 것을 다른 식으로 말한 것에 불과하지요.

효과적인 설명을 하려고 할 때, 설명하는 사람은 새로운 정보를 제공해야 합니다. 위 보기에서 말하는 이가 시험을 잘 본 것은 우리 모두 잘 알고 있습니다. 하지만 왜 시험을 잘 봤는지에 대한 이유는 불분명합니다. 하지만 다음과 같이 이야기한다면 우리는 왜 말하는 이가 심리학 시험을 잘 봤는지 그 이유를 알 수 있지요.

> 나는 심리학 시험을 매우 잘 봤는데, 그 이유는 수업시간 전에 예습해 가고 수업시간에 집중했기 때문이다.

이 설명은 새로운 무언가를 말해 주고 있으므로 이 설명은 좋은 것이라고 할 수 있습니다. 또한, 이런 설명은 좋은 설명의 다른 특징도 다 가지고 있습니다. 이 설명은 그 주제가 논란의 여지가 없이 사실이라고 받아들여지고 있으며(설명하는 이는 심리학 시험을 잘 봤다), 물어보는 사람의 궁금증을 해소합니다. 이 궁금증이라는 문제가 완벽하게 해결되지 않았을지는 몰라도, 적어도 어느 정도는 해결되었다고 할 수 있겠지요. 그리고 마지막으로 이 설명은 시험을 잘 본 것과 직접 관련이 있고 이해가 되기 때문에 적절하다고 할 수 있습니다. 하지만 "내가 심리학 시험을 잘 본 이유는 행운의 볼펜으로 답안지 표시를 했기 때문이다"라고 말한다면, 합리적으로 생각해보았을 때 특정 볼펜을 사용하는 것과 시험 성적이 잘 나오는 것은 아무런 관련이 없으므로 적절한 설명이라고 하기 어렵습니다.

## 연습 문제

어떻게 하면 다음 약한 설명을 강한 것으로 고칠 수 있을까요?

**1.** 우리 동네 전력이 나갔기 때문에 우리 동네 전체가 정전되었다.

______________________________

______________________________

**2.** 아이스크림을 먹고 나니 새로 산 스마트폰이 제대로 작동하지 않는다.

______________________________

______________________________

## 해답

1. 좋은 설명은 동네 전체가 정전된 이유가 되는 새로운 정보를 제시해야 합니다. '태풍이 전신주를 쓰러뜨려서'나 '전력 수급에 부하가 걸려서' 동네 전체가 정전되었다고 하는 설명이 효과적인 설명입니다.
2. 좋은 설명을 하려면 스마트폰이 왜 작동하지 않는지에 대한 적절한 이유를 밝혀야 합니다. 예를 들어, '동생이 떨어뜨렸기 때문에' 혹은 '아이스크림이 스마트폰 안으로 스며들어서' 같은 이유가 효과적입니다.

## 18.2 설명과 논증을 구별하기

좋은 설명은 이미 수용되고 있지만 바로 이해가 가지 않는 사실에 대해 새롭고 적절한 정보를 제공해줍니다. 그래서 설명을 듣고도 바로 이해가 가지 않는다면 설명에서 어느 부분이 잘못되었는지 찾아내는 것은 그리 어렵지 않습니다. 하지만 논증을 설명인 것처럼 위장하거나, 또는 그 반대로 설명이 논증같이 보일 때는 좀 애매해질 수 있습니다.

설명은 "왜?"라는 질문에 대답하며 질문 주제의 원인이 무엇인지를 말해줌으로써 우리가 사건이나 현상을 이해하는 데 도움을 줍니다. 반면에 논증은 결론에 대한 증거가 무엇인지 말해줌으로써 결론의 진실함을 전달하려고 합니다. 간단히 말하면 설명은 원인을 제공해 주고 논증은 증거를 제공해 준다고 할 수 있지요. 하지만 이런 기본적인 차이를 알고 있다 하더라도 실제로 이 둘을 분간하기가 어려울 때가 있습니다. 그렇다면 왜 이 둘의 차이를 아는 것이 중요할까요? 그 이유는 바로 다른 사람이 여러분에게 주장하고자 하는 어떤 현상의 증거가 아니라 원인을 말하면서 여러분을 설득하려고 할 수도 있기 때문입니다. 그래서 이 레슨에서는 설명과 논증을 구별할 수 있는 세 가지 구체적인 방법에 대해서 알아보겠습니다.

**생각해보기**

일반적으로 제대로 된 논증은 하나의 생각으로만 이루어진 간단한 문장일 수 없습니다. 하지만 설명은 간결하면서도 충분히 효과적일 수 있지요. 예를 들어, "왜 우리 학교에 진학하기로 결심했나요?"라는 질문에는 "학교 캠퍼스의 분위기가 마음에 들어서요!"라고 대답해도 충분히 이해할 수 있습니다.

## 추천과 가치 판단

많은 논증은 무언가에 대한 추천이나 가치에 대해 판단합니다. 즉, 논증은 무엇이 적합하거나 올바르거나 진실하다는 것에 대해 남을 납득시키려는 목적이 있지요. 하지만 설명은 이런 추천이나 가치 판단을 하지 않습니다. 올바른 설명은 의심할 여지가 없는 사실에 관한 것이지 무언가가 진실하다고 설득하려는 것이 아닙니다. 여기 있는 논증을 한번 읽어보세요:

> 전국에서 스테이크를 즐기기에 최고인 곳은 '루이의 스테이크 하우스'야. 이곳은 가장 질 좋은 고기만 사용하고 분위기도 정말 끝내주기 때문이지.

이 말이 설명이 아니라 논증이라는 것을 어떻게 알 수 있을까요? 이 말은 말하는 사람의 판단이고 추천이며, 사실이 아니라 의견이기 때문입니다. 하지만 이 식당이 '스테이크를 즐기기에 최고인 곳'이라는 것이 사실로서 주어진다면 같은 진술은 설명이 될 수도 있습니다. 예를 들어, 다음과 같은 경우지요.

> '스테이크 매니아' 잡지는 전국에서 스테이크를 즐기기에 최고인 곳은 '루이의 스테이크 하우스'라고 했다. 이곳은 가장 질 좋은 고기만 사용하고 분위기도 정말 끝내주기 때문이다.

이 예문은 사실만을 말하고 있습니다. 잡지에서 무어라고 나왔으며, 왜 잡지에서 그런 글을 쓰게 되었는지에 대한 이유를 제시하고 있지요. 물론 잡지에 나온 글은 잡지 편집인의 의견이긴 하지만, 이 예문에서 말하고 있는 사람은 이 글을 자신의 의견이라고 말하고 있지는 않습니다. 설명은 '잡지에서 이런 글을 썼다'와 같이 이미 받아들여진 사실에 대한 것이고, 무언가에 대한 자신의 의견이나 판단은 받아들여진 사실이라고 할 수 없습니다.

## 연습 문제

아래에서 밑줄 친 부분이 객관적인 사실인지 주관적인 판단인지 맞춰보세요.

_____ **1.** 이번 학기에 수강 중인 인류학 성적이 정말로 형편없게 나왔다. 기말 시험을 잘 보지 못하면 F를 면하지 못하겠다..

_____ **2.** 음식의 맛과 가격이 이렇게 좋으니 이 음식점은 크게 성공할 것이다.

_____ **3.** 회사에서 시행 중인 전면적인 금연 정책을 없애야 한다. 성인은 스스로 담배를 피울지 말지를 결정할 수 있기 때문이다.

_____ **4.** 나는 늦잠을 자느라 출근 버스를 놓쳐서 어제 직장에 지각했다.

## 해답

**1.** 사실
**2.** 판단
**3.** 판단
**4.** 사실

## 생각, 신념, 감정

자기 생각과 믿음, 그리고 느낌이 포함된 논증과 설명을 구분하기는 쉽지 않습니다. 위에서 알아보았듯이 설명은 추천이나 가치 판단이 아니므로 '생각하다'나 '믿다', 또는 '느끼다' 같은 단어가 쓰이지 않을 것 같지만, 실제로는 항상 그런 것은 아닙니다. 예를 들어, 당신은 지인 두 명이 일하고 있는 어느 회사의 주식을 사려고 고민하고 있습니다. 이에 대해 두 지인은 각각 이렇게 말했습니다.

지인 1: "우리 회사가 요즘 매우 번창하고 있습니다. 왜냐하면, 매출도 계속 늘어나고 있고 최신 모델은 소비자가 뽑은 최고의 제품으로 선정되었기 때문이지요."

지인 2: "투자자들은 우리 회사가 요즘 매우 번창한다고 생각하고 있습니다. 왜냐하면, 매출도 계속 늘어나고 있고 최신 모델은 소비자가 뽑은 최고의 제품으로 선정되었기 때문이지요."

두 사람 중 누가 논증을 하고 누가 설명을 하고 있나요? 지인 2의 '생각하고 있다'란 표현은 이 말이 의견인 것처럼 생각하게 할 수도 있습니다. 하지만 지인 2의 말을 잘 생각해보면 그가 자신의 의견을 말하고 있는 것이 아님을 알 수 있습니다. 지인 2는 투자자가 아닙니다. 그는 투자자들이 자신의 회사가 번창하고 있다는 신념을 지니고 있다는 사실을 진술하고 있을 뿐입니다. 즉, 지인 2는 여러분에게 어떠한 사실을 제공하고 그것에 대한 이유를 설명하고 있는 것이지요.

이에 반해 지인 1은 자신의 주장(결론)이 타당하다는 것을 여러분에게 확신(설득)시키려고 증거를 제시하고 있습니다. 즉, 지인 1은 여러분에게 자신의 신념을 관철하기 위해 논증하고 있는 것입니다. 여러분이 이 회사의 주식을 사는 것에 대해 두 지인의 생각은 같을 수도 있고 다를 수도 있습니다. 지인 1은 여러분이 회사의 주식을 사는 데 긍정적임을 확신할 수 있는 데 반해 지인 2는 꼭 그렇지 않을 수도 있습니다. 두 지인의 동기를 비판적으로 생각해보세요.

## 미래에 대하여

만약 누군가가 미래에 대하여 예측을 한다면, 이는 논증일까요, 아니면 설명일까요? 얼핏 들었을 때 어떤 사람이 미래에 무엇이 일어날지에 대해 이야기를 한다면, 이것은 논증일 것으로 생각하기 쉽습니다. 설명은 의심할 여지가 없는 사실에 대한 것이고, 논증은 판단과 의견에 대한 것인데, 미래는 불확실하기 때문이지요. 하지만 합리적으로 생각해보았을 때, 아직 일어나지 않은 것도 사실이 될 수 있습니다. 다음 예문을 읽어보세요.

- 올가을에 낙엽은 땅에 떨어지기 전 노랗거나 붉게 물들 것이다.
- 언젠가 우리는 모두 죽을 것이다.
- 다음 주에 나는 만 25세가 된다.
- 다음 달에 제니퍼는 남자 아기를 출산할 것이다.

이 예문을 읽어보면 반드시 이미 일어난 것만 사실은 아니라는 것입니다. 미래에 관하여도 확신하고 수용할 수 있는 것이 많이 있습니다. 우주의 이치를 흔들 상상도 못할 일이 생기지 않을 것이라는 합리적인 범위 내에서 말이지요.

### 마땅한 증거가 없을 때

사람들은 논증해야 마땅하지만 대신 설명을 하는 경우는 언제일까요? 바로 자신의 의견을 정당화하려고 할 때입니다. 레슨 9에서 알아보았던 것처럼 남을 설득하려 할 때 논증을 오용하는 경우를 떠올려보세요. 특히 광고에서 말이죠. 만약 광고주가 여러분에게 자신들의 물건을 사도록 설득하려고 한다면, 정당한 증거를 가지고 논증을 해야 마땅합니다.

하지만 정당한 증거가 없는 경우가 많지요. 자신들의 제품이 경쟁사의 제품이나 다른 일반 제품에 비해 뚜렷한 특징이 있거나 객관적으로 눈에 띄게 나은 점이 있는 경우는 드뭅니다. 세제나 타이어 같은 공산품과 사과와 포도 같은 농수산물도 여러 측면을 비교해보면 큰 차이를 체감하기 어려운 것이 현실이지요. 객관적인 비교 실험이 드물기도 하고요. 그럼 어떻게 분명한 증거 없이 광고주는 소비자가 다른 물건이 아닌 자신들의 물건을 사도록 논증할까요?

이럴 때, 광고주는 별로 새롭지 않거나 관련이 없는 정보를 가지고 설명을 하거나 뭉뚱그려서 설명하기 시작합니다. 최근에 TV나 신문, 인터넷에서 본 아기용 제품 광고를 하나 떠올려보세요. 이유식이나 유모차뿐만이 아니라 아기 옷 전용 세제, 아기용 선풍기 등 많은 제품이 아기란 이름을 붙여 다른 제품보다 비싸게 팔리고 있습니다. 광고회사들은 깨끗함, 순수함, 맑음, 섬세함, 부드러움 등을 내세워 값비싼 아기용 제품을 홍보하고 있는데, 이러한 제품이 정말 객관적으로 더 뛰어난 제품일까요? 맑음과 깨끗함을 강조하는 아기용 세제, 섬세함과 부드러움을 강조하는 아기용 선풍기가 정말로 아기에게 더 득이 되는 제품일까요? 다음 논증을 한번 생각해보세요.

> 다른 회사의 일반 세제로 아기 옷을 세탁했을 때는 아기가 옷에 남아있는 잔여 오염물질이나 세제 때문에 피부병이 걸릴 확률이 몇%인데, 아기 전용 세제로 세탁하면 그 확률이 현저히 줄어들기 때문에 우리 회사의 아기 전용 세제는 아기의 건강을 위해 더 비싼 돈을 내고 살 가치가 있다.

이 논증은 소비자가 자기 회사의 제품을 사야 하는 데 구체적이고 합리적인 증거를 제시하고 있습니다. 하지만 광고주 대부분은 이런 논증을 할 수 없습니다. 제품이 실제로 더 나은 점이 없기 때문이죠. 그래서 제품의 특징이나 장점과 관련이 있는 것 같지만, 아무런 실체가 없는 내용으로 광고를 마무리 짓습니다.

앞으로 광고를 볼 때마다 이 책을 통해서 알아본 비판적 사고의 기술을 사용해 어떤 논증이 광고에 가장 효과적일지 생각해보세요. 어떤 증거가 제시된다면 주저 없이 특정 제품을 살 것 같나요? 그런데 왜 그러한 증거가 광고에 활용되지 않았을까요? 대신 광고주가 활용하기로 한 제품의 특징이나 장점은 무엇인가요? 자신의 제품이 왜 더 나은지에 대해 제대로 논증할 수 없으니 직접적인 관계가 없거나 핵심이 없는 구차한 설명과 더불어 그럴싸한 이미지로 광고하고 있는 것은 아닐까요? 물론 세상에는 매우 뛰어나고 우리의 삶을 훨씬 더 행복하고 안락하게 해줄 수 있는 제품도 많고, 우리의 삶에 큰 영향을 미치는 혁신적인 광고도 많습니다. 하지만 그렇지 못한 평범한 물건, 그리고 어떻게든 이러한 물건을 하나라도 더 팔아보려는 얄팍한 광고가 훨씬 더 많다는 것을 잊지 마세요.

## 연습 문제

다음 각 보기가 논증인지 설명인지 분류해보세요.

_____ **1.** 우리는 휴식과 오락을 할 시간이 필요하므로 토요일에는 학교에 가지 말아야 한다.

_____ **2.** 나의 신용 점수가 높은 이유는 나는 한 번도 신용카드나 대출을 연체한 적이 없기 때문이다.

_____ **3.** 야외에 나가 운동하면 체중이 줄어들 것이다. 왜냐하면, 운동하면 열량이 소모되기 때문이다.

_____ **4.** 사형 제도는 폐지되어야 한다. 왜냐하면, 나쁜 일을 처벌한다고 해서 그것이 옳은 일이 되는 것은 아니기 때문이다.

## 해답

**1.** 논증

**2.** 설명

**3.** 설명

**4.** 논증

**생각해보기**

여러분이 전달하고자 하는 바를 정확하게 말하는 연습을 하세요. 여러분의 주관적인 생각을 말하고 싶나요, 아니면 객관적인 사실을 말하고 싶나요? 만약 여러분의 말이 듣는 이에게 불분명하게 들린다면, 듣는 이는 여러분이 논증하려고 하는지, 아니면 설명하려고 하는지 제대로 판단할 수 없을 것입니다.

## 18.3 레슨 요약

좋은 설명은 사람들이 문제를 해결하고 상황을 이해하는 데 필요한 정보를 제공해 주어서 매우 유용합니다. 그리고 설명은 몇 가지의 핵심적인 면에서 논증과 다릅니다. 설명은 어떤 사실의 원인이 무엇인지 말해줌으로써 “왜?”라는 질문에 대답합니다. 하지만 논증은 어떤 결론에 대한 증거를 제시함으로써 그 결론의 당위성을 이해시키려고 하지요. 또한, 설명은 항상 사실에 관한 것이지만, 논증은 추천이나 가치 판단일 수 있습니다. 이런 차이를 이해하면 합당한 증거 없이 관계없는 설명을 통해 우리를 설득하려는 형편없는 논증을 꿰뚫어볼 수 있을 것입니다. 지금까지 이 책을 통해 알아본 논증과 논증에서 발생하는 논리적 오류와 더불어 설명이 무엇인지를 이해한다면, 더욱 날카로운 비판적 사고를 하는 데 큰 도움이 될 것입니다.

### 다음 레슨까지 연습해볼 것

- 최근 가족과 친구, 혹은 직장 동료와의 대화를 떠올려보고 언제 설명이 이루어졌는지 생각해보세요. 관계없는 설명이나 순환 추리가 포함된 설명이 있지는 않았나요?
- 한 번쯤 상상해보았던 사업 계획이 있지는 않나요? 만약 없다면 지금 하나를 떠올려보세요. 치킨이나 커피를 파는 가게, 무역 업체, 앱 개발 업체 등 어느 것이든 좋습니다. 그리고 여러분은 사업 계획만 있을 뿐, 실질적인 경험과 자본이 없다고 생각해보세요. 그래서 은행에서 대출을 받거나 투자자를 모집해 투자를 받아야 하는데, 어떻게 여러분의 상황과 아이디어를 설명하고, 또 왜 은행이나 투자자가 여러분에게 돈을 줘야 하는지에 대해 논증해보세요.

LESSON

# 19 비판적 사고와 시험

시험은 아무리 준비를 잘한 사람에게도 만만치 않은 것이다. 왜냐하면, 가장 어리석은 사람도 가장 현명한 사람이 대답할 수 없는 것을 물어볼 수 있기 때문이다.
Examinations are formidable even to the best prepared, for the greatest fool may ask more than the wisest man can answer.

찰스 케일렙 콜튼(Charles Caleb Colton, 1780~1832)
영국의 성직자, 작가

## 이번 레슨에서 공부할 내용

각종 취업시험과 승진시험에서도 대입시험과 비슷한 종류의 비판적 사고력 검사를 한다는 것을 알고 있나요? 많은 기업과 정부 기관에서는 미래 직원이 될 사람의 비판적 사고력을 검사하여 직무에서 발생하는 여러 문제를 다룰 능력을 측정하고 있습니다. 그래서 이번 레슨에서는 대표적인 비판적 사고력 검사에서 일반적으로 나오는 문제들에 대해 알아보겠습니다. 그리고 지금까지 이 책을 통해 배운 내용을 어떻게 이러한 시험에서 활용할 수 있는지에 대해서도 알아보겠습니다.

미국에서 대학 진학을 희망하는 고등학생들은 SAT나 ACT 같은 대입시험을 봅니다. 그리고 대학을 졸업하고 대학원에 들어가고자 하는 학생들은 GRE와 GMAT, 혹은 LSAT 같은 대학원 입학시험을 보지요. 이런 시험에서는 다양한 지문을 읽고 비판적 사고력을 사용해야 풀 수 있는 문제가 출제됩니다. 그리고 이런 시험의 문제 유형은 널리 퍼져 우리나라의 각종 시험에서도 사용되고 있지요. 그래서 이런 문제 유형에 익숙해지면 국내외의 각종 대입 시험과 취업 및 승진시험에 큰 도움이 될 것입니다. 이번 레슨에서는 SAT와 ACT, 그리고 GRE에서 볼 수 있는 비판적 사고력 문제에 대해 알아보겠습니다.

## 19.1 SAT 비판적 읽기 검사

SAT는 한때 SAT Reasoning Test(SAT 추리 검사)라고 불렸을 만큼 비판적 사고력과 추리력에 큰 중점을 두었습니다. SAT는 비판적 읽기, 수학, 그리고 쓰기, 이렇게 세 부분으로 구성되어 있는데, 이 중에서 비판적 읽기(Critical Reading) 부분은 어휘력을 검사하는 문제와 더불어 지문을 읽고 답하는 문제로 나누어져 있습니다. 특히 지문을 읽고 답하는 문제는 지문의 내용을 이해하고 비판적으로 사고하며 새로운 내용을 추리할 수 있는 능력을 검사하므로, 이번 레슨에서 SAT의 비판적 읽기 검사에 대해 알아보겠습니다.

### SAT와 비판적 사고력

SAT 비판적 읽기에 나오는 지문은 여러 가지 문체의 인문학, 사회과학 및 자연과학 등 다양한 학문 분야에서 실제로 쓰였던 글이나 이와 비슷하게 제작된 글입니다. 이런 지문들은 대학에서 공부하게 될 수준의 글이므로 높은 수준의 어휘력은 물론 내용이 논리적으로 정교하게 전개됩니다. 하지만 지문 내용에 대해 선행 지식이 없더라도 비판적 사고와 추리력을 이용해 충분히 문제를 풀 수 있도록 디자인되어 있지요. 즉, 시험 보는 사람이 지문 속에 있는 정보를 이해하고 활용하는 능력을 갖추고 있다면 충분히 풀 수 있다는 것입니다. 이런 지문은 두 개로 엮어져 있을 때도 있습니다. 이들은 상반된 견해를 표현할 때도 있고, 각각의 견해를 뒷받침하거나 서로를 보완하고 있을 때도 있지요. 그래서 SAT 비판적 읽기 부분은 지금까지 이 책에서 소개한 것과 같이 정보를 습득하고 이해하며, 내용(사실)을 검토하고 이에 대해 추론하며, 다른 사람의 논증을 비판적으로 받아들이고 다른 사람의 연역적, 귀납적 추리의 오류를 검토하는 능력을 검사합니다.

비판적 읽기의 문제(어휘력 문제 제외)가 요구하는 것은 보통 다음과 같습니다.

- 지문에 포함된 정보를 있는 그대로 이해하기
- 지문에 포함된 정보를 분석하기
- 지문에 포함되지 않은 정보를 추론하기
- 글쓴이의 논증을 비판하기

## SAT와 직접 관련 있는 레슨

다음은 SAT 비판적 읽기 검사와 직접 관련 있는 레슨입니다.

- **레슨 1, 3: 추론.** 이 두 레슨에서는 정보를 받아들이는 방법과 직설적으로 표현되지 않아도 시사되는 정보를 이해하는 방법을 다루고 있습니다. 합당한 추론을 할 때는 증거에 기초하여 결론을 끌어내야 합니다.
- **레슨 9: 설득의 기술.** 어떤 문제에서는 지문의 논증을 평가해야 합니다. 설득이 어떻게 작동하는지를 이해하고 설득하는 데 사용되는 수사적 장치를 알고 있다면 이러한 유형의 문제에 답하는 데 크게 도움이 됩니다.
- **레슨 12, 14: 연역과 귀납추리.** 우리는 이 두 레슨에서 논리적으로 올바른 논증이 어떻게 구성되어 있는지에 대해 공부해보았습니다. 추리 방법을 올바르게 알고 있으면 논증을 인식하고 이해하는 데 도움이 될 것입니다.
- **레슨 13, 15, 16: 논리적 오류.** 여러 가지 논리적 오류에 대해 잘 알고 있다면, 논리적 오류가 발생한 논증을 알아보고 피하는 데 도움이 될 것입니다.
- **레슨 17: 모험적인 판단.** 이 레슨도 추론에 관한 것입니다. 정확하거나 충분하지 않은 정보를 가지고도 자신감 있는 판단을 내리는 방법을 알고 있다면, 답이 무엇인지 정확하게 알지 못하는 문제를 풀 때는 물론, 어렵고 복잡한 지문에 대한 문제를 풀 때도 도움이 됩니다.

## 비판적 사고력과 추리력에 대한 문제를 풀 때

SAT의 비판적 읽기 문제와 같이 비판적 사고력과 추리력을 검사하는 문제를 풀 때는 꼭 다음 두 가지를 염두에 두세요.

**1. 기존 지식.** 학교에서 배운 내용을 시험 보는 것과 달리 비판적 사고력과 추리력을 검사하는 시험은 여러분이 무언가를 학습해올 것을 요구하지 않습니다. 그래서 여러분이 특정 지문에 대해 이미 알고 있는 내용이 있다 하더라도, 이 지식이 크게 도움이 된다는 보장이 없습니다. 오히려 지문이나 문제의 의도를 파악하는 데 방해가 될 수도 있지요. 그래서 처음 문제를 풀 때는 이미 알고 있는 내용이 있더라도 이를 배제하고 문제를 풀어보세요.

**2. 진실인 보기.** 선택할 수 있는 보기 중 진실인 것은 여럿이지만, 질문에 가장 올바른 대답을 하는 것은 하나뿐입니다. 여러 보기가 진실을 말하고 있다면, 그 문제가 묻고 있는 것이 정확하게 무엇인지, 그리고 이를 가장 잘 대답해주는 보기가 무엇인지 잘 생각해보세요. 문제가 묻는 것에 제대로 답변하고 있지는 않지만 진실인 보기를 들어, 수험자의 주의를 분산시키고 오답으로 유도하는 문제 출제 방식은 흔히 볼 수 있습니다.

## 연습 문제

다음 지문은 한 과학자의 일생을 결정지었던 중요한 사건에 대해 이야기하고 있습니다.

> '비글(Beagle)'호의 항해는 내 일생에서 가장 중요한 사건이었고 내 직업을 결정지었지만, 그 시작은 삼촌이 슈루스버리(Shrewsbury) 마을까지 30마일 정도 데려다준다고 했던 것같이 사소한 데서 시작하였다. 나는 항상 내 지성에 대한 본격적인 훈련이 이 항해에서 시작됐다고 생각했는데, 왜냐하면 나는 이 항해에서 몇 가지 자연사 분야를 주의 깊게 관찰할 기회가 있었고, 그러면서 나의 관찰력을 연마할 수 있었기 때문이다. 물론 나는 어렸을 때부터 관찰력이 꽤 강하기도 했다.
>
> 방문한 곳에서 했던 일 중에서 지질을 조사하는 것은 추리력을 사용해야 하였으므로 다른 것에 비해 훨씬 더 중요했다. 새로운 지역을 처음 조사해보면 혼란스럽게 펼쳐진 바위 더미처럼 가망 없어 보이는 것도 없었다. 하지만 여러 지점에서 암석과 화석의 성층과 성질을 기록해나가면서 다른 데서는 무엇을 발견할 수 있을지 추리하고 예측해보면, 곧장 그 지역의 양상이 드러나기 시작하고 전체의 구조가 다소 명료해지기 시작했다. 나는 이 항해에 찰스 라이엘(Charles

Lyell)의 '지질학 원리'(Principles of Geology) 1권을 가지고 가 열심히 공부했었는데, 이 책은 여러 방면에서 매우 큰 도움이 되었다. 내가 조사한 첫 번째 장소는 케이프 데 베르데(Cape de Verde) 섬에 있는 생 장고(Saint Jango)라는 곳이었는데, 이곳은 라이엘이 지질학을 다루는 방법이 내가 그때나 그 이후에 읽었던 다른 저자들의 방법과 비교해 훨씬 더 우수하다는 것을 분명하게 보여주었다. 내가 했던 또 다른 일은 모든 종류의 동물을 수집하고, 수집한 동물 중 해양 동물을 간단히 묘사하고 해부하는 것이었다. 하지만 나는 그림을 썩 잘 그리지도 못했고 해부학에 대한 지식도 충분하지 않아서 항해 중에 작성했던 연구 원고 대부분이 거의 쓸모없는 것이었다는 것을 나중에서야 깨달았다. 그래서 결국 많은 시간을 낭비한 것이 되었지만, 그래도 갑각류에 대해 어느 정도의 지식을 습득한 것은 유용했고, 특히 몇 년 후 만각류에 대한 모노그래프를 작성할 때 많은 도움이 되었다.

나는 매일 시간을 내서 일지를 썼는데, 여기에 내가 본 모든 것을 최대한 정확하고 생생하게 기술하는 데 많은 힘을 쏟았고, 이것은 좋은 연습이 되었다. 내 일지는 부분적으로 집에 보내는 편지로도 쓰였고, 그래서 기회가 있을 때마다 일지 일부를 영국으로 보냈다.

하지만 지금까지 이야기한 여러 가지 연구와 작업은 내가 이 기간에 습득한 정력적인 근면성과 주의를 집중하는 습관에 비하면 전혀 중요한 것이 아니었다. 내가 생각했던 것이나 읽었던 모든 것이 내가 관찰한 것이나 관찰할 가능성이 큰 것과 어떤 연관이 있을지를 항상 생각했고, 이렇게 생각하는 습관은 5년의 항해 동안 계속되었다. 나는 내가 과학을 하며 이룩한 것을 가능케 한 것은 이러한 훈련 덕분이라 확신한다.

지금 과거를 되돌아보면, 어떻게 과학에 대한 나의 애정이 다른 모든 것보다 더 강해졌는지를 충분히 이해할 수 있다.

**1.** 첫 문단의 중간 부분에서 저자는 "내 지성에 대한 본격적인 훈련"이라고 하였는데, 그가 언급하고 있는 것은 무엇인가?

**a.** 비글호의 항해

**b.** 자기 직업의 발전 과정

**c.** 자연사의 여러 분야

**d.** 주의 깊게 관찰하는 것

**e.** 지질을 조사하는 것

**2.** 두 번째 문단의 첫 부분에서 저자는 지질을 조사하는 것이 다른 것에 비해 훨씬 더 중요하다고 생각했는데, 이는 어떤 사실 때문인가?

**a.** 지질의 구조는 자명했다.

**b.** 추리력을 키우는 데 도움이 되었다.

**c.** 무질서 속에서 규칙과 의미를 발견하였다.

**d.** 암석과 화석의 성층과 성질을 기록하는 것은 발견으로 이어졌다.

**e.** 그의 관찰력 향상에 도움을 주었다.

**3.** 두 번째 문단의 중간 부분에서 "전체의 구조가 다소 명료해지기 시작했다"가 의미하는 것은 무엇인가?

**a.** 그 날의 발견

**b.** 발견을 예측하는 능력

**c.** 포괄적인 지식

**d.** 추리의 정확함을 확신하는 것

**e.** 이질적으로 보이는 정보를 통합하는 것

**4.** 두 번째 문단의 마지막 부분에서 저자가 "연구 원고 대부분이 거의 쓸모없는 것"이라고 인정하는 이유는 무엇인가?

**a.** 동물을 수집한 다음에는 그 그림을 잘 그리고 해부를 잘해야 했다.

**b.** 수집한 자료가 쓸모 있으려면 추가적인 서술이 필요했다.

**c.** 간단한 해부하는 것은 아예 해부하지 않는 것보다는 나았다.

**d.** 영국에서 연구를 출판하려면 더 높은 수준의 정교함이 필요했다.

**e.** 묘사하고 해부하는 것은 그렇게 큰 가치가 없는 행동이었다.

**5.** 세 번째 문단의 첫 문장에서 저자는 자신이 쓴 일지의 일차적인 가치는 어디에 있다고 생각하는가?

**a.** 영국 사회에 대한 기여

**b.** 영국 과학계에 대한 기여

**c.** 공들여서 기술하는 연습

**d.** 미래 연구를 위한 준비 자료

**e.** 집에 보내는 편지

### 해답

**1. d.** 저자는 자연사의 여러 분야를 조사하며 그의 관찰력을 키웠다고 말했습니다.

**2. b.** 저자는 지질 조사에 추리력이 필요하다고 말했는데, 이는 자신이 추리력을 개발해야 했음을 의미합니다.

**3. e.** 저자는 특정 지역의 지질을 연구하며 여러 단편적인 사실들을 연결하고 통합하여 그 지역의 지질을 전반적으로 이해하기 시작했습니다.

**4. a.** 저자는 자신은 그림을 잘 그릴 수 없었고 해부학적 지식이 충분치 않았다는 점이 자신의 연구 원고를 가치 없는 것으로 만들었다고 말했습니다.

**5. c.** 저자는 자신이 본 것을 정확하고 생생하게 기술하는 데 많은 노력을 들였고, 이것이 좋은 연습이 되었다고 말했습니다.

## 19.2 ACT 과학 검사

ACT(American College Testing)는 영어, 읽기, 수학, 그리고 과학 추리력의 4개의 검사로 이루어져 있습니다. 이 중에서 읽기(Reading) 검사는 SAT 비판적 읽기 검사와 비슷하므로 이번 레슨에서는 다루지 않겠지만, 과학 추리(Science Reasoning) 검사는 비판적 사고력을 많이 요구하면서 SAT에서 나오는 문제와 조금 다르므로 이번 레슨에서 알아보겠습니다. ACT의 과학 검사는 학교에서 배운 과학 지식을 시험하기보다는 과학적(비판적) 사고력과 추리력을 검사하기 위해 만들어졌습니다. 그래서 SAT의 비판적 읽기 검사에서와 마찬가지로 지문 속에 문제에 올바르게 대답하는 데 필요한 정보가 모두 주어져 있습니다. 하지만 어떤 문제에서는 고등학교 과학 시간에 누구나 배웠을 법한 기본적인 과학 지식이 필요하기도 합니다.

### ACT와 비판적 사고력

ACT 과학 추리 검사는 생물학, 화학, 물리학뿐만 아니라 지질학과 기상학, 천문학 등을 포함하는 지구과학과 우주과학 등에 관한 지문과 문제로 이루어져 있습니다. 과학 추리 검사의 지문은 다음과 같은 형식 가운데 하나로 과학적 정보를 제시합니다. 여기에는 그래프와 표 등을 이용한 자료 제시나 연구에 대한 요약, 그리고 상반되는 견해(양립할 수 없는 특정 주제에 대한 이론이나 가설) 등이 포함되어 있습니다. 그리고 각 지문에 따르는 문제는 지문에 나오는 정보를 해석하고 분석하며, 평가하고 결론 내리며, 마지막으로 이를 바탕으로 예측하는 것을 요구합니다.

ACT 과학 추리 검사에서 필요한 기술은 다음과 같습니다.

- 다양한 종류의 그래프와 표 등 시각적 정보를 보고 이해 및 해석하기
- 제시된 정보에 대해 결론 내리기
- 제시된 자료로 예측하기
- 제시된 자료로 가설 만들기

## ACT와 직접 관련 있는 레슨

- **레슨 1, 2: 문제 인식과 정의.** 이 레슨은 상반되는 견해에 대한 지문이 제시하고 있는 문제가 정확하게 무엇인지 이해하는 데 도움이 됩니다.
- **레슨 3: 집중적인 관찰.** 문제에 집중하는 방법에 대해 익숙한 것은 지문을 읽고 내용을 검토해야 할 때 매우 중요합니다. 집중적인 관찰은 올바른 대답을 할 수 있게 도울 뿐만 아니라 문제 푸는 시간을 낭비하지 않게끔 도와줍니다.
- **레슨 4: 시각적으로 정보를 조직.** 정보를 그림이나 그래프, 또는 표 등을 통해 시각적으로 조직하고 요약하는 데 익숙하다면, 지문에서 나온 그림과 그래프, 그리고 표 속에서 올바른 정보를 습득하기가 한층 쉬워질 것입니다.
- **레슨 9: 설득의 기술.** 이 레슨은 상반되는 견해에 대한 문제를 다루는 데 특히 유용합니다. 설득의 기술에 대해서 잘 알고 있다면 각 견해가 어떻게 자신의 당위성을 주장하고 있는지 올바르게 분석할 수 있을 것입니다.
- **레슨 10: 수치와 통계치.** 수치나 통계치를 비판적으로 받아들일 수 있다면 레슨 4와 더불어서 그래프나 표를 이해하는 데 도움이 됩니다. 표에 나온 수치나 그래프로 표현된 수치, 그리고 각종 통계치를 올바르게 이해하고 해석하는 일은 많은 사람이 어려움을 겪지만, 대학 수업 및 각종 직무에서 필수적이므로 각종 시험에서 자주 등장합니다.
- **레슨 12, 14: 연역 및 귀납추리.** 이 레슨은 논리적 논증의 구조를 다루고 있어서

주어진 정보를 바탕으로 결론을 끌어내는 데 도움이 됩니다. 또한, 귀납추리는 올바른 가설을 평가하거나 도출해내는 데 큰 도움이 될 것입니다.

- **레슨 17: 모험적인 판단.** 어려운 문제를 풀 때, 우리는 작은 모험적인 판단을 내리게 됩니다. 그러므로 모험적인 판단에 익숙하다면 시험에 항상 도움이 되지요. 그 문제가 과학적 추론에 대한 것이라면 더욱 그렇습니다.
- **레슨 18: 올바른 설명.** 이 레슨에서 알아본 올바른 설명에 대한 이해는 지문과 문제에 나오는 각종 설명을 평가하는 데 도움을 줄 것입니다.

**생각해보기**

항상 문제의 모든 부분을 꼼꼼히 읽고 문제를 푸세요. 그리고 시간이 허락하는 범위 안에서 답을 바꾸는 것을 두려워하지 마세요. 사람들은 흔히 한번 정한 답을 바꾸는 것이 틀릴 가능성을 더 크게 한다고 생각하지만, 이는 옳은 답을 그른 답으로 변경하는 것이 그 반대보다 심리적으로 더 큰 영향을 미쳐서 그런 것뿐입니다. 즉, 그른 답에서 옳은 답으로 바꾸는 것이 기쁜 것보다 옳은 답에서 그른 답으로 바꾸는 것을 더 안타깝게 생각하기 때문이지요.

미국 일리노이 대학의 심리학 연구 결과에 따르면, 1,561명이 본 객관식 시험에서 답을 고치는 행위를 조사해본 결과, 총 3,291건의 답 고치는 행위 중 약 51%는 그른 답에서 옳은 답으로, 약 25%는 옳은 답에서 그른 답으로, 그리고 약 23%는 그른 답에서 그른 답으로 고친 것이라고 합니다. 즉, 답을 고치는 행위에서 틀린 문제를 맞힌 문제로 바꾼 경우가 그 반대보다 2배 높은 것이었지요(Kruger, Wirts, & Miller, 2005). 지난 수십 년 동안 객관식 시험에서 답을 고치는 행위에 대한 33개의 연구를 종합한 연구에서도 답을 고치는 사람이 고치지 않는 사람보다 더 나은 결과를 얻는다고 합니다(Benjamin, Cavell, & Shallenberger, 1984).

## 연습 문제

다음은 과학계가 명왕성이 행성이 아니라고 공식적으로 결정하기 전에 벌어졌던 두 과학자 사이의 토론입니다. 아래의 토론을 읽고 문제에 답하세요.

과학자 1

해왕성 궤도의 섭동을 바탕으로 태양계의 아홉 번째 행성에 대한 탐사가 이루어졌고, 마침내 1930년에 명왕성이 발견되었습니다. 명왕성은 다른 여덟 개의 행성과 마찬가지로 태양 주위를 안정 궤도를 그리며 돌며, 카론(Charon)이라는 위성도 하나 가지고 있습니다. 태양으로부터의 거리에 기초해보면, 명왕성은 거대 가스 행성(gas giant)이라고 알려진 행성들과 함께 분류해야 할 것입니다. 또한, 명왕성은 대기가 거의 없거나 아예 없는데, 이는 수성 같은 행성과 비슷한 점입니다. 그리고 명왕성은 태양과 가까이 있을 때 여느 혜성처럼 꼬리가 생기지 않으므로 혜성은 분명히 아닙니다. 명왕성은 소행성도 아닙니다. 명왕성의 밀도가 태양계의 다른 어느 행성보다 소행성에 가까워도 말이지요. 마지막으로, 명왕성은 첫 발견 이래 지금까지 60년 이상 동안 계속 행성으로 분류되어왔으므로 계속 행성으로 분류하는 것이 마땅합니다.

과학자 2

명왕성은 지난 몇 년 동안에 밝혀진 증거에 비추어 볼 때 더는 행성으로 분류되어서는 안 됩니다. 명왕성이 처음 발견되었을 때는 명왕성의 궤도나 구성 성분에 대해 아무것도 몰랐습니다. 명왕성의 궤도는 심한 타원형으로 찌그러져 있을 뿐만 아니라 태양계의 다른 행성과 다른 평면에 존재합니다(궤도가 혼자 기울어져 있습니다). 또한, 명왕성은 목성이나 토성처럼 외태양계(outer solar system)를 돌고 있어 구성 성분이 거대 가스 행성과 비슷해야 하지만, 실은 그렇지 않습니다. 명왕성은 다른 거대 가스 행성과 달리 고리도 없지요. 또한, 카론의 명왕성과의 크기 비율은 다른 위성의 모 행성과의 크기 비율보다 훨씬 높습니다. 최근 몇 년 사이, 명왕성 바깥 궤도를 도는 작은 얼음 천체들로 구성된 지역인 카이퍼 대(Kuiper belt)에 속하는 새로운 천체들이 많이 발견되었습니다. 특히 최근에는 카이퍼 대에서 콰오아(Quaoar)라는 천체가 발견되었는데, 콰오아의 밀도는 명왕성과 카론, 그리고 해왕성의 위성인 트리톤(Triton)과 거의 일치했습니다. 이러한 사실을 바탕으로, 나는 명왕성이 행성이 아니라 카이퍼 대의 천체라고 생각합니다.

**1.** 과학자 1은 "태양으로부터의 거리에 기초해보면, 명왕성은 거대 가스 행성(gas giant)이라고 알려진 행성들과 함께 분류해야 할 것입니다"라고 말했습니다. 과학자 2가 한 말 가운데 명왕성이 거대 가스 행성이라는 과학자 1의 믿음을 반박하는 것은 무엇인가요?

**a.** 카론의 명왕성과의 크기 비율은 다른 위성의 모 행성과의 크기 비율보다 훨씬 높다.

**b.** 최근에는 카이퍼 대에서 콰오아(Quaoar)라는 천체가 발견되었는데, 콰오아의 밀도는 명왕성과 카론, 그리고 해왕성의 위성인 트리톤(Triton)과 거의 일치했다.

**c.** 명왕성의 궤도는 심한 타원형으로 찌그러져 있을 뿐만 아니라 태양계의 다른 행성과 다른 평면에 존재한다.

**d.** 명왕성은 다른 거대 가스 행성과 달리 고리가 없다.

**2.** 이 두 과학자가 의견을 같이하는 것은 무엇인가요?

**a.** 명왕성은 수성과 비슷하다.

**b.** 명왕성은 카이퍼 대의 천체이다.

**c.** 명왕성은 태양 주위를 돈다.

**d.** 카론은 행성이다.

**3.** 다음 중 과학자 2가 명왕성을 행성으로 분류할 수 없다고 생각하는 이유를 모두 고르세요.

| Ⅰ. 명왕성에는 대기가 없다.<br>Ⅱ. 명왕성은 콰오아와 구성 성분이 비슷하다.<br>Ⅲ. 명왕성은 다른 행성에 비해 심히 찌그러진 궤도를 돌고 있다.<br>Ⅳ. 명왕성의 궤도는 다른 행성들의 궤도와 같은 평면에 있지 않다. |
|---|

**a.** Ⅱ, Ⅲ

**b.** Ⅰ, Ⅲ, Ⅳ

**c.** Ⅲ, Ⅳ

**d.** Ⅱ, Ⅲ, Ⅳ

**4.** 구성 성분과 밀도를 기초하여 명왕성을 분류하면 명왕성은 다음 중 어느 것에 가장 가깝나요?

**a.** 카이퍼 대 천체

**b.** 지구 같은 행성

**c.** 혜성

**d.** 거대 가스 행성

**5.** 과학자 2가 제시하고 있는 정보에 근거하면, 다음 중 해왕성의 위성인 트리톤의 기원일 수 있는 것은 무엇인가요?

**a.** 트리톤은 원래부터 해왕성의 위성이었다.

**b.** 트리톤은 해왕성에 붙잡힌 카이퍼 대 천체이다.

**c.** 트리톤은 해왕성에 붙잡힌 소행성이다.

**d.** 트리톤은 해왕성에 붙잡힌 혜성이다.

### 해답

**1. d.** 명왕성이 어떤 면에서 다른 거대 가스 행성과 다르다는 점을 이야기함으로써 명왕성이 거대 가스 행성이라는 주장을 반박할 수 있습니다.

**2. c.** 과학자 1은 '명왕성은 다른 여덟 개의 행성과 마찬가지로 태양 주위를 안정 궤도를 그리며 돈다'라고 말했고, 과학자 2는 '명왕성은 목성이나 토성처럼 외태양계를 돌고 있다'라고 말했습니다.

**3. d.** 과학자 2에 의하면 명왕성이 다른 행성과 다르다고 생각할 수 있는 요인에는 밀도, 구성 성분, 그리고 궤도인데, 이 특징은 태양계의 행성보다 카이퍼 대의 천체와 더 비슷합니다.

**4. a.** 명왕성, 카론, 그리고 트리톤 모두 새롭게 발견된 카이퍼 대의 천체인 콰오아와 구성 성분과 밀도가 거의 일치합니다. 이에 따라 이 셋 모두 원래는 카이퍼 대의 천체였다고 추론할 수 있습니다.

**5. b.** 트리톤이 콰오아와 비슷한 밀도와 구성 성분을 가지고 있는데, 이는 트리톤이 태양계 생성 초기에 해왕성의 중력에 의해 카이퍼 대에서 해왕성으로 붙잡혀온 천체라는 증거입니다. 이를 추론하는 데는 천체들 사이에 중력이 작용한다는 상식 수준의 과학 지식이 도움될 수 있습니다.

## 19.3 GRE 분석적 쓰기

GRE(Graduate Record Examination) 일반 검사(General Test)는 대학원에서 공부하는 데 필요한 언어적, 수리적 추리력과 분석적으로 글을 쓰는 능력을 검사합니다. GRE를 구성하고 있는 언어(verbal), 수학(quantitative), 그리고 분석적 쓰기

(analytical writing) 검사가 각각 이러한 능력을 검사하며, 전체적으로 높은 수준의 비판적 사고 능력을 요구합니다. 하지만 특정 분야의 전문 지식은 필요하지 않지요. GRE의 언어와 수학 부분은 SAT의 비판적 읽기와 수학 부분과 비슷하지만, 난이도가 훨씬 높습니다. 하지만 GRE의 분석적 쓰기 부분은 SAT의 쓰기와 그 구성이 조금 다르고(과거의 SAT 과목별 시험 혹은 SAT II의 쓰기와 어느 정도 비슷합니다) 훨씬 높은 수준의 비판적 사고력과 추리력을 요구하므로, 이번 레슨에서 다루어보겠습니다.

## GRE와 비판적 사고력

GRE의 분석적 쓰기 검사에는 기본적인 작문 실력(어휘력 등)뿐만 아니라 비판적 사고와 추리를 통해 주장과 증거를 이해하고, 적절한 이유와 보기로 자기 생각을 뒷받침하며, 이를 얼마나 합리적이고 논점에 맞추어 글을 쓸 수 있는지를 검사합니다. 글은 다음과 같은 항목에 따라 점수가 매겨집니다.

- 사안의 복잡성과 미칠 수 있는 영향을 고려한다.
- 사안에 관한 자기 생각을 정리하고 발전시켜 표현한다.
- 논증의 중점을 이해하고 분석한다.
- 적절한 이유와 보기를 들어 주장을 뒷받침한다.

사안 분석("Analyze an Issue") 문제는 찬반이 존재하는 일반적인 주제에 대한 것이며, 수험자는 이 중 하나를 선택해 논증해야 합니다. 이 문제는 일반적인 주제에 대해 비판적으로 생각하는 능력과 자기 생각을 분명하게 표현하는 능력을 검사합니다. 그리고 논증 분석("Analyze an Argument") 문제에서는 제시된 논증을 분석해야 합니다. 사안 분석 문제와는 다르게 자신의 의견을 피력하는 것이 아니라 논증이 얼마나 타당하고 건전한지를 판단해야 합니다. 그래서 논증 분석 문제는 수험자가 논증을 이해하고 분석하며 평가해 이를 분명하게 표현할 수 있는 능력을 검사합니다.

## GRE와 직접 관련 있는 레슨

- **레슨 1, 2: 문제 인식과 정의.** 이 레슨은 사안 분석과 논증 분석 문제에서 논의해야 하는 문제의 핵심을 정확하게 찾아내는 데 도움이 됩니다. 특히 문제 자체와 문제의 증상 또는 결과를 구분할 줄 아는 것이 중요합니다.
- **레슨 3: 집중적인 관찰.** 정보를 올바르게 수집하는 방법을 알아야 자신의 의견을 적절한 보기와 논리적인 추리로 뒷받침할 수 있습니다.
- **레슨 8: 사실과 의견.** 지문에 나오는 자료와 그 출처의 신뢰성에 대해 비판적으로 사고할 수 있어야 합니다. 만약 여러분이 분석해야 하는 논증을 뒷받침하는 자료가 제대로 된 출처를 포함하고 있지 않다면, 이를 논증의 문제라고 제기할 줄 알아야 합니다.
- **레슨 9: 설득의 기술.** 이 레슨은 효과적인 설득뿐만 아니라 겉만 번지르르한 설득의 기술에 대해서도 다루고 있습니다. 효과적인 설득 방법을 알고 있다면 답변의 질이 개선될 것입니다.
- **레슨 10: 수치와 통계치.** 분석해야 할 논증에서 각종 설문이나 연구의 통계치를 제시하고 있다면, 이러한 자료의 타당성을 판단하는 것이 효과적인 답변을 하는 데 도움을 줄 것입니다.
- **레슨 12, 14: 연역 및 귀납추리.** 논리적 논증의 구조를 분명하게 이해하고 있다면 논증을 분석하고 평가할 때는 물론, 자신의 의견을 피력할 때도 도움이 될 것입니다.
- **레슨 18: 올바른 설명.** GRE 분석적 쓰기에서 "정답"이라는 것은 존재하지 않습니다. 여러분이 어떠한 방향으로 글을 쓰든 간에 증거와 보기를 가지고 자신의 주장을 잘 설명하면 됩니다. 올바른 설명이 무엇인지 이해하고 있다면 글의 명료성을 향상하는 데 도움이 될 것입니다.

## 고득점한 논증 분석 문제의 답변

다음은 한 독자가 지역 신문의 편집인에게 보낸 편지입니다. 이 편지의 논증을 평가하는 답변을 써보세요.

학교 선생님은 세상에서 가장 힘든 일 가운데 하나인 가르치는 일을 하면서도 일 년에 평균 5만 달러밖에 벌지 못합니다. 이 성인군자들은 매우 열심히 일하고 있고 매일같이 기적을 수행하고 있는 것을 생각해보면, 이들은 훨씬 더 많은 연봉을 받아야 합니다. 하지만 운동선수의 평균 연봉은 65만 달러 가까이나 됩니다. 이 돈은 평균적인 공립 고등학교의 교장 선생님이 받는 돈의 10배 이상입니다. 또한, 농구선수들은 한 시즌에 수백만 달러를 벌어들이고, 미식축구선수들은 30초짜리 광고에 한번 출현해 수십만 달러를 거둬들입니다. 심지어 경기에 거의 나서지 않는 후보 선수들도 교사보다 훨씬 더 많은 돈을 받습니다. 우리에게 읽고 쓰는 것을 가르쳐 인생에서 성공할 수 있게 해준 사람과 돈벌이를 위해 시합하는 사람 중에서 과연 누가 더 중요한 사람일까요?

## 답변

이 편지를 쓴 독자는 운동선수를 다른 사람들, 특히 우리를 "인생에서 성공"하도록 도와주는 학교 선생님보다 너무 많은 돈을 벌고 있다는 생각을 하고 있습니다. 교사들이 지금보다 더 많이 보수를 받아야 한다거나 운동선수들이 지나치게 돈을 많이 받고 있다는 것은 누구나 나름대로 생각해볼 수 있지만, 이 독자가 전개하는 논증은 그리 효과적이지 않습니다. 이 독자가 제시하고 증거는 빈약하고 추리는 비논리적입니다. 자신의 결론을 뒷받침하는 가정은 합리적이라고 말하기 어렵고 반론은 다루지조차 않았기 때문에 그의 결론은 온전하다고 말할 수 없습니다.

이 편지의 논증은 "이 성인군자들은 매우 열심히 일하고 있으며 그들이 매일같이 수행하는 기적들을 생각해보면 훨씬 더 많은 월급을 받아야 합니다"라는 문장에서 나타납니다. 하지만 이 문장은 여러 측면에서 문제가 있습니다. 첫째, 저자는 교사와 성인군자를 비교하고 있습니다. 물론 교사가 하는 일은 많은 개인과 사회를 발전시킬 수도 있으므로 숭고하다고 할 수도 있습니다. 하지만 그렇다고 이런 일이 교사를 성인군자의 반열에 오르게 한다고 말하는 것은 지나친 과장입니다. 둘째, 저자는 교사가 하는 일의 결과를 '기적'이라고 표현했습니다. 이러한 단어 사용은 교사가 하는 일이 엄청나게 놀라운 것이라는 의미를 던져주므로 감정적인 반응을 유발할 수 있습니다. 성인군자라는 표현과 더불어 기적이라는 표현의 사용은 저자가 교직에 대해 편파적인 시각을 가지고 있음을 보여줍니다. 또한, 운동선수가 하는 일을 '돈벌이를 위한 시합'이라고 부른 것과 함께 생각해 보면, 이러한 언어 사용은 공정한 증거로 논증하기보다 독자에게 감정적인 반응, 특히 연민을 이끌어내 설득하려고 하는 것입니다.

저자는 자신의 주장에 대한 반론이나 다른 시각도 전혀 다루고 있지 않아서 자신의 주장을 약하게 만들고 있습니다. 운동선수들은 치열한 경쟁과 노력을 바탕으로 지금의 자리에 섰으므로 그에 합당한 대가를 받고 있다는 것이나 교사 대부분이 자신의 능력과 노력보다 보수가 크게 적다고 생각하지 않으며 삶에 만족하고 있다는 것과 같은 반론, 혹은 운동선수들은 많은 젊은이에게 역할 모델, 즉 본보기가 되고 있으며, 지역사회에서 봉사 활동을 하거나 자선단체에 기부하고 있다는 내용 등을 인지하고 이에 대해 반박할 수 있었다면 저자의 논증은 훨씬 더 효과적이었을 것입니다. 하지만 편파적인 언어 사용과 일방적인 주장은 저자의 신뢰성을 떨어뜨립니다.

또한, 저자가 결론의 기초로 사용한 전제도 정당하다고 보기 어렵습니다. 먼저, 운동선수의 평균 연봉이 이 상황에서 적합하다고 보기 어렵습니다. 많은 탁구와 레슬링, 육상 같은 운동을 하는 선수들은 아무리 수입이 많더라도 연간 65만 달러를 벌지 못할 것입니다. 만약 모든 운동선수의 수입을 조사해 보면 평균이 65만 달러보다 훨씬 더 적게 나올 것입니다. 물론 일부 선수들은 수백만 달러가 넘는 수입을 올리고 있고 일부 프로 리그의 연봉은 매우 높지만, 이런 선수들은 매우 소수입니다. 그러므로 저자가 제시한 이 증거는 공정하거나 적합하다고 볼 수 없습니다.

그리고 이런 연봉 관련 통계치에 대한 출처가 없으므로 이를 제시된 그대로 신뢰할 수 있는지도 의문입니다. 운동선수의 평균 연봉이 65만 달러라는 것 이외에도 저자는 교사의 평균 연봉이 5만 달러라거나 후보 선수의 연봉도 교사보다 더 많다고 말하고 있지만, 이에 대한 출처를 전혀 제시하고 있지 않습니다. 그래서 증거를 사실이라고 확인하기 어려우므로 저자의 결론은 약해질 수밖에 없습니다. 올바른 출처 제시 없이는 저자가 자신의 주장을 관철하기 위해 모든 수치를 자의로 만들었을지도 모르는 일입니다.

종합해보면, 이 편지의 논증은 합리적이라고 말할 수 없습니다. 저자의 단어 선택은 감정에 호소하고 있어 편파적으로 보입니다. 또한, 이 논증은 대안적인 견해를 고려하지 않아 저자의 주장을 더욱 약화시키고 있습니다. 마지막으로, 이 논증이 제시하고 있는 증거의 타당성을 확인할 수 있는 출처를 제시하고 있지 않아서 논증의 신뢰성은 더욱 떨어집니다. 많은 사람은 교사가 더 나은 연봉을 받을 만한 자격이 있다고 생각하고 있겠지만, 이 저자의 논증은 효과적이지 못합니다. 저자는 감정에 호소하고 불완전하게 결론을 내리고 있어 교사의 연봉을 올려야 한다고 효과적으로 논증하기보다 불평하고 있는 것처럼 들립니다.

## 19.4 기타 비판적 사고력 검사

지금까지 알아본 검사 이외에도 여러 종류의 비판적 사고력 검사가 학교와 일터에서 널리 쓰이고 있습니다. 왓슨-글레이서 비판적 사고 평가(Watson-Glaser Critical Thinking Appraisal)나 캘리포니아 비판적 사고 능력 검사(California Critical Thinking Skills Test) 등 각종 비판적 사고력 검사가 적성, 취업, 승진 시험 등에서 사용되고 있지요. 이번 레슨에서는 마지막으로 이러한 검사에서 나오는 문제를 몇 가지 알아보겠습니다.

### 연습 문제

**1.** 공장에서 일하는 근로자 가운데 일부는 여성이다. 공장에서 일하는 여성은 대부분 아이가 있다. 정민은 공장에서 일한다.

| 결론: 정민은 아이가 있다. 이 결론은 |
|---|

**a.** 반드시 진실이다.
**b.** 진실일 가능성이 크다.
**c.** 결론을 내릴 만한 정보가 충분하지 않다.
**d.** 거짓일 가능성이 크다.
**e.** 반드시 거짓이다.

**2.** 요리에 관한 책은 모두 신지 것이다. 파란색 책은 모두 신지 것이다.

| 결론: 파란색 책 중 적어도 몇은 요리에 관한 것이다. 이 결론은 진실인가? |
|---|

**a.** 예
**b.** 아니요
**c.** 아마도

### 해답

1. 정답은 **c**입니다. 더 많은 정보 없이는 이와 같은 결론을 내릴 수 없습니다. 우리는 정민이 남성인지 여성인지 알 수 없으며, '일부'와 '대부분'이 어느 정도인지도 알 수 없습니다.
2. 정답은 **c**입니다. 파란색 책 모두가 요리에 관한 것일 수도 있고(예: 신지가 가지고 있는 책 5권 모두 파란색 요리책), 일부만 그럴 수도 있으며(예: 신지가 가지고 있는 요리책 5권 중 한 권만 파란색), 아니면 한 권도 그렇지 않을 수 있습니다(예: 신지가 가지고 있는 요리책은 모두 흰색이나 빨간색이고 파란색 책은 모두 바다와 하늘에 관한 책).

**생각해보기**

시험에서 떨리는 것은 너무나 당연한 현상입니다. 그리고 어느 정도의 긴장감은 시험을 더 잘 볼 수 있도록 돕습니다. 하지만 시험 결과에 대해 걱정이 과해 너무 긴장한다면, 오히려 시험을 망치게 될 수도 있습니다. 시험을 볼 때 긴장하는 것은 당연하다고 인지하고, 여러분이 준비한 만큼의 결과를 얻을 수 있을 거라는 긍정적인 마음을 가지고 시험에 임한다면, 긴장감 때문에 시험을 망치는 일은 없을 것입니다.

## 19.5 레슨 요약

이 책을 통해 배운 내용은 여러 종류의 시험을 칠 때 매우 유용할 것입니다. 정부 기관이나 국내외의 기업에 취업하려고 할 때, 그리고 국내외에서 대학교와 대학원에 진학하려고 할 때 치러야 하는 여러 종류의 시험 대비에 매우 유용할 것입니다. 이런 시험에서는 비판적으로 정보를 습득하고(읽고) 자기 생각을 표현해야(써야) 합니다. 다음 레슨에서 지금까지 배운 내용을 다시 한 번 복습해보고 여러분의 비판적 사고력이 얼마나 향상되었는지, 그리고 어느 부분을 좀 더 연습해보아야 하는지 알아보세요.

### 다음 레슨까지 연습해볼 것

- 사전검사로 돌아가 어떤 문제를 맞혔고 어떤 문제를 틀렸는지 복습해보세요. 이 책을 대부분 공부해본 지금, 각 문제를 어떻게 맞힐 수 있었고 왜 틀렸는지를 명확하게 이해할 수 있는지 확인해보세요. 만약 그렇지 않다면, 문제와 관련 있는 레슨을 간단히 복습해보세요.
- 대입이나 취업을 준비하고 있다면, 여러분이 치러야 하는 시험이 어느 것인지 알아내보세요. 그 시험은 각 기관이나 단체에서 자체로 제작한 것일 수도 있습니다. 기출 문제를 찾아서 풀어보고, 문제가 요구하는 비판적 사고력 및 추리력이 무엇인지 생각해보세요.

LESSON

# 20 ▶ 복습하고 종합하기

'읽었던 것을 말해주면 당신이 누구라고 말해줄 수 있다'도 충분히 맞는 말이지만, 당신이 다시 읽었던 것을 말해준다면 당신을 더욱더 잘 알 수 있을 것이다.
"Tell me what you read and I'll tell you who you are" is true enough, but I'd know you better if you told me what you reread.

프랑수아 모리아크(François Mauriac, 1885~1970)
프랑스의 소설가, 노벨 문학상 수상자

## 이번 레슨에서 공부할 내용

여러분은 지금까지 이 책을 통해 많은 것을 공부했습니다. 마지막 레슨인 이 레슨에서 지금까지 다룬 모든 내용을 요약하여 정리해봅시다. 중요한 부분을 다시 읽어보면 지금까지 배운 내용을 더욱 잘 기억하고 활용할 수 있을 것입니다. 또한, 각종 시험을 준비할 때도 손쉽게 참고하고 복습할 수 있겠지요.

이제 드디어 이 책의 마지막 레슨에 도착했습니다! 지금까지 우리는 많은 시간을 투자해 비판적 사고에 대해 꽤 많은 것을 공부해보았습니다. 그래서 지금까지 배운 내용을 잊어버리지 않도록 요약하고 복습해 기억 속으로 잘 다져 넣어봅시다.

프랑수아 모리아크의 명언에서 알 수 있듯이, 한 번 읽고 공부한 것보다 여러 번 읽고 공부한 것은 사람을 구성하는 데 훨씬 더 큰 영향을 미칩니다. 한 번 읽은 내용보다 두 번 이상 읽은 내용은 기억에도 더 잘 남고 이해도 더 잘되는 것은 물론, 스스로 부족함이나 관심이 있다는 것을 느껴 다시 읽어보았다는 것 자체가 여러분이 어떤 사람인지를 잘 말해주기 때문이지요. 감명 깊었던 영화를 다시 찾아서 보았을 때나 다른 어떤 이유로 예전에 보았던 영화를 다시 보았을 때, 처음과 다른 느낌이나 생각, 깨달음을 얻었던 적이 있지 않았나요? 그런 기억을 상기시키며 이 레슨을 읽어보세요.

사실 요약하는 것도 비판적 사고를 필요로 합니다. 읽고 배운 내용 속에 담겨 있는 중심적이고 중요한 아이디어를 선택해서 간결하게 정리하는 것은 지금까지 공부했던 비판적 사고의 많은 부분을 사용하는 일이지요. 남에게 들은 이야기나 뉴스에서 본 내용을 간결하고 명확하게 요약해서 전달하는 사람이 있는 반면, 두서없이 이야기해서 도대체 무슨 얘기를 하고 있는지 알기 어렵게 말하는 사람이 있지 않던가요? 우리는 주말 동안 본 영화나 스포츠 경기, 그리고 학교나 직장에서 온종일 있었던 일에 대해 누구에게 말해주어야 할 때, 자연스럽게 요약해서 말을 합니다. 매분 매초에 일어났던 일을 하나하나 모두 말해줄 수는 없으니까요. 그래서 중점과 몇몇 세부 내용을 선택해 몇 문장으로 요약해서 말하게 됩니다. 이때 선택된 내용이 듣는 이의 사전지식과 이해력에 따라 충분히 논리적으로 흐를 때, 명확한 내용 전달이 일어나게 되는 것이지요.

아래에 지난 19개의 레슨에서 공부한 내용을 요약해두었습니다. 각 레슨에 대한 내용을 읽기 전에 책을 잠시 덮어두고 그 레슨에서 공부한 내용이 무엇인지 떠올려보세요. 그리고 이를 마음속으로 요약해보세요. 그리고 여러분이 생각했던 내용과 이번 레슨에서 요약한 내용을 비교하며 읽어보세요. 만약 제대로 이해되지 않는 부분이 있다면 꼭 해당 레슨으로 되돌아가 복습해보세요. 또한, 추가로 생각나는 부분이나 레슨 요약에 빠져 있지만 중요하다고 생각되는 내용을 각 레슨 요약 아래 빈칸에 적어보세요.

**생각해보기**

모든 글을 쓸 때도 마찬가지이지만, 요약할 때는 필요한 내용을 더하는 만큼 필요하지 않은 내용을 빼는 것이 매우 중요합니다. 글의 핵심만을 찾아 적는 것이 요약이지요. 이 때 정확한 단어 사용과 명확한 표현도 매우 중요합니다.

## 레슨 1: 문제를 인식하기

우리는 이 책의 첫 번째 레슨에서 문제란 무엇이며 문제 해결의 첫 단계는 해결이 필요한 상황을 인식하는 것이라고 알아보았습니다. 우리는 스스로 관찰을 통해 문제를 발견할 때도 있지만, 다른 누군가를 통해 문제에 대해 알게 될 때도 있습니다. 문제의 존재를 인식한 후에는 문제의 우선순위를 정해야 합니다. 이 문제는 즉시 주의를 기울여야 하나요, 아니면 조금은 기다릴 수 있나요? 문제가 두 개 이상 있다면 어느 문제가 가장 중요하며 먼저 다루어야 하나요?

**더할 내용:**

________________________________________

________________________________________

________________________________________

## 레슨 2: 문제를 정의하기

이 레슨에서 우리는 진짜 문제가 아닌 것을 문제라고 오인해 시간과 노력을 허비하지 않는 방법에 대해 알아보았습니다. 진짜 문제를 정의하는 일에는 상황을 잘 파악하고 정보를 수집해야 하는 것과 얼핏 보면 감당하기 힘든 큰 문제같이 보일 수 있는 것을 조심스럽게 조사해보는 것 등이 포함됩니다. 큰 문제도 실은 여러 작은 문제가 합쳐진 것일 수도 있습니다. 또한, 문제를 정의할 때는 문제에서 파생된 것이나 문제의 증상 또는 결과를 진짜 문제라고 오인하지 않도록 주의를 기울여야 합니다. 항상 섣불리 가정하지 말고 상황을 끝까지 꼼꼼히 따져보세요.

**더할 내용:**

______________________________

______________________________

______________________________

## 레슨 3: 집중적인 관찰하기

여기서 우리는 집중적인 관찰을 해 더 효과적으로 의사결정과 문제 해결을 하는 방법에 대해 알아보았습니다. 이때는 주의를 집중하고 사건의 맥락을 보아야 하며, 상황을 철두철미하게 관찰해야 합니다. 사건이나 상황의 조그만 디테일만큼 전체적인 흐름과 앞뒤 맥락도 중요함을 잊지 마세요.

**더할 내용:**

______________________________

______________________________

______________________________

## 레슨 4: 시각적으로 브레인스토밍하기

레슨 4에서는 문제 해결을 할 때, 생각을 정리하기 위해 개념도와 웹, 벤 다이어그램, 표, 그리고 문제-해법표를 사용하는 방법에 대해 알아보았습니다. 이러한 도구를 사용하여 정보를 시각적으로 구성해보면 문제와 주변 상황을 한눈에 이해할 수 있어서 쉽게 부족한 부분을 찾아 메울 수 있습니다. 또한, 한번 이렇게 정보를 정리해두면 주의가 분산되는 것을 막는 데에도 도움이 됩니다.

**더할 내용:**

________________________________________

________________________________________

________________________________________

## 레슨 5: 목표 정하기

이 레슨에서는 목표는 우리가 성취하고자 하는 바를 명확하게 진술하는 것이라고 했습니다. 그래서 목표는 구체적이고 측정할 수 있어야 하며, 마감 시간이 정해져 있어야 합니다. 만약 목표가 너무 크거나 너무 오래 걸리는 것이라면 달성하기도 힘들뿐더러, 달성할 수 있더라도 그 전에 지치거나 싫증이 나서 포기해버릴 수도 있으므로 주의해야 합니다. 그리고 목표를 달성해갈 때, 목표 설정표를 사용하면 목표로 나아가는 방향을 유지하는 데 도움이 될 것입니다.

**더할 내용:**

________________________________________

________________________________________

________________________________________

## 레슨 6: 트러블슈팅

레슨 6에서는 목표 달성에 방해될 수도 있는 것을 미리 확인해 대비하거나 제거하는 선제적 트러블슈팅에 대해 알아보았습니다. 선제적 트러블슈팅은 상황을 통제할 수 있는 상태로 만드는 데 도움을 주어 작은 문제가 큰 문제로 번지는 것을 예방합니다. 그리고 목표를 달성해가는 과정에서 예상하기 어려운 문제가 발생할 가능성이 크다는 것과 이에 대처하는 방법 등에 대해서도 알아보았습니다.

**더할 내용:**

## 레슨 7: 자료 검색

이 레슨에서는 정확한 정보를 수집하는 것이 얼마나 중요한지에 대해 알아보았습니다. 우리는 잘 모르는 문제를 해결해야 할 때나 충분한 정보가 없는 상황에서 의사결정을 내려야 할 때 여러 종류의 자료를 검색합니다. 보통 자료 검색을 할 때는 인터넷이나 도서관에서 직접 정보를 찾아보든가, 아니면 전문가에게 물어볼 수도 있습니다. 각 출처의 강점과 약점을 이해하고 적절하게 사용할 줄 아는 것은 비판적인 사고를 할 때 필수적입니다.

**더할 내용:**

## 레슨 8: 사실을 확인하기

우리는 이 레슨에서 사실은 진실임을 증명할 수 있지만, 의견은 그렇지 않다고 알아보았습니다. 또한, 정보가 정확하고 객관적인지, 아니면 허위이고 편파적인지를 판단하는 방법에 대해서도 알아보았습니다. 자료의 출처를 신뢰할 수 있는지 확인해보려면 저자의 자격, 출처 표기와 출처의 질, 그리고 출처의 평판을 알아보아야 합니다. 이는 특히 인터넷에서 자료를 조사할 때 더욱 중요합니다. 왜냐하면, 인터넷에서는 누구든지 그럴듯해 보이는 글을 쓸 수 있기 때문입니다.

**더할 내용:**

______________________________________________

______________________________________________

______________________________________________

## 레슨 9: 설득의 기술

이 레슨에서는 기사와 연설, 그리고 광고 등에서 널리 사용되고 있는 설득의 기술에 대해 알아보았습니다. 설득의 세 가지 요소인 로고스, 파토스, 에토스에 대해서도 알아보았지요. 또한, 이 레슨에서 수사적 의문문이나 과장법 같은 각종 수사적 장치에 대해서도 알아보았습니다. 수사적 장치는 특히 설득적 광고에서 자주 사용됩니다. 이러한 광고는 소비자로 하여금 광고하는 제품이나 서비스를 사고 싶은 마음이 생기게끔 함으로써 소비자의 소비 습관을 조작하려고 하지요. 하지만 설득이 어떻게 작동하는지 안다면 광고주의 마케팅에 휘둘리지 않고 현명한 소비를 할 수 있을 것입니다.

**더할 내용:**

______________________________________________

______________________________________________

______________________________________________

## 레슨 10: 숫자 게임

수치나 통계치가 때로는 거짓을 말하고 있을 수도 있습니다. 의도적인 오용이든, 무지나 실수 때문이든, 우리가 접하는 각종 수치와 통계치가 항상 진실하지는 않습니다. 이런 일은 두 단계에서 일어날 수 있지요. 수치나 통계치가 수집될 때, 그리고 분석되고 해석될 때, 이것이 부정확하게 행해지거나 편견이나 어떠한 의도를 가지고 행해진다면 수치나 통계치가 진실을 정확하게 반영하지 않을 수 있습니다.

또한, 이 레슨에서는 설문 조사와 상관연구, 그리고 통계에 대해서도 알아보았습니다.

**더할 내용:**

---

---

---

## 레슨 11: 감정을 확인하고 통제하기

이 레슨에서는 의사결정 과정에서 감정의 역할에 대해 알아보았습니다. 편견과 고정관념, 스트레스, 그리고 자아(자존심) 등이 의사결정에 큰 영향을 미칠 수 있습니다. 하지만 감정적인 반응을 인식하고 이해하며, 적절히 사용할 수 있다면, 이는 비판적 사고에 도움이 되는 중요한 요소가 될 수도 있습니다. 이성뿐만이 아니라 감성도 인간에게 매우 중요한 요소임을 잊지 말고, 감성을 무턱대고 배제하기보다 의사결정 과정의 한 요소로서 현명하게 사용할 줄 알아야 합니다.

**더할 내용:**

---

---

---

## 레슨 12: 연역추리

연역추리를 사용하는 논증은 전제에 기초하여 논리적으로 결론을 도출해야 합니다. 여기서 전제는 규칙이나 법칙, 그리고 원리 등이며, 이들이 진실하다면 이들을 논리적으로 따르는 결론은 항상 진실합니다. 하지만 결론이 전제를 논리적으로 따르지 않는다든가, 아니면 전제에 포함되지 않는 내용에 관한 것일 경우, 결론은 타당하지 않은 것이 되어버립니다.

**더할 내용:**

______________________________________________

______________________________________________

______________________________________________

## 레슨 13: 연역추리의 오류

이 레슨에서는 논리적인 오류가 있는 타당하지 않은 연역추리에 대해 알아보았습니다. 연역추리에서 흔히 발생하는 네 가지 논리적 오류는 다음과 같습니다: 진실한 전제를 가지고 있지만 극단적인 결론을 내리고 있는 미끄러운 경사면의 오류, 실제로는 많은 대안이 존재하나 단 두 가지만 있는 것처럼 이야기하는 잘못된 딜레마의 오류, 결론이 전제를 반복하는 순환 추리의 오류, 그리고 동음이의어나 다의어를 사용해 문장의 의미를 불분명하게 만드는 애매한 말의 오류.

**더할 내용:**

______________________________________________

______________________________________________

______________________________________________

## 레슨 14: 귀납추리

귀납추리란 구체적인 사실이나 사건에서 일반적인 원리나 이론, 법칙 등을 추리해 가는 과정을 말합니다. 귀납적 논증에서는 전제가 결론의 개연적인 진실을 뒷받침하는데, 이는 귀납추리가 연역추리와 특징적으로 다른 점입니다. 귀납추리에서 결론의 개연성을 판단할 때는 과거의 경험과 상식을 사용해야 합니다. 귀납적 논증은 크게 사물이나 사건을 비교하고 대조해 유사점을 일반화하는 비교/대조 논증과 사건의 원인을 따져보는 인과 논증으로 나누어볼 수 있습니다.

**더할 내용:**

___________________________________________________________________

___________________________________________________________________

___________________________________________________________________

## 레슨 15: 귀납추리의 오류

귀납적 논증에서 논리적 오류는 주로 불충분한 정보로 결론을 내릴 때나 인과관계를 오인할 때 발생합니다. 일반적인 귀납추리의 오류 네 가지는 다음과 같습니다: 충분한 증거 없이 특정한 원인과 효과를 주장하는 '닭이 먼저냐, 달걀이 먼저냐' 오류, 충분한 증거 없이 결론을 내리는 성급한 일반화의 오류, 부분이 조합되었을 때를 생각하지 못하고 부분의 개별적인 성질에만 기초하여 전체에 대한 결론을 내는 합성의 오류, 그리고 어떤 사건이 다른 사건에 선행했다고 해서 그 사건이 다른 사건의 원인이라고 부정확하게 결론 내리는 '이 후에, 따라서 이 때문에' 오류.

**더할 내용:**

___________________________________________________________________

___________________________________________________________________

___________________________________________________________________

## 레슨 16: 주의를 분산하는 기법

이 레슨에서는 진짜 사안에서 관심을 돌리고 상대방의 주의를 분산하는 논리적 오류가 포함된 논증에 대해 알아보았습니다. 주의를 분산하는 기법에는 '훈제 청어'의 오류라고도 불리며 주로 자신에게 유리한 주제를 소개해 논점을 바꾸는 주의 전환의 오류, 상대방의 논증이 아닌 상대방 자체를 공격하는 대인 논증의 오류, 그리고 상대방의 논증을 공격하기 쉽도록 부정확하게 묘사해 공격하는 허수아비 논증의 오류 등이 있습니다.

**더할 내용:**

________________________________________

________________________________________

________________________________________

## 레슨 17: 모험적인 판단 내리기

정보가 불충분하고 부정확한 상황에서 내려야만 하는 모험적인 판단은 항상 주관적이고 논쟁의 여지가 있을 수밖에 없습니다. 모험적인 판단을 내려야만 하는 상황은 주로 걸려 있는 득과 실이 크고, 필요한 정보가 불완전하고 애매하며, 전문가들 사이에서도 명확한 정답이 존재하지 않으며, 때로는 가치의 충돌이나 윤리적인 딜레마가 일어나기도 합니다. 모험적인 판단을 내릴 때는 시간을 들여 가능한 한 모든 위험을 평가하고 결과를 예측해보아야 합니다. 또한, 자신의 편견이나 직감을 인지하되 이에 너무 휘둘려서는 안 됩니다.

**더할 내용:**

________________________________________

________________________________________

________________________________________

## 레슨 18: 설명인가, 논증인가?

이 레슨에서는 훌륭한 설명은 일반적으로 사실이라고 받아들여지는 주제에 대한 것이고(그래서 설명이 필요할 뿐, 논증이 필요하지 않습니다) 새로운 정보를 제시하며 설명을 필요로 하는 문제를 해결합니다. 물론 훌륭한 설명은 설명을 필요로 하는 상황과 적합한 것이어야 하지요. 설명은 "왜?"라는 질문에 대답하며 질문 주제의 원인이 무엇인지를 말해줌으로써 사건이나 현상을 이해하는 데 도움을 주는 반면에, 논증은 결론에 대한 증거가 무엇인지 말해줌으로써 결론의 진실함을 전달하려고 합니다.

**더할 내용:**

________________________________________

________________________________________

________________________________________

## 레슨 19: 비판적 사고와 시험

이 책의 마지막 레슨은 대학이나 대학원에 입학하거나 직장에 취업, 또는 직장에서 승진하려고 할 때 치러야 하는 비판적 사고력 검사에 대해 알아보았습니다. 비판적 사고력과 추리력을 검사하는 시험 중 대표적인 SAT와 ACT, 그리고 GRE에 나오는 문제를 알아봄으로써 비슷한 유형의 시험을 준비할 때 어떻게 이 책을 사용할 수 있는지에 대해 알아보았습니다. 이런 종류의 검사에서는 주로 지문을 읽고 이해하며, 지문의 내용을 분석하고 추론하며, 다른 사람의 논증을 비판할 수 있어야 하고 자기 생각 과정을 논리적으로 서술할 수 있어야 합니다.

**더할 내용:**

________________________________________

________________________________________

________________________________________

### 생각해보기

지금까지 읽어본 내용이 이 책을 잘 요약하고 있는 것 같나요? 어떤 부분이 가장 핵심적이라고 생각하나요? 여러분이 생각했을 때 중요한 부분이 빠져 있는 것 같지는 않나요? 강조하고 싶은 부분이나 추가하고 싶은 내용을 각 레슨 요약 아래에 적어보고 이 책을 복습할 때 활용해보세요.

## 연습 문제

**1.** 문제를 해결하려고 할 때 가장 먼저 해야 할 것은 무엇인가요?

**a.** 전문가와 문제에 대해 상의하는 것

**b.** 가능한 해결책을 브레인스토밍하는 것

**c.** 문제를 해결 가능한 부분으로 나누어보는 것

**d.** 해결해야 하는 진짜 문제가 무엇인지 파악하는 것

**2.** 표와 도형, 그래프 등을 활용하는 것은…

**a.** 그래프처럼 통계치를 보여줄 때만 유용합니다.

**b.** 단어와 정보를 시각적으로 정리해 문제나 상황을 한눈에 볼 수 있게 합니다.

**c.** 문제나 상황을 글로 요약하는 것보다 크게 도움이 되지 않습니다.

**d.** 문제에 대한 해법 탐색을 방해할 수도 있습니다.

**3.** 성취하고자 하는 것을 명료하게 서술한 것을 무엇이라고 부르나요?

**a.** 직관

**b.** 해결책

**c.** 목표

**d.** 연역

**4.** 문제 해결에 방해될 수 있는 것을 미리 생각해 대비하는 것을 무엇이라고 부르나요?

**a.** 모험적인 판단

**b.** 브레인스토밍

**c.** 수사적 장치

d. 트러블슈팅

5. 사실이란

   a. 진실임을 증명할 수 있는 것

   b. 전문가의 의견

   c. 인터넷에 떠돌아다니는 정보

   d. 진실과 같은 말

6. 다음 중 논리적 오류가 아닌 것은 무엇인가요?

   a. 일어나지 않은 극단적인 사실을 가정해 결론 내리는 것

   b. 충분한 정보 없이 성급하게 일반화해 결론 내리는 것

   c. 실수로 잘못 분석된 통계치를 가져다 쓰는 것

   d. 상대방의 주장을 반박하기 쉬운 것으로 바꾸고 공격하는 것

7. 다음 중 허수아비 논증의 오류를 설명하고 있는 것은 무엇인가요?

   a. 일어나지 않은 극단적인 사실을 가정해 결론 내리는 것

   b. 충분한 정보 없이 성급하게 일반화해 결론 내리는 것

   c. 실수로 잘못 분석된 통계치를 가져다 쓰는 것

   d. 상대방의 주장을 반박하기 쉬운 것으로 바꾸고 공격하는 것

### 해답

**1. d　2. b　3. c　4. d　5. a　6. c　7. d**

## 모든 레슨을 마치며…

지금까지 스무 개의 레슨을 공부하느라 수고하셨습니다! 혹시나 빼먹거나 건너뛴 부분이 있지는 않은지 다시 한 번 확인해보세요. 그리고 이 책의 내용을 잘 숙지했다는 생각이 들 때, 뒷장에 있는 사후 검사를 풀어보고 자신의 비판적 사고력이 얼마나 향상되었는지 알아보세요!

# 사후 검사

이 책을 끝까지 공부하느라 수고하셨습니다. 이제 지금까지 배워본 내용을 검사해봅시다. 사후검사에 있는 문제는 사전검사에서 나왔던 것과 비슷합니다. 그래서 이 책을 공부하기 전과 후에 여러분의 비판적 사고력이 얼마나 발전되었는지를 비교해볼 수 있습니다.

이 검사는 30개의 문제로 이루어져 있습니다. 만약 이 책이 여러분 것이라면 다음 장에 있는 답안지에 답을 표시하세요. 하지만 만약 이 책이 여러분의 것이 아니라면 다른 종이 위에다 1－30번까지 번호를 매긴 다음 거기에 답을 표시하세요.

사후 검사에는 제한시간이 없으므로 필요한 시간은 얼마든지 사용해도 됩니다. 문제를 다 푼 후에는 여러분의 답안지를 사후 검사 다음에 있는 해답지와 비교해 보세요. 해답지에는 각 문제의 정답뿐만이 아니라 그 문제와 관련된 레슨이 무엇인지도 나와 있습니다. 정답을 맞히지 못한 레슨으로 돌아가서 꼭 내용을 복습해 보세요.

## 답안지

| | | | | | | | | | | | | | | |
|---|---|---|---|---|---|---|---|---|---|---|---|---|---|---|
| **1.** | ⓐ | ⓑ | ⓒ | ⓓ | **11.** | ⓐ | ⓑ | ⓒ | ⓓ | **21.** | ⓐ | ⓑ | ⓒ | ⓓ |
| **2.** | 순서 | | | | **12.** | ⓐ | ⓑ | ⓒ | ⓓ | **22.** | ⓐ | ⓑ | ⓒ | ⓓ |
| **3.** | ⓐ | ⓑ | ⓒ | ⓓ | **13.** | ⓐ | ⓑ | ⓒ | ⓓ | **23.** | ⓐ | ⓑ | ⓒ | ⓓ |
| **4.** | ⓐ | ⓑ | ⓒ | ⓓ | **14.** | ⓐ | ⓑ | ⓒ | ⓓ | **24.** | ⓐ | ⓑ | ⓒ | ⓓ |
| **5.** | ⓐ | ⓑ | ⓒ | ⓓ | **15.** | 아래에 표기 | | | | **25.** | ⓐ | ⓑ | ⓒ | ⓓ |
| **6.** | ⓐ | ⓑ | ⓒ | ⓓ | **16.** | 아래에 표기 | | | | **26.** | ⓐ | ⓑ | ⓒ | ⓓ |
| **7.** | ⓐ | ⓑ | ⓒ | ⓓ | **17.** | ⓐ | ⓑ | ⓒ | ⓓ | **27.** | ⓐ | ⓑ | ⓒ | ⓓ |
| **8.** | ⓐ | ⓑ | ⓒ | ⓓ | **18.** | ⓐ | ⓑ | ⓒ | ⓓ | **28.** | ⓐ | ⓑ | ⓒ | ⓓ |
| **9.** | ⓐ | ⓑ | ⓒ | ⓓ | **19.** | ⓐ | ⓑ | ⓒ | ⓓ | **29.** | ⓐ | ⓑ | ⓒ | ⓓ |
| **10.** | ⓐ | ⓑ | ⓒ | ⓓ | **20.** | ⓐ | ⓑ | ⓒ | ⓓ | **30.** | 아래에 표기 | | | |

**15번 문제:**

문제 1: ______________________

해결책 1: ______________________

해결책 2: ______________________

문제 2: ______________________

해결책 1: ______________________

해결책 2: ______________________

문제 3: ______________________

해결책 1: ______________________

해결책 2: ______________________

문제 4: ______________________

해결책 1: ______________________

해결책 2: ______________________

**16번 문제:**

______________________________

______________________________

______________________________

______________________________

______________________________

______________________________

**30번 문제:**

**a.**

**b.**

**c.**

**d.**

## 사후 검사

**1.** 당신은 월요일 아침에 취업 면접이 예정되어 있습니다. 그리고 월요일 아침에 면접 장소에 도착했지만, 면접관을 찾을 수 없었습니다. 당신은 그 장소에서 20분 넘게 기다리고 있지만, 면접관은 나타나지 않습니다. 이 문제에 대한 맥락을 구성하려고 할 때 도움되는 정보는 무엇일지 모두 골라보세요.

**a.** 면접장소 근처 도로에서 큰 교통사고가 났다는 교통 방송을 들었다.

**b.** 면접 시 제출할 이력서를 가져오는 것을 깜빡해 이력서를 다시 출력할 곳을 찾아야 한다.

**c.** 면접관의 비서는 면접이 사무실 달력에 화요일로 표시되어 있다고 말했다.

**d.** 회사의 한 직원은 해당 면접관이 시간을 잘 지키지 않는 사람이라고 말했다.

**2.** 오늘 직장에 출근하자마자 다음 세 문제가 동시에 일어났습니다. 이 문제들을 어떤 순서로 해결해야 할까요?

**a.** 초특급우편으로 일본에 보낼 서류를 준비해 우체국에 3시 30분까지 전달해야 한다.

**b.** 여러분의 상사는 1시 회의에서 발표할 보고서 자료가 필요하다.

**c.** 여러분은 상사에게 전달할 보고서 자료가 들어있는 파일을 실수로 지워버렸다.

**3.** 다음의 지문은 어떤 수사적 장치를 사용하고 있나요? 해당하는 것을 모두 골라보세요.

미국의 남북전쟁은 인류 역사상 가장 암울한 사건이었습니다. 화약 냄새 자욱했던 총격전과 피비린내 나던 난투극에서 백만 명 이상의 사람이 목숨을 잃었습니다. 그들은 노예제도와 경제적 이권, 그리고 헌법을 위해 싸웠습니다. 미국 역사에 있어서 이처럼 슬펐던 사건이 아직까지 많은 사람을 매료시키는 것이 과연 이상한가요?

**a.** 비유법
**b.** 수사적 의문
**c.** 라임
**d.** 과장법

**4.** 다음 중 편견이나 고정관념이 포함되지 않은 진술은 무엇인가요?
**a.** 나는 용석에게 변호사가 필요하다고 말했지만, 그는 내 제안을 받아들이지 않았다. 그는 변호사는 모두 돈을 챙기는 데만 관심이 있다고 말했다.
**b.** 하영은 가영이 미녀여서 자기보다 먼저 승진했다고 생각했다.
**c.** 내가 이 연극에서 주연으로 뽑혔다는 걸 믿을 수 없다. 아마 생각보다 오디션에서 매우 잘한 모양이다.
**d.** 미나는 명문대학을 나온 사람하고만 데이트한다.

**5.** 다음 진술을 올바르게 설명한 것은 무엇인가요?

정부 부채를 감소시키려면 복지를 줄이든가 세율을 올리든가 하는 수밖에 없다.

**a.** 감정에 호소하고 있다.
**b.** 잘못된 딜레마의 오류를 저지르고 있다.
**c.** 조금 거칠게 들리지만 틀린 말은 아니다.
**d.** '이 후에, 따라서 이 때문에' 오류를 저지르고 있다.

**6.** 다음 중 개인 웹 페이지는 어느 것일까요?
**a.** http://strangerca.tistory.com/1131
**b.** http://www.navy.ac.kr/edu/edu_gyoyuk.jsp
**c.** https://en.wikipedia.org/wiki/Politics_of_South_Korea
**d.** https://www.cia.gov/library/publications

7. 현호는 회사에서 급하게 해외출장을 가게 되어 적어도 3주는 아파트를 비우게 되었다. 그가 아파트를 비운 동안 일어날 수 있는 문제를 어떻게 트러블슈팅할 수 있을지 모두 골라보세요.

a. 도둑이 드는 것을 방지하기 위해 현관문에 설치할 자물쇠를 새로 산다.

b. 이웃에게 자신의 우편물이 쌓이지 않도록 모아달라고 부탁한다.

c. 동물을 좋아하는 친구에게 키우는 햄스터가 굶어 죽지 않도록 돌봐달라고 부탁한다.

d. 냉장고 안 음식물이 상하지 않도록 다 먹거나 버린다.

8. 다음 중 타당한 연역적 논증이 아닌 것은 무엇인가요?

a. 오늘 회식에 참가하는 사람들은 모두 우리 회사 사람이다. 만약 수연이 회식에 참가한다면, 수연은 우리 회사에서 일하는 사람이다.

b. 나는 빨간색 옷을 입으면 더 뚱뚱해 보인다. 그래서 오늘 밤에는 날씬하게 보이기 위해 파란색 옷을 입을 것이다.

c. 나는 알레르기 때문에 조개를 먹을 수 없다. 굴은 조개이다. 그러므로 나는 굴을 먹을 수 없다.

d. 나는 미야자키 하야오의 작품을 모두 좋아한다. 그는 천공의 성 라퓨타를 감독했다. 그러므로 나는 천공의 성 라퓨타를 좋아한다.

9. 다음 진술이 문제 해결의 보기가 아닌 이유는 무엇인가요?

"교수님은 가정불화 때문에 내 과제에 낮은 점수를 주었다."

a. 이 사람은 교수님 기분을 맞추어줄 줄 모르기 때문에

b. 이 사람은 기대했던 것보다 낮은 점수를 받아서 화가 나 있기 때문에

c. 이 사람은 자신의 과제를 과대평가하고 있기 때문에

d. 이 사람은 교수에 대해 진실이 아닐 수도 있는 가정을 하고 있기 때문에

※ 다음 예문을 읽고 10번과 11번 문제에 답하세요.

1789년에 일어난 프랑스 혁명의 주요한 원인 가운데 하나는 사회 계급제도였다. 프랑스의 사회는 세 계급으로 나누어져 있었는데, 1계급은 성직자, 2계급은 귀족, 그리고 3계급은 평민이었다. 상위 두 계급은 프랑스 전체 국민의 약 2%만을 차지하고 있었지만 권력과 부를 독점하고, 정치에도 참여했지만 세금은 전혀 내지 않았다. 그에 반해 프랑스 전체 국민의 약 98%를 차지했던 평민 계급은 무거운 세금을 물면서도 실질적으로 정치에서 완전히 배제되어 있었다. 또한, 모든 계급 위에 군림했던 왕족은 매우 사치스러운 생활을 하면서 자신들을 비판하는 사람을 침묵시키며 억압적인 정치를 펴고 있었다. 프랑스의 평민들은 불공평한 사회에 분노하기 시작했고, 결국 파리의 감옥이었던 바스티유를 습격하며 혁명을 일으켰다.

**10.** 제 3계급에게 바스티유는 무엇을 의미했을까요?
**a.** 최후의 수단을 도모할 장소
**b.** 파리 같은 대도시의 타락
**c.** 불공정하고 억압적인 정권
**d.** 첫째와 둘째 계급

**11.** 다음 중 혁명 직전 프랑스에서 세금을 전혀 내지 않았던 사람을 올바르게 고른 것은 무엇인가요?
**a.** 성직자, 귀족, 중산층
**b.** 왕비, 주교, 귀족
**c.** 왕, 수녀, 소상인
**d.** 왕족, 상류층, 중산층

**12.** 세원은 현 직장에 만족하지 못해서 이직하고 싶어합니다. 다음 중 그녀의 구직 활동에 가장 효과적이고 현실적인 목표는 어느 것일까요?
**a.** "다음 달 내로 새로운 직장으로 옮기고 싶다. 그래서 앞으로 4주 동안 인터넷 구인 광고를 읽고 관심이 가는 곳에는 그날 바로 지원할 것이다. 그

리고 답장이 오면 바로 면접을 보러 갈 것이다."

**b.** "다음 달 내로 새로운 직장으로 옮기고 싶다. 그래서 이력서를 다시 작성해 관심이 있는 모든 회사에 보낼 것이다. 그리고 이력서가 도착했을 때쯤 각 회사에 전화해 지원 사실을 알리고 면접 기회를 얻을 때까지 이를 반복할 것이다."

**c.** "몇 달 내로 새로운 직장으로 옮기고 싶다. 그래서 이번 주에는 이력서를 다시 작성해보겠다. 그리고 다음 3주 동안은 지원 가능한 여러 회사를 검색해보겠다. 그런 다음 이 회사 사람들과 네트워킹을 시작할 것이다. 그리고 지원할 만한 자리가 났다는 정보를 입수하면 이력서를 발송할 것이다."

**d.** "내년 내로 새로운 직장으로 옮기고 싶다. 그래서 학교 동문회를 중심으로 네트워킹할 것이다. 그 와중에 이력서도 다시 정리해보고 여러 회사에 전화해 내 능력과 경험에 맞는 자리가 있는지 알아볼 것이다."

**13.** 다음 중 '이 후에, 따라서 이 때문에' 오류의 예가 아닌 것은 무엇일까요?

**a.** "꼭 세차한 다음 날 비가 오더라!"

**b.** 예란은 아침에 달걀을 먹고 출근한 날마다 상관에게 칭찬을 받았다.

**c.** 현진의 팀은 그가 행운의 티셔츠를 입은 날마다 항상 승리했다.

**d.** 우리 밴드는 홍대에 광고를 돌린 이후, 공연하는 날이 부쩍 많아졌다.

**14.** 여러분은 정치학 수업에서 정치 현안에 대한 보고서를 쓰라는 과제를 부여받았습니다. 이 수업의 교수님은 보고서의 시각과 내용이 반드시 균형잡혀 있고 객관적이어야 한다고 강조했습니다. 여러분은 조사하면서 발견한 자료를 어떻게 평가할 수 있을까요? 해당하는 것을 모두 고르세요.

**a.** 저자가 어떠한 자격을 갖추고 있는지 알아본다.

**b.** 그 현안에 대해 잘 알고 있는 사람들이 운영하는 웹사이트를 찾아본다.

**c.** 통계 자료가 올바르게 쓰였는지 확인해본다.

**d.** 저자가 인용한 자료의 출처가 믿을 만한 것인지 확인해본다.

**15.** 인천에서 일하고 있는 당신은 400km 넘게 떨어진 부산의 한 회사로 직장을 옮길지 고민하고 있습니다. 만약에 당신이 부산으로 이사한다면 마주칠 수도 있는 문제를 4개 적어보세요. 그리고 각 문제에 대한 해결책 2개를 브레인스토밍해보세요.

문제 1: ______________________________

해결책 1: ______________________________

해결책 2: ______________________________

문제 2: ______________________________

해결책 1: ______________________________

해결책 2: ______________________________

문제 3: ______________________________

해결책 1: ______________________________

해결책 2: ______________________________

문제 4: ______________________________

해결책 1: ______________________________

해결책 2: ______________________________

**16.** 다음 시나리오에서 일어날 가능성이 큰 문제는 무엇일까요?

미국의 한 주에서 예산 문제가 발생했다. 주정부 기관에서 일하는 근로자에 대한 임금과 건강보험료가 크게 올라서인데, 새로 당선된 주지사는 세금을 올리지 않겠다는 공약을 꼭 지키겠다고 했다. 그래서 예산의 균형을 맞추기 위해 주정부의 여러 가지 사업비가 삭감되었는데, 특히 도로와 교통을 관장하는 운수부는 요청 예산의 절반밖에 받지 못했다.

______________________________

______________________________

______________________________

**17.** 다음 설문에서 잘못된 것 두 가지를 고르세요.

한 환경 단체는 특정 환경 현안에 대해 국민의 의견을 알아보기 위해 이 단체의 회원 500명에게 설문지를 발송하였습니다. 이 설문지는 정치인들이 습지 보호구역으로 지정된 곳 근처에서 건설사가 건설 허가를 쉽게 받을 수 있도록 법 개정을 추진하고 있다는 말로 시작되었습니다. 그리고는 다음과 같이 물었습니다: "당신은 습지 같은 우리의 소중한 자연 자원이 몇몇 건설사들의 배를 불리기 위해 파괴되어도 된다고 생각하십니까?"

**a.** 표본이 모집단을 잘 대표하지 못하다.
**b.** 오차 범위가 너무 크다.
**c.** 모집단이 너무 크다.
**d.** 설문 내용이 편파적이다.

**18.** 다음 중 불완전한 주장을 하는 것은 무엇인가요?
**a.** 섬세하고 센스 있는 사람은 버블 큐 바디워시를 사용합니다.
**b.** 워싱턴 체리는 더 신선하고 맛있습니다!
**c.** 용산 전자상가에서 고전 게임 CD를 가장 싸게 살 수 있습니다.
**d.** 새로 나온 페넬로피 향수는 여러분을 더욱 돋보이게 해줄 것입니다.

**19.** 당신이 일하는 회사가 얼마 전 새로운 건물로 이사했습니다. 하지만 새 건물에는 지정 주차구역이 충분치 않았습니다. 그래서 당신을 포함한 회사 사람들은 가끔 개인적으로 주차비를 내고 근처 다른 건물에 주차해야만 했습니다. 이 문제를 해결할 수 있는 최선의 방법은 무엇일까요?
**a.** 건물을 관리하는 회사에 편지를 보낸다.
**b.** 회사 인사과 직원에게 이 상황에 대해 살펴봐달라고 부탁한다.
**c.** 상사에게 이메일을 보내 이 문제를 설명한다.
**d.** 건물주에게 직접 전화를 건다.

**20.** 다음 중 미끄러운 경사면의 오류가 아닌 것은 무엇인가요?

**a.** 담뱃값 인상을 무조건 막아야 한다. 그렇지 않으면 조만간 한 갑에 만원이 넘는 돈을 내게 될 것이다.

**b.** 좋은 중학교로 진학하지 못하면 명문대에 가는 것도 포기해야 할 것이다.

**c.** 우리 동네 옆으로 고속도로가 지나가게 되면 소음으로 고통받는 주민이 생겨날 수도 있다.

**d.** 한중 FTA가 발효되고 나면 우리나라 농민들은 모두 일손을 놓게 될 것이다.

**21.** 다음 귀납적 논증에 가장 잘 어울리는 결론은 무엇일까요?

지난번에 이 변호사팀을 상대했을 때, 그들은 구체적인 증거가 하나도 없었으면서 증거 자료를 150여 개 상자나 제시하였다. 우리는 이 자료를 검토하는 데 엄청난 시간을 낭비하였고, 그래서 정작 우리 주장을 충분히 하지 못했다. 이번 사건에서도 이 변호사팀은 무려 200여 개 상자 분량의 증거 자료를 제시했다. 그러므로 우리가 이번에 해야 할 일은…

**a.** 모든 자료를 한 장 한 장 검토해 정리해야 한다.

**b.** 이 자료 중 몇 개만 무작위로 선택해 제대로 검토해볼 만한 것이 있는지 확인해본다.

**c.** 이 자료를 모두 무시한다. 이 중에서 중요한 내용은 하나도 없을 것이다.

**d.** 각 상자의 첫 자료에서만 검토해볼 만한 자료가 있는지 확인해본다.

**22.** 에드윈은 허블 우주 망원경에 대한 보고서를 쓰려고 합니다. 특히 그는 망원경에 대한 미국 연방정부의 재정지원이 궁금했습니다. 에드윈이 이에 관한 정보를 찾기 위해서는 다음 중 어느 웹사이트를 방문해보아야 할까요?

**a.** http://hubble.nasa.gov

**b.** www.mindspring.com/~deline/

**c.** www.pbs.org/deepspace/hubble/

**d.** www.thehubbletelescope.com

**23.** 다음은 어떤 논리적 오류의 예인가요?

“예전에 한 실내 수영장에서 끔찍한 광경을 목격했어. 한 어린아이가 미끄러져 수영장 모서리에 머리를 부딪쳤는데, 뇌진탕으로 의식을 잃어서 구급차도 오고 난리였어. 그래서 나는 실내 수영장은 정말 위험한 곳이라고 생각해서 다시는 가지 않겠다고 다짐했지.”

**a.** 주의 전환의 오류
**b.** 성급한 일반화의 오류
**c.** 순환 논법의 오류
**d.** 논리적 오류가 아니다.

**24.** 온전한 목표의 특징을 올바르게 짝지은 것은 무엇인가요?
**a.** 글로 쓰여 있고, 구체적이고, 측정 가능하며, 남에게 말할 수 있는 것
**b.** 구체적이고, 측정할 수 있고, 현실적이며, 명예로운 것
**c.** 글로 쓰여 있고, 현실적이고, 마감 날짜가 있으며, 도전적인 것
**d.** 구체적이고, 측정할 수 있고, 현실적이며, 마감 날짜가 있는 것

**25.** 다음 지문에 나오는 모험적인 판단이 잘못된 이유는 무엇인가요?

새로운 극단 단원을 뽑는 오디션에서 은경은 단장인 민수가 자신을 별로 좋아하지 않는다는 느낌을 받았다. 오디션이 끝난 후 며칠 뒤, 민수는 은경에게 전화해 단원 자리를 제안하며 첫 번째 공연에서도 역할을 맡아 달라고 말했다. 하지만 은경은 이런 민수의 제안을 거절하며 속으로 다음과 같이 생각했다: ‘나는 나를 좋아하지 않는 사람들 사이에선 일할 수 없어!’

**a.** 은경은 너무 성급했다. 그녀는 민수가 자신을 얼마나 싫어하는지 알지 못한다. 그리고 민수가 은경을 뽑을 만큼 은경의 연기에 만족했다면, 개인적인 감정은 크게 중요하지 않을 것이다.

**b.** 은경은 공연에 참가해 자신이 얼마나 훌륭한 배우인지를 증명했어야 했다.

**c.** 은경은 민수를 질투하고 있다. 왜냐하면, 그는 극단에서 가장 높은 사람이기 때문이다.

**d.** 은경은 극단에 합류하는 것과 같이 자신의 경력에 중요한 일을 결정할 때, 누군가가 자기를 좋아하지 않는 것 같다는 직감에 의존할 것이 아니라 구체적인 사실에 근거해 판단해야 한다.

**26.** 다음에 있는 논증에서 내릴 수 있는 올바른 결론은 무엇인가요?

매디슨 몰에 있는 모든 옷 가게는 오늘 30~70% 세일을 하고 있다. 폴로 브라더스는 매디슨 몰에 있는 옷 가게이다. 그러므로…

**a.** 폴로 브라더스은 어제보다 오늘 더 많이 세일한다.

**b.** 폴로 브라더스는 오늘 정가보다 30% 이상 싼 가격에 물건을 판다.

**c.** 매디슨 몰에 있는 폴로 브라더스 매장은 아웃렛 매장보다 비싸다.

**d.** 오늘 폴로 브라더스 매장은 평균 50% 세일을 하고 있다.

**27.** 다음 진술 중 거짓인 것을 <u>모두</u> 고르세요.

**a.** 인터넷 검색 엔진은 여러분이 검색하는 주제에 관한 최고의 사이트만 안내해준다.

**b.** 어떤 인터넷 사이트에서는 모든 자료와 서비스를 사용하려면 돈을 내야 한다.

**c.** 각 분야의 전문가를 고용해 내용을 작성하게 하는 웹사이트도 존재한다.

**d.** 웹사이트에 있는 모든 정보는 도서관 책에서 찾을 수 있는 정보만큼 신뢰할 수 있다.

**28.** 다음 진술 중 논증이 아닌 설명인 것을 모두 고르세요.

**a.** 컴퓨터 메인보드가 고장난 것이 분명합니다. 왜냐하면, 컴퓨터가 아예 켜

지지조차 않으니까요.

**b.** 지나는 설날에 고향에 늦게 도착했습니다. 왜냐하면, 기차를 놓쳤기 때문입니다.

**c.** 모든 학교 매점은 사과나 바나나 같은 과일을 팔기 시작해야 합니다. 왜냐하면, 많은 전문가는 아동과 청소년이 가정에서 건강한 음식을 충분히 섭취하지 못한다고 주장하기 때문입니다.

**d.** 성균은 인디애나주로 이사할 준비를 하느라 분주합니다. 왜냐하면, 그는 다음 달부터 인디애나 주립대학에서 공부할 예정이기 때문입니다.

**29.** 다음 지문에서 잘못된 것은 무엇인가요?

"여러분 모두 저희 노동조합에 가입하시면 득을 볼 것입니다. 저희 노동조합에 가입하시게 되면 연봉이 최고 $80,000까지 오르고, 초과 근무에는 무조건 두 배의 수당을 받게 되며, 건강보험 자비 부담액이 건당 $20로 고정됩니다."

**a.** 노동자가 노동조합에 가입한다고 해서 실제로 나아지는 것은 거의 없다.

**b.** 노동조합은 회사 측에 너무나 많은 것을 요구하고 있으며, 이를 모두 받아내지 못할 것이다.

**c.** 초과 근무를 할 때, 노동조합의 모든 사람이 두 배의 수당을 받는지, 아니면 일부만 받게 되는지 알 수 없다.

**d.** 노동조합에 가입하지 않은 노동자들이 현재 개별적으로 받는 연봉과 초과 근무 수당, 그리고 건강보험 자비 부담액이 얼마나 되는지 알 수 없으므로 노동조합에 가입하는 것이 항상 득이 된다고 말할 수 없다.

**30.** 다음 대인 논증(인신 공격)의 오류가 매도적인지, 정황적인지, 아니면 피장파장인지 적어보세요.

________ **a.** 그가 음주 규제 법안에 반대하는 것은 너무나 당연하지 않나? 그는 술을 수입하는 업체에서 일하고 있잖아.

_______ **b.** 돈을 빌리는 것이 나쁜 생각이라고 말하지 않았었나? 그런데 지금은 자네가 대출을 받고 있잖아. 내 생각엔 자네가 잘못 생각했던 것 같네. 필요할 때 대출받는 건 좋은 생각이야.

_______ **c.** 우리 사장님은 너무 짠돌이야. 이 가게에서 일한 지 벌써 1년이 넘었는데 아직 시급을 올려준 적이 한 번도 없어!

_______ **d.** 그 도덕에 대한 책을 샀어? 그 책의 저자는 얼마 전 반복된 음주운전으로 잡혀 들어갔어. 그 책은 위선적인 쓰레기에 불과하다고!

## 해답

1. **a**, **c**, **d**는 모두 이 문제에 대한 맥락을 만들어 내는 데 도움이 되는 정보입니다. 하지만 **b**는 이 문제와 상관없는 개별적인 문제입니다. (레슨 3)
2. 가장 적절한 순서는 **c**, **b**, **a**입니다. 보고서에 쓸 자료가 가장 빨리 필요하지만, 이는 실수로 지운 파일을 복구한 다음에야 사용할 수 있습니다. 서류는 상사에게 자료를 전달한 다음 보내도 늦지 않습니다. (레슨 1)
3. 정답은 **b**와 **d**입니다. 마지막 문장은 수사적 의문문이며, "인류 역사상 가장 암울한 사건"이라는 표정은 과장입니다. (레슨 9)
4. **c**는 편견이나 고정관념 없이 인과관계를 추론하고 있습니다. (레슨 11).
5. 이 진술은 **b**, 잘못된 딜레마의 오류를 저지르고 있습니다. 실제로 정부 부채를 감소시키는 방법이 두 가지만 있지는 않습니다. 복지 이외의 지출을 줄일 수도 있고, 경제를 활성화해 세율을 올리지 않고도 더 많은 세금을 거둬들일 수도 있는 등 다른 방법도 존재합니다. (레슨 13)
6. **a**는 개인 블로그입니다. **b**는 해군사관학교 웹사이트, **c**는 위키백과, **d**는 미국 CIA 웹사이트입니다. (레슨 8)
7. 오랫동안 집을 비울 때 일어날 수 있는 문제를 다루는 것은 **b**, **c**, **d**입니다. 하지만 현관문 자물쇠가 고장 난 것이 아니라면 굳이 새로운 자물쇠를 살 이유는 충분하지 않습니다. (레슨 6)
8. **b**가 타당하지 않습니다. 빨간색 옷이 더 뚱뚱해 보이게 한다는 전제는 파란색 옷이 날씬하게 보이게 한다는 결론과 상관없습니다. (레슨 12)
9. 정답은 **d**입니다. 효과적인 문제 해결에서는 근거가 충분하지 않은 가정을 해서는 안 됩니다. (레슨 2)
10. **c**. 반대파를 감금했던 국립 감옥인 바스티유는 억압적인 정권을 나타냅니다. (레슨 19)
11. **b**. 제1계급과 2계급, 그리고 왕족은 세금을 내지 않았습니다(왕, 왕비, 주교, 수녀, 귀족 등). (레슨 19)
12. **c**가 목표를 세부적인 것으로 나누고 각각의 마감 시한을 정해놓고 있으므로 가장 효과적이고 현실적입니다. (레슨 5)

**13.** **d**는 논리적 오류를 저지르지 않았습니다. 광고를 낸 것이 실제로 공연을 더 많이 하게 된 원인이라고 합리적으로 추리할 수 있습니다. (레슨 15)

**14.** **a**, **b**, **c**, **d** 모두 정답입니다. (레슨 8)

**15.** 다음은 일어날 수도 있는 문제와 그에 대한 해결책의 예시입니다.

문제 1 - 가족과 너무 멀리 떨어지게 된다.

해결 1: 규칙적으로 가족을 방문할 수 있도록 새 회사와 협의한다.

해결 2: 정기 기차표나 비행기 표를 알아본다.

문제 2 - 새로 지낼 집을 찾아야 한다.

해결 1: 현지 부동산을 방문해본다.

해결 2: 새 회사의 인사과에 도움을 요청한다.

문제 3 - 새 도시의 주변 환경에 대해 알지 못한다.

해결 1: 부동산이나 동사무소에 문의한다.

해결 2: 새 회사의 인사과에 문의한다.

문제 4 - 자녀가 새로운 학교로 전학해야 한다.

해결 1: 현재 다니는 학교에서 전학 절차에 대해 문의한다.

해결 2: 자녀가 새 학교에 잘 적응할 수 있도록 자녀가 있는 이웃과 친분을 쌓는다.

**16.** 이 상황에서 일어날 가능성이 큰 문제는 운수부에서 하는 사업이 차질을 빚을 때 일어날 수 있는 문제입니다. 안전하고 빠르며 편리한 이동에 영향을 미칠 수 있는 부분, 예를 들어 도로와 교량, 터널 등의 보수와 유지, 교통 법률 개정, 버스와 기차, 선박과 비행기 같은 대중교통의 관리 등이 포함될 수 있습니다. (레슨 2)

**17.** 정답은 **a**와 **d**입니다. 환경 단체의 회원(표본)은 국민(모집단)을 올바르게 반영한다고 말하기 어렵습니다. 그리고 "소중한"이나 "배를 불리기 위해" 같은 단어 선택은 설문자의 주관적이고 편파적인 의도를 보여줍니다. (레슨 10)

**18.** **b**. 워싱턴 체리가 무엇보다 더 신선하고 맛있는지를 명시하고 있지 않기 때문에 불완전한 주장입니다. (레슨 9)

**19.** 최선의 방법은 **b**입니다. 인사과 직원이 이 문제를 도와줄 사람을 알고 있을 가능성이 큽니다. 편지는 너무 시간이 오래 걸릴 수도 있고, 상사나 건물주는

당신의 문제에 별로 관심이 없을 수도 있습니다. (레슨 7)

**20.** **c**는 특정 사건이 직접 발생시킬 수 있는 현상을 말하고 있으므로 미끄러운 경사면의 오류라고 하기 어렵습니다. (레슨 13)

**21.** 최선의 결론은 **b**입니다. 서류 더미에 가치 있는 것이 전혀 없다고 믿을 만한 이유가 있기는 하지만, 만약의 경우를 대비해 중요한 것이 있지는 않은지 일부를 검토해보는 것이 현명합니다. (레슨 14)

**22.** **a**. 허블 우주 망원경의 재정적인 부분까지 상세하게 다루고 있는 사이트는 아마 이 망원경을 만들고 운용하는 정부기관 나사의 웹사이트일 것입니다. (레슨 8)

**23.** **b**. 한 사건만을 보고 너무 성급하게 일반화하였습니다. 물론 실내 수영장이 위험할 수도 있지만, 뛰어다니지 않고 안전요원의 지시를 따른다면 다칠 가능성은 매우 낮습니다. (레슨 15)

**24.** 정답은 **d**입니다. (레슨 5)

**25.** 정답은 **d**입니다. 모험적인 판단을 내릴 때 직감에 과도하게 의존해서는 안 됩니다. (레슨 17)

**26.** **b**. 결론은 전제에 포함된 정보를 넘어서서는 안 됩니다. (레슨 12)

**27.** **a**, **d**. (레슨 7)

**28.** **a**, **d**. (레슨 18)

**29.** 정답은 **d**입니다. 노동조합에 가입하지 않은 노동자들이 개별적으로 더 좋은 조건을 받고 있을 수도 있고, 이 경우 노동조합에 가입하는 것이 지문에 나온 이유로 득이라고 할 수는 없습니다. (레슨 10)

**30.** **a**: 정황적. 주류 수입업체에서 일하기 때문에 음주 규제 법안에 반대하는 것이 아닐 수도 있습니다.

**b**: 피장파장. 주장과 행동이 일치하지 않는다고 해서 그 주장이 잘못된 것을 뜻하지는 않습니다.

**c**: 매도적. 시급을 올려주지 않는다고 해서 꼭 사장이 짠돌이임을 뜻하지는 않습니다.

**d**: 피장파장. 책의 저자가 도덕적이지 않은 행동을 했다고 해서 그가 쓴 책의 내용도 도덕적이지 않을 이유는 충분치 않습니다. (레슨 15)